女殇

历代诗情才女的悲剧命运

料不啼清泪常啼血

周殿富　著

吾家嫁吾兮天一方，
远托异国兮乌孙王。
穹庐为室兮毡为墙，
以肉为食兮酪为浆。
居常思土兮心内伤，
愿为黄鹄兮归故乡。

——刘细君　黄鹄歌

时代出版传媒股份有限公司
北京时代华文书局

图书在版编目（CIP）数据

女殇 / 周殿富著 . -- 北京 : 北京时代华文书局 ,2014.6
ISBN 978-7-80769-645-2

Ⅰ . ①女… Ⅱ . ①周… Ⅲ . ①女性－名人－列传－中国－古代 Ⅳ . ① K828.5

中国版本图书馆 CIP 数据核字 (2014) 第 100333 号

女 殇

著　　者 | 周殿富

出 版 人 | 田海明　朱智润
责任编辑 | 武　学　张　原
责任校对 | 宋　春
装帧设计 | 张亚力　迟　稳　王艾迪
责任印制 | 刘　银
营销推广 | 赵秀彦

出版发行 | 时代出版传媒股份有限公司 http://www.press-mart.com
北京时代华文书局 http://www.bjsdsj.com.cn
北京市东城区安定门外大街 136 号皇城国际大厦 A 座 8 楼
邮编：100011　电话：010－64267120　64267397
印　　刷 | 北京京都六环印刷厂　010－89591957
（如发现印装质量问题，请与印刷厂联系调换）
开　　本 | 710×1000mm　1/16
印　　张 | 27
字　　数 | 380 千字
版　　次 | 2014 年 6 月第 1 版　2014 年 6 月第 1 次印刷
书　　号 | ISBN 978-7-80769-645-2

定　　价 | 38.00 元

出 版 前 言

本书收入中国古代自春秋至清末130余位诗情才女的传记，附带收录了她们的诗作计360余首。称得上是一部宏大的人物女诗史，一部中国古代才女的命运史，或者说是她们的悲剧命运史。尽管未必所有传主都是悲剧人物，但中华女性在绝对男权、教权、族权、王权的封建制度下，作为一个整体，是具有悲剧性的。

书中所收传主万类霜天，不拘一格。有贵为后妃者，也有卑为娼妓者；有国破家亡者，也有战乱流离者；有红杏出墙者，也有贞操守节者；有李代桃僵合亲异族者，也有被掳沦落他乡者；有悲愤殉情抗争者，也有慷慨殉国死难者；有色欲淫乱祸国者，也有妒心如火害己害人者；有坠入阴谋杀身者，也有编织网罗阴谋诬陷他人者……正因为此书没有选取一个层面、一个类型的人物，所以读来绝无疲倦与重复的感觉。而该书最大的特点之一就是，并没有只对传主的作为、命运做以孤立、简单、直观的描述，而是从整体上作为一个弱势群体、旧制度旧传统的牺牲者来描述，把她们置于一个时代、历史的大背景之下，而不是作为个体人物的悲喜剧来诉说。因而在阅读中会让人有一种历史感与同情心。

《诗经》以《关雎》一诗为首，《周易》以乾坤二卦开篇，虽有封建礼教女德色彩，但无论男女总该以天行健君子以自强不息，地势坤君子以厚德载物为立身之则。人没有同情心，没有物伤其类的恻隐之心自不堪为人；让别人感动、赞美自是好事，但让别人同情并不见得是好事。所以，自强不息、厚德载物两条乃是做人的本分。个人的命运是离不开时代大势的，但却会因人的修为不同而有所不同。这当是本书足以令人有所启迪之处。

该书所有资料多取材于正史。一些来自传统文学话本、传奇、小说、女诗集中的人物，也多选史有其人者，而绝无八卦中人物。而所选诗词出处版本繁多，对大同小异的词句不同，并未一一订正、标注，因为略通古诗词者自会知晓版本有别，而不会以只知其一而不知二三的求疵于本书。虽然本书的宗旨是以揭示人物命运为主题，但所选诗词中确有许多令人感动的作品，足以让人领略到中华女性的文学造诣。所选诗词多是增加对传主诗情才思了解的辅助材料，因而对诗词并未通加注解，凡难读处多在传中有所简释意译。凡有不确之处，敬请方家教正。

编辑部

在“男权文化”的天空下

（代序）

萧红说“女性的天空是低矮的”；劳拉·莫尔维说女性“无法在男权文化的天空下另辟苍穹。”《女殇》在这里则用130余位中国历代女性的命运，向我们描述了这个旧世界“低矮的天空”有多么低矮，且布满了多少乌云毒霾；而书中引录的三百余首女性的诗作，却让我们看到了三千年来的古代中国女性，在“男权文化的天空下”，怎样另辟了属于女性的、民族的、历史的另一片苍穹。且那片苍穹上高悬着“上帝之约”的彩虹，多彩的、血色的、泪光的，交相辉映的彩虹，令人感伤叹息的凄美凄迷却不会消逝的另一种彩虹。

文学本不论何种样式，在本质上都是反映生活的，给人以审美享受的。但《女殇》的写作，在搁笔后所余的，却似乎只是一种无边的沉重。

那感觉，就像是在开掘一座座古墓，在一点点拨开千百年的霉烂腐朽中寻找着被埋葬了的珍宝，却没有考古者“发现”的惊喜。但却在那腐朽与珍宝中触摸到了历史的真实，人物的命运。尽管她们中的许多人似乎在历史文化大小不同的各种“展馆”中，已被陈列展览了百年、千年。但在亲自用笔去开掘、去整理，用心去思考时，却发现有那么多已被扭曲了的定格与定格了的扭曲，为她们在被窒息而死之外，又增加了一种痛苦，如果她们的灵魂有知。

那感觉像是从但丁的炼狱中走过，又像是聆听着尼采关于悲剧的定义。但，这却是三千年来曾生长在这片广袤国土上的130多位诗情才女的命运诉说。命运，女人的命运，自己又能主宰多少呢？更何况又是在那个虽是男权社会却连男人都主宰不了自己命运的时代呢？人们都喜欢奢谈什么幸福、快乐，仔细想来，能生于一个和平的时代、平和的社会，就是幸福和快乐了，人复何求？生命的慰藉，绝不是贪婪和奢靡。

那感觉像是刚刚在浩瀚天宇的夜空中走过，虽然都不见有晴天一角，却见得那么多美丽而忧伤的星星在闪烁。夜空中的流星雨在不断地飘洒，虽然都是同样的陨落与放逐，但却不是冷寂的坍缩，而是燃烧。至少在天宇中，用生命的燃烧，留下了她们人生的流痕。而谁又算得清有多少无痕无迹无人知晓的悲惨毁灭呢？就是那些天王巨星不也都一个个坍缩、肢解，变成了星云尘埃？天底下没有生命的永恒，但总归是物质不灭，不过是一次次、一个个灵肉与粉尘的存在形式与形态的互相置换。谁能说这些从天女座上被放逐的一颗颗流星，就没在今天的哪个胴体中、哪片树叶里、哪块土地上存在着？生存着？但注定的是她们没一个走失，我们于今还是同在一个世界。

那感觉像是走过了凄凉的花国，花国的原野上、山坡上，开满了流着血泪而不是雨露的花朵。牛羊虫鼠在啃啮着青枝绿叶，蜂蝶蝇蛾在花蕊上贪婪地吮吸掠夺践踏，风雹雨雪从不管一丝怜悯地在摇曳鞭打严相逼迫的摧红碎绿。创造了美的，带给这世界美的，总被无端地最先毁灭，而卑鄙、肮脏、苟且、丑恶在这世界上却得长久。但谁又能毁灭她们呢？千百年来，她们的美丽诗篇，不正为我们永构着一个花国的世界吗？是的，这花国中也生长过狼毒花，罂粟花，但我们在审判恶的时候，千万别忘了打造恶的魔鬼，别忘了那个培育了恶的世界。所谓的根绝，便是只有在根上才能灭绝。

愿《女殇》能成为我们文化审美生活中一个凄美的花国小世界吧。让我们在祭奠、凭吊中，来珍惜、分享她们遗赠给我们的双重古典美。愿这种美丽不只是对文学之美、悲剧之美的鉴赏，而是给我们一次心灵的净化、洗涤，使我们更加善良，更加善待身边每一个美丽的生命。

周殿富

2013 年 11 月 25 日于京华寓所

目　录

1、南山有鸟

[吴]夫差小玉

南山有鸟，北山张罗。志欲从君，谗言孔多。
悲结生疾，没命黄墟。命之不造，冤如之何。
羽族之长，名为凤凰。一日失雄，三年感伤。
虽有众鸟，不为匹双。故见鄙姿，逢君辉光。
身远心近，何当暂忘。

【小玉传】

韩重小玉：绝非只是传说的“传说”

公元前490年前后，春秋时代称雄东南的吴国，已到了夫差为王执政的时代。这夫差治国即非贤君，治家亦非慈父。文坛之上流传的名诗《南山有鸟》，据说讲的就是他因粗暴干涉儿女婚姻，而导致女儿小玉死亡的故事。

当时吴国的首府就是今天的苏州。苏州城中有一平民人家的少年书生名为韩重，自是天生一表人才。于城中私学浸润诗书，转眼便到了十八岁，于少年可爱的灵秀中又多了几分丈夫气概。一日偶闲，便去城中楼台水榭处游玩，偶遇一名叫小玉的才情少女，两人却是一见钟情，有如两小无猜。诗文唱和自如行云流水，无所阻碍。男女之间的情缘不管多深，但总少不得互相间看得上、谈得来这两样合成的“双飞翼”，才会臻达“心有灵犀”的天成之境。于流连山水、诗情画意之间，二人竟约以终身。

相恋的人在一起的时光，那时间不论多长，便也如电光石火般转眼过去；不在一起，互相在思念中等待的时候，那时间不论多短，也如织梭上的线，怎么也扯不到头。不知不觉中，已是一年过去。韩重在苏州城中的基础学业已经完成，要到齐、鲁去就学于名师，习学礼乐，那里才是周礼的真正故乡。而到了此时，韩重才知道这个相处了一年多的小玉，竟然是吴王的女儿。

韩重临行前，不得不把实情都对家父说明，虽明知不可为，却仍拜求家父为他去向吴王求亲。并按照小玉交代的入宫见王的路径、办法，一一向家父言明，便起身赴齐、鲁名师处游学去了。家中却难坏了韩重的父亲，踌躇再三，终于进了王宫。这位打败了越国雄长东南一方，又野心勃勃，一心想当中原霸主的吴王，一听此事，不禁勃然大怒。亏得小玉及时出来解围说情，韩父才得安然离宫。这位吴王不管女儿怎样跪在面前苦苦哀求，但就是不肯答应。

尽管吴越天下美女都被他一人尽储于姑苏台上、馆娃宫中，但却不肯赐于爱女一线幸福，而且他也许还自以为是在替女儿的幸福考虑。小玉虽只是在宫中长大，且早已深知父王的专横不二。于深深的思念韩重与彻底的绝望中，竟然一病不起，但那位贪婪成性的父王仍不肯让女儿随心如愿。不久，这位昔日如花似玉的小公主，便瘦得如皮包柴骨，竟然一命呜呼。都说可怜天下父母心，而为人父母者为什么就不能有点可怜天下儿女心呢？都说是好心不得好报，而凡不得好报者一定要先考量一下自己所为的，是不是称得上是好心？

小玉被葬在了苏州城的阊门之外。尽管不是三棺九椁的排场，毕竟与平民百姓之葬大大的不同。

韩重三年求学师满，回到苏州。得到求婚不成，小玉亡故的消息，自是哀痛不已。第二天便一个人独自去阊门外，寻见了小玉的坟茔。不见了往日的音容笑貌，只有满目的草绿草黄，而偏偏树上的惊鸦三两声啼鸣，又不知为这墓地里的空气，平添了多少辛酸悲凉的韵调。韩重虽已是欲哭无泪，却止不住从心底涌出一声声野兽般的哀嚎。不知不觉中在小玉坟前已挨到了黄昏日落，却在朦胧中分明看见了小玉站在身旁，只是看着韩重，为他哀哀而歌，歌词便是这曲“南山有鸟”。两个人相拥而泣，悲不自胜。在大树梢头上筛下的月魄清晖中，两个人看见的都是一双婆娑的泪眼，哪里还顾得上是人鬼相隔？

然而，当小玉邀这位韩重同入墓中时，他却不敢贸然相从，而是说：“死生异途，恐有罪过，不敢承命。”命？连老外不都说“生命诚可贵，爱情价更高”吗？韩重也许是刚从齐鲁礼教高师那里从学归来，心有所忌吧？但礼教的防火墙不管是什么材料制成，哪怕是千年纳米所织，也经不起真爱的烈火燃炙，就是俄林波斯山上的太阳神，不也是被小丘比特的金箭一点，而支得全世界乱跑去追达芙妮吗？更何况韩重本是东土一个方历初恋的凡夫俗子呢？

小玉则比韩重真诚得多，她见韩重如是说，便讲道：“虽然是生死异途，而今一别则永无后期。你怕我害你吗？我不过是想把自己给了你，以遂前缘，你不相信我吗？”望着禁不住伤心泪落满面悽怆的小玉，此时的韩重哪还顾得什么“命”啊“礼”的，便陪小玉同至墓中。想不到入了墓门，里面却如小玉旧居无二，哪里是坟茔的所在？二人于墓屋中完成了人生大礼，饮尽悲欢三日夜，真的是地下人间，不知今夕是何年了。

三天之后，小玉便劝韩重出墓去见吴王，并送给他一颗直径达一寸的夜明南珠，以此为证，吴王必认得。又悲叹道：“既毁其名，又绝其愿，世上还有什么比这更悲哀的呢？夫复何言，时节自爱吧！”明知此举已是名毁愿绝之事，而小玉仍不惜为之，足见天下唯女子有此等真爱，七尺男儿中又有几人能够呢？

韩重回到城中，便持小玉所与明珠一路顺畅入宫得见吴王，言及小玉致敬拜问之心。没想到夫差却认为他是一派胡言，反以盗墓之罪把他关入大牢。韩重寻机逃归小玉墓中，小玉便出墓陪同韩重去见父母说明一切，为他洗脱罪名。可是当她的母亲无限悲悯地来拥抱女儿时，小玉却在母亲的怀抱中化为一缕青烟飘逝而去。而韩重方因此而得以脱罪还家。

虽然这首《南山有鸟》是后人的托名之作，故事也自是一段民间传说、后人的话本传奇，但这段诗文所述，却是中国几千年封建婚姻制度下的无比真实写照。几千年来的旧礼教、旧婚制下的父母包办、媒妁之言、政治联姻、买卖婚姻，不知葬送了多少女孩子们的幸福，而且又有多少比这传说更为酷烈的呢？所以，谁又能说这传说，只是一种供后人茶余饭后咀嚼的“传说”呢？亚里士多德不就讲过诗歌有时比具体的历史事件更真实，而中国人则有在治史的时候“以诗证史”的传统吗？

2、乐姬歌（四首）

[吴越]西　施

（一）

风动荷花水殿香，姑苏台上宴吴王。
西施醉舞娇无力，笑倚东窗白玉床。

（二）

吴王旧国水烟空，香径无人兰叶红。
春色似怜歌舞地，年年先发馆娃宫。

（三）

旧苑荒台杨柳新，菱歌清唱不胜春。
只今唯有西江月，曾照吴王宫里人。

（四）

家国兴亡来有以，吴人何苦怨西施。
西施若解亡吴国，越国亡来又是谁？

【西施传】

颠倒吴越传奇天下的苎萝美女

以上四首都是后世文人杜撰文学作品中的诗作，断非西施所作。传说政和年间，文士杨彦采游莲塘，夜泊横桥，月下饮酒，江中逢邻船自称大都歌姬的女子，与其饮歌舟中。前三首都是扮为歌妓的西施所唱。而杨彦采则闻歌说道：西施乃亡人国之娇艳流，不足道。歌姬便又唱了第四首罗隐的诗。而杨彦采又说不听此歌，请更唱他曲。歌姬便又唱道：

家是红罗亭上仙，谪来尘世已多年。

君心既逐东流水，错把无缘当有缘。

歌罢，女姬竟然揽衣掀蓬投入水中而去。杨彦采惊得一身冷汗，醒来原是一梦。此类传闻颇多，唯此几首诗尚有味道。那么西施到底是何人呢？

西施，生于越国古都暨城南五里浣江边上苎萝村的施家。其父为樵夫，其母为浣纱女，孕其 16 个月而生，光彩照人，因而取名为夷光。长大后成为远近闻名的美女。人们叫习惯了，便都称其为西施，反而隐没其名。

吴王夫差打败越国，越王勾践卧薪尝胆，志在复仇，便令人搜尽越国财宝、美女送与吴王，以祸其国。大夫范蠡亲自深入民间，寻得西施、郑旦二美女，都是倾国倾城之色，准备献与吴王。但范蠡却与西施一见钟情，无奈国亡事大，只得忍痛割爱了。

二美女在越国首都会稽城受训三年，歌舞礼仪学成，便被送到了吴王宫中。西施到了吴国后受到无比专宠，便开始用尽心思败坏吴国。夫差为了讨西施的喜欢，先是大兴土木建了占地五里的姑苏台，台上造春宵馆，养歌姬宫女千人，造可容千石的酒器，日夜在台中饮宴淫逸。后又动用两万军民在灵岩山建馆娃宫，以珠宝铜玉装饰勾栏屋顶，豪华无比。并开渠引太湖水入宫，造大鱼池养鱼供西施食用，又造洒城供其豪饮宴乐。并杀掉了极力反对他姑息越国、宠幸西施的伍子胥。

到了夏季，西施因暑而瘦，夫差便命人征调十万劳役，动用全国人力财力物力，在西洞庭之南的十里长湾，修建了一座夏宫，以供西施消暑。然后又造采莲赏荷大船。西施在吴国住了十年，越王已养得兵强马壮，便灭了已腐朽的不堪一击的吴国。而范蠡则携带着西施，告别越王，两个人泛舟五湖，成为了江南首富。

冯梦龙的《情史》则称《吴越春秋》载：在范蠡送西施赴吴的途中，二人私通，生下一子，一岁能言。还有一种说法是越国灭吴后，把西施沉入江中，以报答伍子胥之魂乘白马驾江潮助越破吴之情。因西施在吴王那里进谗才杀了伍子胥的，把西施沉江溺死，就等于为伍子胥报了仇。

3、河　广

[春秋] 宋桓夫人

谁谓河广？一苇航之；
谁谓宋远？跂予望之。
谁谓河广？曾不容舠？
谁谓宋远？曾不崇朝。

【宋桓夫人传】

有家难投有国难奔的卫君次女

公元前 650 年前后的黄河下游两岸，正弥漫着中原诸侯争霸的战火狼烟。从黄河北岸卫国的首都殷墟定昌城中走来的一辆驷驾白马车，停在了草木狼藉的黄河岸边。一位素面素服的中年夫人走下车来，在侍女的服侍下，一步步攀爬到了河北岸一个至高点上才止步。夫人站在那荒丘的杂草丛中，以手遮目，翘望秋阳下南岸辽远无边的宋国土地、村庄，两颊上已是冰凉麻木。

这位中年夫人便是卫国当年以玩鹤宠鹤而著名的卫懿公的次女，也就是宋桓公的夫人，史称宋桓夫人。此时她的夫君宋桓公刚刚去世，她的儿子刚刚即位，也就是当年以“宋襄之仁”而闻名于后世的宋襄公。那么，这位身为旧君之妻、新君之母的卫公主，为什么身临国丧大哀却不回国，而是跑到这黄河边上来隔河相望呢？她回不去啊！

这位宋桓夫人当年嫁到宋国时，与宋桓公本是夫妻恩爱、举案齐眉，且很快就为桓公生了一个大儿子，就是后来的宋襄公。一般而言，母以子贵自是天下常情，尤其是国君的后妃们，一旦生下一个儿子，那是不得了的社稷之功，尤其是生了长子的，那是有继承权的，子就是未来的国君，母便是国母了。但这位桓公夫人却非但没有享受到这份宠贵与荣耀，反而不知何故，被宋桓公休回了娘家。所以，虽然她知道了夫亡子立，却根本回不了宋国。那个时代是不允许出妇归宗的。

在秋风中伫立凝望的宋桓夫人，有如一尊望夫石般一动不动地望着黄河南岸宋国的土地，那里埋葬着她的亲夫，荣耀着她的亲子，却不可越雷池一步回归家国，只能是隔着河看一看那片天空与土地，心中的痛苦，只有当事人才知道，而作何描述都会显得空泛而苍白。好在留下了《河广》这首诗：

谁说黄河很宽？
哪怕有一片苇叶大的船便可渡过。
谁说宋国很远？
我跷跷脚就可以看到。
谁说黄河很广？
怎么连一只小船都容不下？
谁说宋国很远？
一早上的时间就走到。

没有一字怨望，没有一言的大痛感伤。但谁又能说得清在一广一远二字的后面埋着多深多重而不可言说的痛苦、感伤与绝望呢？天地有大美而无言，人间唯大悲苦而无泪。人言长歌当哭是必在痛定之后，其实，眼泪早都流干了的人，在彻底绝望时，是无所谓于歌哭的了。

4、载　驰

[春秋]许穆夫人

我行其野，芃芃其麦。
控于大邦，谁因谁极。
大夫君子，无我有尤。
百尔所思，不如我所之。

【许穆夫人传】

大智远见热爱家国的卫君长女

许穆夫人，东周初黄河下游河南许地的小诸侯国国主许穆公的夫人。是卫懿公的长女，宋桓夫人的姐姐。

当初许穆夫人未嫁时，有齐、许二国同时来求亲，卫懿公便想把她嫁给许国。她知道后，便让她的傅母对她父亲说：“自古以来的诸侯们生有女儿的，无不将她嫁于强大的侯国，以为自己的声援。许国既弱小又离我国远，齐国强大而离我们近。当今之势，强者为雄。如把我嫁于齐国，一旦国有战事、危艰，只要有小女在，自会来援助；如果嫁于许国，就是舍近就远，弃大取小，一旦有战事发生，怎能够与我国同忧社稷呢？”但那位只知玩鹤的卫懿公仍执意将她嫁给了许国。而卫国未来的遭际却不幸为她所言中了。

公元六世纪中叶，北方的少数民族部落狄族人逐渐强大起来，不断地南下侵扰中原各国。赖有齐、鲁、宋、郑等强国的联合军事行动，狄人才难于得逞，但却无法把他们消灭。因为他们都是飘忽不定以骑为兵的游牧部族。到了公元662年，这个狄族又开始进攻卫国。恰逢这个卫懿公腐败无德，不但丧尽民心，而且超级宠鹤，给鹤配备大夫的车驾，封有爵禄，并筑有鹤城，令朝臣、将士也都愤愤不平。所以，当狄族来进攻时，谁也不肯出战，并说："你还是让鹤大夫去出征吧，我们怎么有御敌的能耐呢？"急得卫懿公只能胡乱凑了一点人马，出城在荥泽迎战，不但全军覆灭，卫懿公也被狄族人杀死。

那些文武朝臣们巴不得卫懿公死，可是没想到得胜的狄族人并不甘休，而是乘势攻入首都，消灭了卫国。这帮朝臣刁民也该杀，自是报应及身。自古是兄弟阋于墙而御侮于外，哪有把自己国家安全大事当成如此儿戏的臣民，不死何为？国君不仁，可杀可废，但怎可不保家卫国呢？这些卫人几乎被屠杀净尽，最后连男带女只剩下七百三十余人逃到了黄河边上，被邻近的宋国救到了黄河南岸，先后凑集了五千人，在河南滑县一带的曹地重新立国。还要靠齐桓公派兵为他们防卫狄兵。然后齐桓公又率诸侯兵在河南滑县一带筑了楚丘城让他们居住，这个卫国才没有灭绝。这一切都被许穆夫人于未嫁时而言中了，卫国被攻破，许国什么忙没帮上，全靠了宋、齐等国的援助才得以不亡。

许国虽然没帮什么大忙，但老岳父死了，卫国又遭此破国之变，礼当去慰问一下才是。许穆夫人要求一定要回娘家探视。但许穆公与朝臣们却不同意。因为那时候的礼节是：女儿出嫁后，父母健在时，可以回家探亲；父母亡故后便不许回家探亲。所以她只能写下了一首《诗经》上称为《载驰》的诗来表达自己的心情了。全诗分四节，第四节如下：

我行其野，芃芃其麦。

控于大邦，谁因谁极。

大夫君子，无我有尤。

百尔所思，不如我所之。

意思是我应该回到麦苗油油的卫国土地上，去向那些大国求援联合抗狄，哪个国家和卫国友好，就会前来援助。可是卫国的大夫和君子们就不要责备我了吧！我虽然回不了国，可是你们一百人所思虑的，也不如我亲自回国的好啊！

5、河激歌

[赵]女 娟

升彼河兮西观清，水扬波兮杳冥冥。
祷求福兮醉不醒，诛将加兮妾心惊。
罚既释兮渎乃清，妾持楫兮操其维。
蛟龙助兮主将归，呼来櫂兮行忽疑。

【女娟传】

标准的古典东方女性赵简子夫人

赵女娟，春秋赵国早期君主赵简子的夫人。出身于赵国的小吏家庭。他的父亲是掌管一条河渡口的“河津吏”。

赵简子准备出兵渡河去攻打楚国，便通知这个“河津吏”，要他准备好船只侍候过河。可是当赵简子来到渡口时，这位河津吏却醉酒不醒，无法摆渡。赵简子大怒，下令以贻误军情罪把他斩首。

这时，河吏的女儿娟便提着船楫来到赵王面前求情说：“大王息怒。我父本不嗜酒。他听说大王要渡河，怕河水风波不测，为了大王的安全，所以备以酒礼，以祭九江三淮水神，为大王祈福。由于我父不胜酒力，所以祭过一个个水神后，便醉了。大王要杀他，小女愿以鄙身替父而死。”赵简子见一个小小河吏之女，竟能如此侃侃而谈，又如此大义救父，既有些惊异，又很受感动，便说道：“这不是你的罪啊！”便放了河吏。

赵简子整顿人马准备过河，但船工的位置上却缺少一名划手。于是，赵女娟便捆扎好衣服，持楫上船，自告奋勇来当水手。这位女娟从小便和父亲一起在船上长大，划起船来不让须眉大汉，而更加三分楚楚动人，真是让赵简子大开眼界，他在深宫闺院中哪里会看到如此丰姿呢？到了河中间，此女便边划边旁若无人地唱起了这支《河激歌》。这歌声却让他记起了出兵前梦到自己娶妻的梦境，恍然记起，这不就是梦中的那个小女子吗？于是，便让手下人去与说项。可是女娟却回答道：“妇人之礼，非媒不嫁。严亲在内，不敢私与从命。”把赵简子送到对岸，大大方方地与赵简子一声白白，便撑船回渡口了。

赵简子班师回国后的第一件事，便派人带着聘礼，到女娟家来求亲，把聘礼送给女娟的父母。然后迎亲入朝，并把此女立为赵国的夫人。

命运，有时在天，那就奈何奈何可奈何了；命运，有时在人，那就看你怎样去把握了；命运有时在天人契合，那就在你如何去顺天应人了。看来，命运终归有 50% 靠自己来主宰了。古往今来，世间虽然永远只有一个赵简子，一个赵女娟，但那种转祸为福一类的机缘，在每人面前却绝不会只有一次。世界上人生中，只有错过，却不会没有的便是“机缘”。

6、黄鹄寡居歌

[鲁]陶　婴

悲黄鹄之早寡兮，七年不双。
宛颈戢翼兮，不与众同。
时则悲鸣兮，独行惸惸。
天命令然兮，块独永伤。
感鸟愠己兮，泪下成行。
呜呼悲兮，死者不可忘。
飞鸟尚然兮，何况贞良。
虽有贤雄兮，终不成行。

【陶婴传】

地行健女子以自强不息的陶寡

东周时代，有一女子名陶婴，是鲁国陶门之女。出嫁后早寡，完全靠自己织布赚钱，来抚养膝下幼孤，而不因困苦无依改嫁他人。人又十分刚强自立，不肯接受兄弟们的帮助。生活中的困苦都靠自己的努力来解决、克服。

对于自强者而言，艰难困苦也许算不得什么；但对一个小女子而言，最难忍受的也许是那种孤苦无依的寡居感，还有对丈夫的怀念。不寡者自不知其所感，但可以想见：一个小女子，一方面要挑起生活的重担，一方面还要背负着对亡夫忠贞的种种压力，谈何容易？因而常常在中夜一个人偷偷地“泣下数行”、“块独永伤”。就这样一直坚守了一生。非但从不气馁，而且毫不怨天尤人。她从未试图改变命运，但她也从未向命运俯首称臣而改变自己的忠贞坚守。

陶女的义名渐渐远播，便总有人来为她提亲，劝她改嫁，她一概不答应。为了从根本上解决这个问题，她便写了一首诗以名心志，用终生不二的天鹅来向人们传达出了她终生不会再嫁的心志。原诗题为《陶婴歌》。

诗中的“黄鹄”便是天鹅。从古到今，人们都认为天鹅是最忠诚于婚偶的贞禽。配偶一旦形成便不再更换；有一只受伤，另一只一定会守到它痊愈，而不会置之不理单独飞走；有一只死去，甚至另一只也会守在一旁，哀鸣着直到死去。尽管这些都未必完全科学，但把天鹅视为忠诚于伴侣的不二贞禽却是当之无愧的。

这首诗很快在鲁国传开，人们知道此女不可求，不可动摇，便也不再打扰。陶婴就这样守寡终身，了此一生。她的贞节、自强一直流传到汉代，由刘向收入《古列女传》，之后又被收入多种文献、版本中，因而这首诗就有了版本的不同。本处采用了《太平御览》版的诗章，与不同版本列女传的诗句有所不同。

陶婴的忠贞不贰，是值得人们敬仰的一种古道；但让一个孤儿寡母困守一生，则是一种不人道；而那种以此为借口，不把婚姻当回事，则是禽兽之道。最值得称道的是她那种自强不息的刚劲之气，则足以代表一种中华民族优秀传统品德。正所谓“天行健，君子以自强不息”；“地势坤，君子以厚德载物”。而陶婴以一女子之身，似乎是二者都做到了。

7、和楚霸王歌

[西楚]虞　姬

项羽： 力拔山兮气盖世，时不利兮骓不逝。
骓不逝兮可奈何，虞兮虞兮奈若何。

虞姬： 汉兵已略地，四面楚歌声。
大王意气尽，贱妾何聊生。

【虞姬传】

魂化美人草的项王虞姬

虞姬，秦汉之间西楚霸王项羽的宠妾，生于江苏吴县，真实姓名已无从可考。这位青史留名的女子，不但生得长身玉立，款款婷婷，面如玉雕，天生的美女胚子，而且才艺兼该，诗词歌舞、琴棋书画，无所不精。尤长袖善舞，衣带飘飘，有如仙人临风，为闻名一方的才情美女。项羽起兵不久，攻占了吴县，便把她纳为自己的随军夫人。从此随项羽一起南征北战，成为了这位叱咤风云者的一种精神支柱与寄托。都说是美女配英雄，但很难想像虞姬与项羽是天造地合的一双，反差太大，并不般配。也许是越是阳刚者，便越须有阴柔的灌注慰藉吧，所以世分乾坤阴阳，天有日烈月和，万物性有雌雄刚柔强弱。所以这世界才有太极图合璧般的大美。

公元前209年，被强秦剪灭的三楚军事残余贵族项氏叔侄起兵反秦，不出三年便与刘邦共同平灭了大秦，却用了五年时间争夺于楚河汉界。

想那刘邦的汉兵对付秦卒尚可，但与称雄于世的项羽相较，却是小巫见大巫，神气尽矣！刘邦就像一只丧家犬，被一群虎狼追逐得到处流窜，根本没有还手的能力。甚至在败北逃命不及时连儿子与女儿都踹到车下，只想一个人逃的快。连父亲都成了项羽的俘虏。但刘邦死缠烂打就是不气馁，而且十分善于用人，文臣武将都能各得其所。而项羽则有才不用，有功不赏，所有的人才都跑到刘邦那里。而且还十分手软，鸿门宴为了装仁义，让刘邦漏网而逃。最后连他的项氏族人将领都背叛了他，他称为亚父的主要军师谋主范增也被他气跑了，气死了。所以命运的天平开始向刘邦那里倾斜。

楚汉战争先后打了五年，虽然汉兵无一次能打败项羽，却仍难决胜负。项羽又来了英雄气概，向西方人决斗一样，单枪匹马跑到刘邦城下对刘邦说："天下汹汹，只为你我二人，你有种就下城来，我们两个决一死战来定胜负。"刘邦却捻着鼠须笑嘻嘻的在城头对项羽说："我不跟你扯，我斗智不斗力，斗力那是匹夫干的事，我才不屑为之"。气得项羽三尸神暴跳又能怎样？于是便在城下支上了油锅，要把被他俘虏的刘邦老爹扔油锅里烹炸。可是刘邦却说："那也是你爹，炸吧！炸好了，分给我一杯羹喝。"因为刘邦和项羽拜过把子，刘老汉也算是他的义父。

刘邦用持久战的办法，五年后把项羽终于拖得疲惫不堪，在稳操胜券的情况下，刘邦组织了战略大决战，把项羽的军队四面八方围在了垓下。但仍采取围而不攻的攻心战。按张良的计策在四面唱起了楚歌，楚兵纷纷厌战思乡闻歌而泣，开始逃跑。所以民间有传闻说张良用一支笛子吹散了项羽的八千子弟兵。吹什么有这般大的魔力呢？都是楚地的曲子，项羽以为四面的楚地已经都被占领了，便很绝望地唱了前面那首歌。虞姬听完那首歌后，便为项羽边歌边舞，一曲终了。项羽与他周围的将士都已泣不成声。

可是，项羽却对虞姬说道："你很好的去服事汉王吧！"虞姬答道："忠臣不二主，贞妇不二夫。我就死在你的前面吧！”项羽拔出宝剑，背着身子递给了虞姬。虞姬自刎而死。死后在她的坟上长出的草，常常无风自舞，因称之为虞美人草。后来，人们又把罂粟花同种的一个品种称为虞美人花。因为那种花梗细花鲜大而薄，花片随风翻动，有如蝶舞。

这段故事后来不仅改编成了多少戏种的《霸王别姬》，而且也不知有多少诗歌流传下来，讽咏此事。如卓回的那首《题苏小楼辞》：

丈夫只手把吴钩，欲断万人头。
因何铁石打成心性，却为花柔。
君看项籍并刘季，一怒使人愁。
只因撞着虞姬戚氏，豪气都休。

虞姬自刎垓下后，项羽组织突围，一直杀到乌江边上。敬仰他的乌江亭长早在那里备好了船只，劝他渡回江东卷土重来，项羽却自觉无颜面见江东父老。虽然楚兵已完全战败，身边都没有了几个士兵，但就是他一个人单枪匹马，汉将也无一人敢近得他身前。最后，他喊了一句“天亡我也，非战之罪！”便拔剑自刎于乌江边上。杜牧说他应当回江东重整旗鼓，“捲土重来未可知”，而李清照则说“生当为人杰，死亦为鬼雄。至今思项羽，不肯过江东。”也许这才是这位楚霸王于令人扼腕叹息中，不能不投给他尊重的一票之处。

死亡虽非人之所愿，但当一个人觉得有比死还更难以忍受的，他就会义无反顾地去选择死亡；生存虽是人人渴求，但当一个人知道有比生存更值得珍惜的，他就会毫不迟疑地放弃生存。人啊！他的高贵处，不只是尊严二字可以概然描述的，而英雄却在甘愿。

8、永巷歌

[汉]戚夫人

子为王，母为虏。
终日舂薄暮，常与死为伍。
相离三千里，当谁使告汝？

【戚夫人传】

女人害女人的吕后与戚夫人

戚夫人，山东定陶人。汉高祖在楚汉灭秦的战争年代，过定陶时，收为妾姬，十分得汉高祖的宠爱，并为刘邦生下了赵王如意。刘邦的元配夫人吕后常常留守后方，而戚姬则总是陪行在身边。所以渐渐的，吕后便被疏远了，甚至见面的时间都很少。而且已被立为太子的吕后所生的惠帝生性软弱，很不讨刘邦喜欢；赵王如意则在各方面都很像刘邦，刘邦也十分喜欢这个王子。于是，戚夫人便在刘邦面前“日夜啼泣，欲立其子”为太子，显然是要把人家的儿子废掉。皇家母以子贵，儿子一旦被废，那么吕后也就被废了。而赵王如意立为太子，那么戚夫人便自然升为皇后了，这才叫釜底抽薪、一箭双雕呢！

利欲熏心的人往往只见利的一面，所以便一往无前，不知餍足，哪里还会想到古人“福兮祸之所伏”的名训？戚姬只想着双双取代人家母子的地位，就没有想到人家会不会束手待毙、死牛任割？更没有想到自己是不是对手，以为只仗着刘邦的宠幸就可以解决一切。她也没想到吕氏有多大的能量，而刘邦总有死去的那一天。所以竟不达目的绝不罢休。人类最聪明之处在于目的永远是个个明确的，不聪明之处则在于不考虑它是否正确。而且往往忽略了目标自身的利害损益，所以结果便常常是适得其反。所以，政治家与哲人们最常说的则是欲善终者，必慎于始。这个戚夫人也许一开始就失于一个“慎”字。但刘邦也真被她哭动了，几次都想把太子废掉，但都被大臣们力争谏阻，而且吕后又用留侯张良之策，让太子请出了高祖都请不动的“商山四皓”来辅佐太子，汉高祖以为这个太子羽翼已成，便不敢再轻举妄动。再加上吕后是原配，太子既是嫡出又是长子，与一帮老朝臣交情又深，拼命地用一切手段保卫母子的地位，已至让刘邦根本无法动她，只得与他的戚姬豪饮歌舞涕零一番，以示无奈后，不久便与世长辞了。

靠着墙的，墙一塌就完；倚着树的，树一倒便砸个稀巴烂。刘邦一死，这位居心不善、野心勃勃的戚夫人母子的末日也就到了。在这个世界的政治舞台上，男人害女人总有不忍之心而网开一面之可能；可是女人害男人是绝不留情的；女人害女人就更惨了。

刘邦去世，吕后所生太子刘盈即位，就是才十几岁的汉惠帝，所以吕后便成了直接执政的太后，大汉天下成了吕氏一家的天下。大权一在握，那就别客气了。后宫中凡是刘邦宠幸的嫔妃，除薄夫人外一个不落，都被吕后悉数幽禁冷宫。然后借惠帝的名义削去戚姬的“夫人”封号，处以髡钳之刑，也就是剃光了头，再用铁枷套在肩项上，穿上囚衣，囚禁在专门关押皇族罪人叫做永巷的皇家监狱中。而且还对她实行“满负荷工作法”来管理，每天必须用大杵子在石臼中一下一下地捣米，有定量的，必须完成。每天从早晨一直干到太阳下山，也干不完。她想起了往日的宫中生活，想起了远在三千里外赵地为王的儿子，悲愤欲绝，便哀唱起前面那首《永巷歌》。似乎生怕吕后把她和她的儿子忘了。这种头发长、野心大、见识短的小女人永远是成事不足败事有余，不仅会害己，更会害他人。

吕后听说这事后，知道戚姬是把希望寄托在儿子身上了。这倒唤醒了她，便马上命人传召赵王如意入宫，想害死他，让戚姬彻底绝望。但才 14 岁的惠帝却与其母性情大异，不仅很同情戚姬，而且处处袒护他的这位异母弟，怕母亲加害如意，自己亲自出城三十里把赵王直接接入宫中，与自己同寝室，同行止，以至于吕后没法下手。可是有一天，惠帝起早出猎，见 10 来岁的小弟弟正懒睡便没叫醒他，而是一个人出去了。等到晚上回来，却见小赵王七窍流血死在了床上，原来是被吕后用毒酒灌死了。

毒死了赵王如意，吕后并不罢休。先把戚姬从狱中提出，让她来看她儿子死去的痛苦形态，戚姬顿时昏死过去。然后又命人把她的手足剁掉、挖去眼睛、熏聋耳朵、灌哑喉咙后，扔到了粪池子中去，称之为“人彘”，任其痛苦地一点点死去，此时她才三十几岁。在死前，吕后还让她自己的儿子惠帝来看，把才 15 岁的惠帝登时就吓瘫了。醒来后几乎变成了精神病，癫狂了一年多，便对吕后说：“害人到如此程度实非人所为。臣为太后之子，终不能治理天下。”这句话实际上等于是骂他的亲妈吕后不是人。事实上此时的吕后，已变成了但丁在《神曲》中所说的那头吃得越多越贪婪疯狂的母狼。从此惠帝便撒手不理朝政了，而这正是吕太后要达到的目的。七年之后，惠帝才 22 岁便死去。吕太后依靠吕氏集团执政长达 15 年后死去，而吕氏集团家族党羽终被一网打尽。

戚夫人遭遇了吕后，自有可怜处，假如她没有早年的非分之想，那么，母子会不会有如此结局呢？而吕后如此灭绝人性，为什么单单放过了薄夫人呢？因为薄夫人即不邀宠，也不招惹任何人，所以不但吕后在屠戮后宫时，放过了她，而且还让她的儿子去当代王，后来便成了历史上有名的汉文帝。薄夫人与戚夫人两夫人二母子的命运归宿如此之不同，不令人深思吗？女人，千万别倚宠欺人害人，千万别不知满足，更不能总想非分之得。而男人也同样如此。否则绝无光彩下场。而后人常常只是把前人的事当成故事来看，却从无借鉴励行之心，所以历史上的悲剧，便总在大同小异中联翩上演。

9、茕茕白兔歌

[汉]窦玄妻

茕茕白兔，东走西顾。
衣不如新，人不如故。

【窦玄妻传】

汉代的秦香莲窦玄妻

秦香莲与陈世美的故事，在老一辈中是人人耳熟能详的了，但对于在汉朝发生的一件此类事，却很少有人知道，只简略地见载于《古诗源》中。原诗题为《古怨歌》。

汉代人窦玄青年才俊，相貌奇伟，仪表堂堂，因而娶得本乡才女为妻。二人夫唱妇随，燕燕于飞，不啻为郎貌女才、女才郎貌的绝配组合。但世间事太完美的，少有久长，这对恩爱夫妻的厄运不久便降临了。

婚后不久，窦玄奉旨调入朝中为官，这本是天下士子、学人求之不得的好事，窦玄夫妻虽有离别之惜，但毕竟是好事一桩。窦玄快马轻车赴京上任，妻子却只能在家中想望、等待。想不到的是窦玄于朝中为官不久，便被皇帝看中了他的才貌双全，就要招他为东床驸马。这位窦玄虽不缺少陈世美的心肠，但却有强于陈世美之处，他并没有忘记家中的妻子，而是把事实毫不隐瞒地如实禀报。可是汉天子却是成命难收，逼着窦玄把妻子休掉，强行把公主嫁给了窦玄。

难为的是窦玄妻在家中日日守望，望来的却是一纸皇命休书。这窦玄妻虽遭遇了与秦香莲的同等命运，但不如秦香莲的是她无可告诉，她连复仇惩罚的对象都找不到。一面是窦玄并没有隐瞒事实真相，没犯“重婚罪”，表面也没有对不住妻子；一方面是皇命休书。她去何处告诉？她去告谁诉谁？而心中的悲愤不平也只能流于笔端，泻于纸上，寄给了窦玄。虽名为《古怨歌》，却读不出一个怨字来，只不过诉说了自己形只形单，顾影自怜，怀念旧情的一种心情而已。很了不起的一位女子，真有一点泰山崩于前而色不变的丈夫气概。

仔细想来，这位美男子窦玄还真是一个陈世美式的变种人物，只是有点山叫驴与蝈蝈的稍微不同而已。在那个时代，功名利禄似乎是所有士子一生无法卸肩放手的牵系。世间多的是从一而终的节烈之女，也多的是糟糠之妻要下堂的苟男。所以大唐便有佞臣许敬宗劝皇上李治说：连多丰收了几石粮的老农，都想着要换妻的混账话问世。而只有窦玄妻讲出了“衣不如新，人不如故”的至理名言。但怎敌得过世人的功名利禄之心。

10、归风送远操

[汉]赵飞燕

凉风起兮天陨霜，
怀君子兮渺难忘。
感予心兮多慨慷。

【赵飞燕传】

千秋“三名世”的天汉皇后

明代《千秋绝艳图》长卷，以赵飞燕为卷首人物。素有环肥燕瘦、掌上飞人之称的赵飞燕，似也当得这个“千秋绝艳”的榜首。历史上的美女似乎也没有谁能超过她的“三名世”——色艺兼人妩媚动人的美名绝世；姐妹分羹千杯同饮的丑名盖世；绝人子孙屠人妾妇的毒名传世。尽管姐妹二人抓住一切机会，利用一切手段，终于蹭蹬攀援，拾阶而上，由社会最底层双双爬上了足以曝丑天下的后宫金字塔顶，但曾几何时，又双双死于非命，先后以自杀的方式了此一生。

仔细想来，那些野心勃勃，永远不知餍足的人，真的是很可怜。不惜费尽心机、用尽手段、丧尽天良，到底为了什么？无非是为了在令人目眩的社会大餐中多分一杯羹；在弱水三千的欲望之河中多取一瓢饮；在如过江之鲫、恒河沙数的芸芸众生头上闪闪发光而已而已。而得到了，又怎样？到头来，得到的越多，负担便越重，便失去的越多，便痛苦越大，罪恶便越深。足衣食而止者是大智之人；有余积而不舍者，不过是上帝的库管员；贪名利而不知餍足之人，个个都是大盗小偷；而一旦伦理无存天良尽失，等待他的便一定是炼狱式的结果。赵飞燕的一生便是前面所述的最好注脚。有道是生不带来，虽然赤裸裸却有物质之身；死不带去，就连物质之身都要灰飞烟灭。人生不苦，而何苦于此？女人不易，而何易下流而上溯？

汉代民间曾流传一首谣歌：“燕燕尾涎涎，张公子，时常见。木门仓琅根，燕飞来，啄王孙。皇孙死，燕啄矢。”这首汉代民谣，说的便是赵飞燕——西汉成帝刘骜的皇后。谣中的“张公子”是陪同汉成帝经常微服去民间胡搞的宠臣张敦。“仓琅根”指宫门铜环。而“啄皇孙”则是指赵飞燕与赵合德姐妹在淫乱过度而失去生育能力后，便把后宫那些有生育能力怀孕的宫妃一个个残害杀尽，导致刘骜断子绝孙的事；而“皇孙死，燕啄矢”则预言她姐妹二人在刘骜死后的悲惨结局。

赵飞燕姐妹，本出自寒苦之家，且是刘汉皇室的外孙女。她们的母亲本是江都王刘建的孙女，嫁给了江都武官赵曼，因赵曼没有性能力，这位赵夫人便与赵曼的好友，也是刘建王宫中的乐官冯万金私通怀孕没办法，便躲回王宫私生，而且一胎生下了这对姊妹花赵飞燕与赵合德，双双被扔到野外三天不死，便被刘氏抱送到她们的生父冯万金家。可是还没到成人时，这位冯乐官便一命呜呼了。一对十几岁的小女子虽小，却像刚出壳的小鸭子天生知道哪里有水一样，一齐流落到了京师长安，又被阳阿公主府的总管赵临收为养女，从此便以赵为姓。本是很命苦的两个小女孩，只是那位不安分母亲淫荡的性欲线粒子DNA加倍地遗传给了这两个女孩，从没出生时似乎就已注定了她们终将淹没在色欲海中的命运。奇怪的是父母代的优秀基因的遗传能力，似乎总不如那些劣根性基因的遗传能力强大，所以天下的坏蛋才一代更比一代坏。

赵临看着两个养女越来越漂亮，便把她们送给了阳阿公主当歌女。据说老大长得十分纤秀，能在人的手掌上旋舞，有掌上飞人之称，所以又被称为赵飞燕。后来，汉成帝刘骜到阳阿公主家探视，当席助酒的赵飞燕以美貌歌舞让刘骜神不守舍，当场便把她带回皇宫，一连三日三夜宣淫不止。因为这位赵飞燕在此前早就与一个猎鸟奴勾搭成奸，而赵飞燕又偷炼过玉女床上功夫，虽然还是少女，便已成猎鸟斫轮高手；刘骜又是一个天字号拥有四万宫女的大淫棍，两个人干柴烈火正如屎壳郎子遇到了臭牛粪，不但推起来没完，而且越推越有味儿。这位赵飞燕善歌舞，有一把宝琴称凤凰琴，经常弹奏前面那首琴歌。古代的琴歌都称“操”。唐代人徐凝有一诗赞美她的舞姿：“水色箫前流玉霜，赵家飞燕侍昭阳。掌中舞罢箫声绝，三十六宫秋夜长。”甚至李白也说她“飞燕皇后轻身舞，紫宫夫人绝世歌。圣君三万六千日，岁岁年年奈乐何。”正由于她色艺兼优，把汉成帝迷住了，所以这位小荡妇赵飞燕很快便成了这位汉天子四万粉黛中的第一号宠妃，而何止三千宠爱在一身？

不久，她们的一位远房亲戚姓樊的宫中女官与赵飞燕商量后，便又把赵合德介绍给刘骜，意在让她们姐妹二人共同垄断成帝的床第，免得失宠。一旦有皇子生下，地位便稳如泰山了。刘骜见赵合德比姐姐还丰腴漂亮，更令他着迷，便封二人为婕好。姐妹二人为了迷住刘骜，便不断地服用各种性药，所以两个女人一个孩子都生不出来。但却有本事用计把许皇后害死了，于是姐姐成了皇后，妹妹成了昭仪。两姐妹都生不了孩子，便怀疑刘骜有问题，于是便不断地派人在宫处寻找健男带入宫中与二人寻欢作乐，也希望能生出一儿半女来，免得失宠，但无济于事。而赵飞燕与人通奸的事，不久便被刘骜撞个正着，便想要杀了她。但却被赵合德求情得免。刘骜哪里想到这个妹妹竟和姐姐是一路货色，两个人轮流共享着宫内外的许许多多男人，或者争风吃醋，姐妹间大打出手的事，正史、野史都有所载，一一列举出来足污笔墨，只是知道你想不到的事，这姐俩都能干得出来就是了。

女人心性只是淫荡也就罢了，偏偏又有无穷的权力欲与忌刻心。自己生不了孩子，便把别人生的皇子都毒死杀死，甚至母子俱灭，弄得后宫中一旦有人怀孕，马上自己弄掉。所以终至刘骜断子绝孙，那位赵合德甚至亲手弄死她人的婴儿。后来赵合德为了满足淫欲，竟然一次给刘骜吃了十粒春药，以致刘骜死在了她的床上，时年四十六岁。在他三十八岁时赵氏姐妹入宫，八年间让他命丧黄泉，时间也许太长了点。

刘骜死在了赵合德的床上，令太后大怒，令人组成法庭会审。众宫女宫人一见报仇的时机来到，真个是墙倒众人推，破鼓众人捶，异口同声都说是她谋杀亲夫，赵合德吓得自杀了事；赵氏全族被流放，只剩下赵飞燕变成了皇太后。到了王莽当了大司马时，通过姑母老太后王政君，先把赵飞燕赶到北宫，后把赵飞燕赶到刘骜的墓地让她去守陵。她早已同宫中的婢女一样，受尽了凌辱，终于自杀身亡，比妹妹多活了六年。姐妹二人都在三十几岁便结束了年轻的生命。正所谓：天作孽，尤可躲；自作孽，不可活。

不齿之后思来，赵家二姐妹的德性也仅此而已，若把误主亡国的罪名加在她们的头上，那就有失公正了。蔡东藩在写《前汉演义》的时候，有一首诗说道：

燕燕双飞入汉宫，皇孙啄尽血风红。
古今多少危亡祸，半自蛾眉误主聪。

前两句写的是史实，而后两句的归咎，则大错特错了。有道是酒不醉人人自醉，花不迷人人自迷。一切无非是咎由自取，关蛾眉何事？如汉成帝之流本已无聪可言，而又何言她人之误？人言“红颜祸水”，而人世间又有多少不忍闻睹的祸及红颜？

11、悲李夫人诗

[汉]武帝刘彻

是邪？非邪？立而望之。
偏何姗姗其来迟？

【李夫人传】

迷倒汉武的乐府小歌女

汉武帝的李夫人原本是出身于乐府的歌女。他的哥哥李延年就是一个音乐家，既懂音律乐理，又善诗赋歌舞，很得汉武帝的赏识和喜爱。而且常常把一些歌词制成令人很感动的新曲。一日，李延年又制成一曲新歌《北方有佳人》，歌词为：

北方有佳人，绝世而独立。
一顾倾人城，再顾倾人国。
宁不知倾城与倾国，佳人难再得！

李延年在侍奉汉武帝家宴时，便献上了这首新曲，一边自舞一边自唱。汉武帝听了后，禁不住叹道："很好，但世间哪有这样的人呢？"可是在一旁的平阳公主却悄悄地对他说："有啊！李延年的妹妹就这么美。他这首词很可能就是写他妹妹的呢！”汉武帝将信将疑地召见了这位李氏小歌女，却果然眼见不凡，人确实美丽，而歌舞更不逊乃兄。便纳入后宫，为他生了一个儿子，但可惜早亡，封为昌邑哀王，而封其母为李夫人。

后来，李夫人病重，汉武帝来看她。她却以被蒙面，不肯见视，只是说：“妾久病在身，形容损毁，不可以见帝。只是我死后，请帝照顾我们的王子与我家兄弟吧！”武帝说：“夫人病危不起，先见见我，再嘱托儿女兄弟，不也是很快意的事吗？”李夫人则说：“妇人貌不修饰，不可见君父，请帝见谅。”武帝又说：“夫人如果让我见一面，就赏你千金，你的儿子、兄弟都加官一等。”李夫人却说：“金、官在帝，不在一见。”武帝还是坚持要见一面，而李夫人却只在被中哭泣而不肯相见。武帝心情很不好，只得离去。

李夫人的亲属姐妹都抱怨她，她却说道：“我所以不让帝见，正为了你们啊？我是以容貌美好才得到帝爱的，而以色事人者，无不色衰而爱弛，爱弛而恩绝。如果帝见我此时容色，还会有那份恩爱之心了吗？”李夫人去世后，汉武以皇后礼葬之。并记得她的嘱托，封她的哥哥李广利为贰师将军、海西侯；封李延年为协律都尉，其他各亲属均有封赏。

汉武帝虽然不乏女色相陪，但总是对李夫人思念不已，便令人凿昆灵之池，种荷花，养水禽，常乘舟游池上，令歌女唱他所自制的歌词怀念李夫人。一日在池上红日西沉，凉风激水，武帝听歌女吟唱声凄，不觉悲从中来，无比感伤，于舟中又写下了一首《赋落叶哀蝉曲》来伤悼李夫人：

罗袂兮无声，玉墀兮尘生。

虚房冷而寂寞，落叶依于重扃。

望彼美之女兮，安得感余心之未宁？

天色已晚，武帝命侍女燃烛舟上，闷闷思人，悲不自胜，侍者便献上扶风洪梁美酒，斟以波斯纹螺之杯。武帝连饮三杯，由侍女扶至延凉室睡去，梦见李夫人来，送他香兰一束。武帝惊起，却仍闻余香遍着衣枕，竟然逾月不绝。武帝常为之潸然不止，便改此室为“遗芳梦室”。因更想见李夫人，便诏请齐地术士李少君为之招魂来见。李说只可远观而不可近亲。于是，武帝于帷帐中得见其形，并刻石像，于此建“溯梦台”，春兰秋菊四时为祭，并写下一篇长赋来伤悼李夫人。其词如下：

美连娟以修嫮兮，命樔绝而不长。饰新宫以延伫兮，泯不归兮故乡。
惨郁郁其芜秽兮，处幽隐而忧伤。释舆马于山椒兮，奄修夜之不阳。
秋气憯以凄泪兮，桂枝落而销亡。神茕茕以遥思兮，精浮游而荡漾。
托沉阴以旷久兮，惜繁花之未央。念穷极之不还兮，惟窈渺之相羊。
函菱获以俟风兮，芳杂袭以弥彰。的容与以猗靡兮，缥飘摇乎愈庄。
燕淫衍而抚楹兮，连流视而娥扬。既激感而心逐兮，包红颜而弗明。
欢接狎以离别兮，宵寤梦之茫茫。忽迁化而不返兮，魂放逸以飞扬。
何灵魂之纷纷兮，哀徘徊以踌躇。势路日以远兮，遂荒忽而辞去。
超兮西征，屑兮不见。寖淫敞怳，寂兮无音。思若流波，怛兮在心。

乱曰：佳侠函光，陨朱荣兮。嫉妬闟茸，将安程兮。
方时隆盛，年夭伤兮。弟子增欷，洿沫怅兮。
悲秋于邑，喧不可止兮。响不度应，亦云已矣。
嫶妍太息，叹稚子兮。懰慄不言，倚所恃兮。
仁者不誓，岂约亲兮。既往不来，申以信兮。
去彼昭昭，就冥冥兮。既下新宫，不复故庭兮。
呜呼哀哉，想魂灵兮！

在汉武帝的诸后妃中，虽然有陈阿娇、卫子夫、赵钩弋这些名后，虽然李夫人早逝，但却是他最喜欢的女人。后来由于李延年的弟弟奸乱后宫，李广利又兵败大漠降了匈奴，李氏一家便被族灭。虽一切不过是历史天空中的云烟一缕，而对当时当事人而言，却是其毕生为之努力的一切。似无以评论，也无须评说。因为唯如此才有历史，才成其历史，才有未来的生活。这是无以改变的。

12、咏汉宫女

佚 名

玉肤柔软气如兰，歌起庭中树更翻。
香罗带系琉璃脆，只恐身轻飞九天。

【丽娟传】

弱不胜衣歌翻叶落的汉武宠姬

古往今来都以掌上飞人赵飞燕为体轻之最，殊不知汉武帝特爱宠的一位小宫女，才是“弱不禁风”一语的出典由来。

据《太平广记》载：这位汉武宫女名叫丽娟，虽不见于正史列传之中，却是汉武帝的特宠之尤。此女入宫时，年仅十四岁。小女孩天生丽质，肤色如玉，体软如无骨之人，身轻弱不胜衣，皮肉娇嫩到连衣服上的带子，都唯恐留痕伤肤。天生的唇红齿白、吐气如兰，尤擅一口好歌。据说在汉宫的芝生殿中，唱了一曲《迴风》之歌，真个是唱得风起云生，连庭院中的树叶都为之纷纷翻动，飒飒摇落。也许真的是唱得好，但肯定那树叶翻落是在她唱歌时，赶上了一阵风，于是那帮宫廷文人们便有了穿凿附会的材料。若无此等本事，他们怎么在皇帝面前混饭吃。

更为夸张的是，说是此女身轻如絮，一阵风吹来就会把她刮跑。所以，汉武帝每当风起时，就用一根带子把她系在“重帐”中，怕风把她刮跑了，所以后人诗中有“香罗带系琉璃脆，只恐身轻飞九天”之句。而“弱不禁风”一词，也许便由此而来吧，但也说不定是文人们依据这个词而生造了这个情节。不过，把一根带子系在人的腰上，拴在厚厚的大帐中，怎么也读不出一种美感来，读不出一代雄风的汉武大帝在宠爱美人，倒有一种跑江湖卖膏药的人在耍猴儿玩的感觉。而那些以色得宠的女人们，又哪一个不是帝王流氓手中的玩物呢？

不管怎么说，这小女子却注定是一个绝顶美人儿，否则也不会被绘入文征明题诗的《千秋绝艳图》中。

13、白头吟

[汉]卓文君

皑如山上雪，皎如人间月。
闻君有二意，故来相诀绝。

今日斗酒会，明日沟水头。
躞蹀御沟上，沟水东西流。

凄凄复凄凄，嫁娶不须啼。
愿得一心人，白头不相离。

竹竿何嫋嫋，鱼尾何簁簁。
男儿重义气，何用铁刀为。

【卓文君传】

貌如芙蓉剑胆琴心的卓文君

据说卓文君与司马相如婚后，司马相如孤身一人去长安宫中任职时，名噪朝野，有传闻他将娶一茂陵女为妾。卓文君在成都听说此事后，便写了这样一首诗，托寄给相如。第一段说我心纯如雪月，你有二心，我便与你告别；第二段说世事变化无常，如沟水东流西流，我走在沟旁很痛苦；第三段说我很凄凉，虽然婚姻之事无须强求，但多想白头到老啊？第四段说：诗经上说竹竿钓水不可得，我像鱼篓中的鱼一样。男儿当有志气，可以用钱买妾吗？于是司马相如回心转意，给她写了一封信："五味虽甘，宁先稻黍？五色有灿，而不掩韦布。"当文君读到"诵子嘉吟，而回余故步。当不令负丹青，感白头也"这最后一句时，心中才踏实下来。这些似都出于后人之手的伪作，还有许多许多的游戏文字，便不再浪费笔墨赘述于此。那么卓文君与司马相如的故事到底是怎样的呢？

卓文君是西汉武帝时代四川成都临邛县人。她的父亲是该县首富。文君自幼家教颇好，能诗文，通音律，是本县小有名气的才女。而且长相很俊美，有典籍称她是："眉色如望远山，脸际常若芙蓉，肌肤柔滑若脂。"以远山喻其眉色，那么远山是什么颜色呢？一抹青黛。以芙蓉喻其面色，那么芙蓉花是什么颜色呢？粉白色，而名贵品种则有白、金、红一日三变之称。而以脂喻肌肤则是言其白皙细腻。总之，是一位美丽的才女吧。但真的是红颜命薄了，早婚而 17 岁就变成了寡妇。一个人回了娘家，于百无聊赖中，也只能以诗文自娱，对月抚琴寄怀而已。

人的一生，命可以不信，但一个缘字却绝非可以强求而得的。此时正逢也是成都人的大文豪司马相如赋闲在家。这司马相如早年在长安为官，是汉景帝的侍从，汉景帝的亲弟弟梁王刘武来京时，十分欣赏他的文学才气。于是，司马相如便辞官随梁孝王来到了河南一带的梁国，专事舞文弄墨，以一首《子虚赋》而天下闻名。不巧梁王去世，司马相如便回到了故乡成都，也不过是一介寒儒之士，穷迫不堪。但他的好朋友王吉正好在临邛县当县令，便请他来县相聚。也是一种有缘千里来相会吧！

一日，卓王孙家宴请县中豪绅名士，请县令王吉到场装点门面，同时听说这位天下名士从帝王身边归来的司马相如在他那里客居，也想请他一同赴宴。在王吉劝说下，司马相如很勉强地来与这些地头蛇们相会。三杯酒下肚，人人面似桃花，两腮稍有麻木，各个兴奋不已。县令王吉见架上有一琴，便提议请相如抚琴助兴。因为他知道司马相如的琴艺也是很有名的。司马相如何等身份？怎肯于酒席间干这种为他人佐酒助兴的事。但心中转念一想：听说这土财主家的寡女却是才艺双全、美丽无匹的一才女，而且深通琴音，便来了几分雅兴，至少是琴盼知音者赏吧。接过琴来便弹了一曲《凤求凰》，边弹边歌：

凤兮凤兮归故乡，游遨四海兮求其凰。
有一艳女兮在其堂，室迩人遐兮毒我肠。
何由交接兮为鸳鸯？
凰兮凰兮从凤栖，得托孑屋兮永为妃。
交情通体兮必和谐，中夜相从兮知音谁？

这是一首很不入流的琴操歌，显然绝非司马相如所写。且高山流水自在一音一律之中，方家只须闻弦而自知弦外之音，律中之意，而何须口言明歌？却说卓文君早已闻知大文豪司马相如要来家中赴宴，便躲在屏风后面偷看，见司马相如果然一表人才，气宇不凡大有百闻不如一见之感，于是便有几分爱慕之心。在屏风后面听完这曲凤求凰的琴歌，已是自有一番琴心而兼生三分剑胆，竟在夜间与司马相如一起卷席私奔，回了成都。这让卓王孙既失面子又丢人，不由大怒，马上宣布与其断绝父女关系，让她贫富生死由之。

两个人跑回成都后，司马相如家中除了琴棋书剑之外，是手无分文，家徒四壁，如何生计呢？书香琴雅当不得饭吃啊？卓文君随身带的点滴细软很快便用光了。后来，司马相如把梁王赠与他的天鹅绒大衣都拿去典当为生了。于是司马相如便去了成都著名的文翁书院，人称为“石室”的地方去教书。而文君则到织锦坊中去当织女来聊以为生。后来，司马相如夫妇把仅有的交通工具连车带马全部卖掉，开了一家夫妻酒店。

富豪家的大小姐挂上围裙亲自上灶；天下著名大文豪换上了店小二的三短

衣裤当跑堂的，真个是轰动了这座锦官城。卓文君会炒什么菜呀？尽管生熟不计、咸淡不匀，但仍少不了主顾。人们不为吃，还为了看呢！也有人说两个人回到了临邛县卖酒的。

没几天，这事便传到了卓王孙的耳中，他哪受得了这种羞辱？更何况虎毒不吃子，事已过去了，当爹的哪有不疼女儿的？于是，卓王孙便给了他们一大笔财物，两个人才收摊回到临邛，过上了锦衣绣食书香琴音的生活。

到了汉武帝年间，司马相如又被武帝慕名召到长安为官。文君一人留在蜀中，便又有了开头那一段的小波折。恰巧不久，汉武帝派他出使西南各国，他便顺道跑回成都临邛去与文君团聚了。完成西南出使的任务后，便偕文君一道回了长安。司马相如西南之行虽受到了汉武帝的嘉奖，却招致了官僚们的嫉妒，诬告他出使受贿，被汉武帝免去了中郎将的官职。过了一年多才查清真相，但司马相如已不愿为官。汉武帝便改任他为朝中的“孝文园令”，是一个主要管理孝文帝陵园的闲职清位，主要任务则是为皇帝写写文章诗赋。尤其是那篇《大人赋》，深得汉武帝欣赏，称其有“凌云之气”。而此间，司马相如有一篇谏文中说道：“世必有非常之人，然后有非常之事；有非常之事，然后有非常之功。非常者，固常人之所异也。”这是很有道理的。

一天，宫中一位宦官送来了 100 斤黄金给司马相如，说是陈皇后想托他给写一篇文章。司马相如知道这位陈皇后乃是与武帝一起长大青梅竹马的表妹，是武帝姑姑长公主的女儿，小名阿娇。还是小孩子时，长公主把这个可爱的娘家小侄儿抱在膝上，问他愿不愿娶阿娇妹妹为妻？这个小侄子竟然顺口答道：“如得阿娇为妻，我当以金屋贮之。”并由此成了“金屋藏娇”的典故。二人成婚后，汉武果然立她为皇后，不负前言。但久而久之，这位阿娇也许因娇恃娇吧，得罪了汉武帝而被打入了长门冷宫，所以想请司马相如为她代写一篇文章，用来感动汉武帝，以求颓波难挽挽颓心。于是便有了文坛上著名的《长门赋》问世。陈皇后读此赋，泪花满面，自己先被感动了，便马上派人送给汉武帝。

汉武帝读后与陈皇后和好如初。此虽非一赋之功，但事须媒介而牵其本心方可成就。

后来，司马相如得了一种消渴症——“糖尿病”，于公元前 118 年去世于长安城附近茂陵的家中，武帝亲自派人去吊丧。文君扶柩回到了故乡蜀中，将丈夫葬在了岷、沱二江之间。并在下葬前夜为其写了一篇诔文祭祀丈夫：

嗟吁夫子兮亶通儒，小而好学兮综群书。
纵横剑拔兮英敏有誉，上慕往哲兮更名相如。
落魄远游兮初赋子虚，毕尔壮志兮驷马高车。
忆初交好兮雍容孔都，怜才仰往兮琴心两娱。
永托为妃兮不耻当垆，平生浅促兮命也难扶。
长夜思君兮形单影孤，独家中庭兮霜草荣枯。
雁鸣哀哀兮吾将安如？仰天太息兮抑郁不舒。
诉此凄恻兮畴忍听余？泉穴可从兮愿捐其躯。

此诗也许是一篇后人寄托之作，但在司马相如去世不久后，卓文君便真的从其夫于泉穴了，而在浩瀚的书海卷帙中，为我们留下了这段动人的故事。

14、四至诗

[汉]佚　名

至韵华年才十七，至艳太史龙门姬。
至冷独悲同州墓，至香千年芳魂依。

【隋清娱传】

司马迁的豆蔻小夫人隋清娱千年梦叩褚遂良

隋清娱，平原隋氏女。十七岁入太史令司马迁家门，为司马迁的随身侍姬，十分受宠爱。司马迁凡于京城出游各处名山圣地，必携此女同行。因为司马迁的故乡在陕西龙门，后人诗作中又因称其为“龙门姬”。这个“龙门”就是人们常说的“鲤鱼跳龙门”的那个龙门。传说黄河水中每年都有无数的鲤鱼跳龙门，但一年只能跳过去 72 条。跳过龙门的鱼在空中，尾巴都被天火烧掉，鱼便化为了龙。后来便泛指科考中第的书生。

在司马迁入狱那一年，二人正在华阴同州游玩，却接朝中急诏返回京师。司马迁不知何事，便留下隋女清娱在同州，自己一个人奔回京师。但哪里知道京师中等待他的，却是一场残酷残忍惨无人道的飞来之灾。

原来他在朝中曾经为降于匈奴的汉名将李陵有过“鸣冤”之举，因此成为仇家的攻击口实，不但被下狱，而且被处以腐刑，使他变成了一个事实上的“太监人”。心中的屈辱悲愤自是无以言说，只能夜以继日地发愤著史而已。后来病逝于京中。也有说是他的《报任安书》等言论触怒了汉武帝，被秘密处死了。

司马迁的这位形同主仆的红颜知己，自己一个人被撂到同州，无限孤独无依自不必说，而且是连闻凶厄之音，竟然思爱忧愤成病，在司马迁去世不久，便也奄奄去世。同州人便把她安葬在一个亭子下，也未有碑位名讳流传，因而渐被后世湮没忘却。

过了千百年之后，大唐后来的宰相褚遂良来到同州任刺史。隋清娱的魂魄便托梦给这位新刺史，向他讲述了自己的生卒始末、姓名、所葬之处。并说上帝怜悯她阳寿未尽而亡，因此让她为同州之神，庙食一方，以补未尽之阳寿。但数百年来地方并无人知道她的名字。因为她知道褚是文人名士来此任职，便前来拜托，求补写一墓志，以广传闻。褚遂良便应允，为她亲笔撰写了一篇墓志，并为她重修了坟墓，才有隋清娱与司马迁的故事传于后人。

唐朝的大诗人刘长卿曾称隋清娱有“四甚”：十七岁随司马迁为姬，甚艳；随太史令游龙门名山，甚韵；独处同州，悲愤而亡，甚冷；千百年后魂现文士之手笔，甚香。前面那首诗便是后人依此附会寄托之作。但这位小夫人虽然十分受宠于司马迁，但在司马迁的生活中，真正值得后人纪念与感谢的，还是他的正夫人柳倩娘。正是有了她，我们才能看到今天的《史记》。在全书的构思中，柳夫人参与了意见。在司马迁被处死后，冒险辗转保存书稿，也多亏了柳夫人的胆色与辛劳。

15、黄鹄歌

[汉] 刘细君

吾家嫁吾兮天一方，远托异国兮乌孙王。
穹庐为室兮毡为墙，以肉为食兮乳为浆。
居常思土兮心内伤，愿为黄鹄兮归故乡。

【刘细君传】

奶奶嫁给孙子又生儿子的合亲乌孙公主

女人，在封建社会那些历史大人物的眼中似乎不是玩具就是工具。所以，好女人宰了坏男人绝非罪过。就让我们来看一下历史上鼎鼎有名的汉武帝刘彻与张骞，是怎样害惨了一个小女子乌孙公主刘细君的吧！

大约自两千多年前的秦汉以降，直到宋朝，中国的北方与西北的少数民族地区，就没有被中原汉政权真正地统一过。秦朝靠自己的强大把他们都赶到了长城以北；但至今人们引为民族骄傲文明鼎盛的大汉、大唐这两个大统王朝，却是一面以“唐乌龟”、“汉王八”（两朝皇后宫妃多与外人通奸、乱伦，宫祸连绵，而帝王多淫乱）著称；一面又以自家儿女骨肉为交易，以求媾和的王朝。正是这两个王朝，在中国历史政治生活的辞典上开创了“和亲”一词。而真正的始作俑者却是自称“以布衣提三尺取天下”，又高唱“大风起兮云飞扬”的汉高祖刘邦与汉武帝刘彻、张骞这样三位历史上鼎鼎有名的人物。

西汉开国第七年冬，汉高祖在西北平城与匈奴大战，被围困七日而不得出，后来用了陈平的“美人计”，方得逃回。什么“美人计”呢？陈平命人画了一幅美人图，送到了匈奴单于的王后那里说：“汉朝有这样的美女，皇帝如今被困，想把这个美女送给单于讲和。”这位王后怕失宠，便连忙劝单于围开一面，放汉高祖逃走了。一直到了汉武帝时代，才把匈奴打败，报了前朝之仇，解除了匈奴对汉都长安的威胁。但他仍无法消灭匈奴。到了汉武年间也如此，正是那位以出使西域闻名于世大受颂扬的张骞献计说：“只有结好西北唯一可以与匈奴抗衡的，拥有60多万人口18万精兵的乌孙国，来共同夹击匈奴，才会成功。”而这位以武功盖世的汉武帝大为欣赏此计，却不知如何去“结好。”于是，张骞又献计以一名公主嫁给昆莫王来和亲，乌孙国必然会与汉朝联盟。此计虽然令满朝文武无语，竟然为汉武帝接受了。于是，从汉高祖开了“美女图”和亲的先河之后，汉王朝连续使用和亲政策虽已中断了70余年，却重新得到了光大。而“和亲”政策直到唐宪宗年间才得以杜绝。到了五代两宋以降直到元末又续狗尾。有人统计从汉到元，共有一百余位真假公主成为了和亲异族的牺牲品。

在统治者的眼中，这似乎是消弭战乱最为省心的捷径、便当，但牺牲的却是根本无力自主女性的人生幸福。许多文人们都称赞她们为民族团结做出了贡献，其实不过是胡说八道而已。胡、汉通婚本无可非议，但作为一种政治交易，则无异于把女人视为了财物畜牲，这些才是媾和的交易品。不管历史与后来的文人们怎样粉饰、调色，总归是不会有人愿意从自己世代住惯了的地方，远离自己的故土、家园、父母，跑到连流放罪犯都到不了的极北苦寒之地，极西的穷山僻壤中，去语言都不通，服装、饮食、风俗都不同的地方，钻到帐蓬里去生活的。更没有人愿意去接受丈夫死了嫁儿子，丈夫没死嫁孙子的那种未开化民族的乱伦习俗。

乌孙公主，本名刘细君，是汉室宗亲江都王刘建的女儿。汉武帝刘彻为了联络西北的乌孙国打击匈奴，便答应了乌孙王昆莫的求婚，把刘建的女儿刘细君封为江都公主，嫁给了比她大几十岁，行将入墓的乌孙王，后人便习惯称她为乌孙公主，这大概是公元前 110 年左右的事。

乌孙公主颠簸了几千里路，才到了乌孙国的首府赤容城，被乌孙王封为右夫人；匈奴王也把自己的一个女儿嫁给了乌孙王为左夫人。后来老乌孙王想把王位传给自己的孙子，便又把刘细君按胡俗嫁给自己的孙子。刘细君尽管根本不愿意与一位胡人老朽共同生活，但怎么也不能接受从奶奶的位置上，一夜间成了自己孙子的媳妇。便写了一首《黄鹄歌》寄给汉武帝，多么希望能够回到父母的身边。并致信要求汉武帝制止乌孙国的这种作法。尽管汉武帝很同情，但还是刷下了一道无情的圣旨：“从其国俗，欲与乌孙共灭胡。”于是这位奶奶便嫁给了孙子当媳妇，而爷爷老王还健在。

刘细君见信，全然绝望，口吐鲜血，大病不起，几乎一命归天。亏得孙子小丈夫的照料，老王爷的不断劝说，终于横下心来，嫁给了自己的孙子，并为孙子生了一个儿子，而这个儿子还得管孙子叫爸爸，管她的第一个丈夫叫太爷。一个在汉族皇家文化中长大的女子，怎受得了此种折磨耻辱？不久便病死在了乌孙国。而这首《黄鹄歌》却一代代流传至今，替她诉说着她短暂一生的命运遭际。

16、伤和亲公主

佚　名

三嫁乌孙一花残，老归长安泪如泉。
一女胜如百万兵，君王六师何等闲。

【刘解忧传】

三嫁乌孙的大汉公主刘解忧

公元前 74 年，大汉王朝已由汉武帝刘彻的孙子汉宣帝刘询执掌乾坤，登极坐殿。此时的西汉王朝已基本平定了北方，匈奴来降。汉宣帝也有闲余来做些刊定“五经”的事。转眼便到了公元前 50 年前后。

一日，汉宣帝正在宫中与儒臣们谈经论典，却有黄门官捏着娘们腔来报：前朝公主刘解忧求见。汉宣帝闻报大吃一惊，这位公主本是他祖父汉武帝时派到乌孙和亲的第二位汉宗室公主，至今已有 50 年左右的光景。前不久刚刚获准归国，怎么这么快就回来了？这可是有大功德于汉室的老姑奶奶，马上宣召恭迎入朝进见。对汉宣帝来说，这位老姑奶奶是什么模样呢？他一点都不知道，会像哪位公主呢？他就是没想到在小黄门们搀扶下来到面前的竟是一位白发苍苍、古铜般黧黑冷褐的脸色、满脸如刀刻般深深皱纹的老太婆。身边还带着三个小乌孙穿戴的孙子、孙女。面对这位老泪纵横哽咽着说不出话来的老姑母，这位汉宣帝竟然差点掉下眼泪来。这就是他家曾经的那位从 18 岁就出塞和亲乌孙的大汉公主吗？

刘解忧，本是楚王刘戊的孙女，自幼在长安城中的楚王府长大，是一位既爱红妆又爱武装的美丽少女。因偶然际遇到汉武帝，被汉武帝认为义女。刘细君去世后，汉武帝就把刘解忧封为公主，送给了乌孙王去接续刘细君的位子，以继续巩固汉乌联盟。

也许初离长安，走出王府的 18 岁少女刘解忧对一切都感到新鲜吧，到了乌孙就很快地入乡随俗了。可惜的是那位刘细君的“孙子”丈夫在续弦后一年多，便追随他的“奶奶妻子”刘细君于黄泉之下去了。于是刘解忧便又随俗嫁给了旧王的侄子被称为肥王的新王，为他生了三男二女。并辅助新王与汉朝五路大军在公元前 72 年，联手合击匈奴大获全胜，彻底摧毁了匈奴的入侵能力。刘解忧为此也受到了汉宣帝的大大嘉奖。

然而，她的新王夫君不久也死去，便又依胡俗嫁给了丈夫与胡妻所生的儿子泥靡为妻，成了这位新王的“妈妻”。但这位“儿丈夫”却被号称“狂王”，即位就排汉，因而与刘解忧不断发生冲突。刘解忧便在两位汉使的怂恿下，在赤谷城组织刺杀这位狂王。但刺杀失败，刘解忧率亲兵逃出赤谷城，据守昌谷城。被刺伤了的狂王泥靡很快率兵包围了昌谷城，刘解忧派勇士突围求援，在汉朝的西域都护将军发兵解救下，才得以化险为夷。

不久，刘解忧前夫的儿子乌就屠又依靠匈奴的兵力杀死了她的丈夫狂王，夺取了王位。刘解忧就派自己从汉朝带来的侍女，此时已是乌孙右大将军宠妻出面说服乌就屠，恩威并施，迫使他就封为小王，而立刘解忧的长子元贵靡为大王。使乌孙国仍旧忠诚于汉朝。

后来，刘解忧的长女又嫁给龟兹国王，她的次子又被车莎国王迎立为继任者，成为车莎国王。这样，刘解忧的三位儿女便成为了西域三国的国王与王后，汉宣帝对此大加赞赏。而且刘解忧的子孙，一代代都是乌孙国王，一直到东汉年间，乌孙国仍与汉朝保持着友好联系。

公元前51年，她与肥王所生的长子和她与狂王所生的儿子先后病死。已年近70岁的刘解忧上书汉宣帝请求回长安获准。但在她回到长安的两年后，就与世长辞了。尽管刘解忧的和亲出塞对于汉朝稳定亲和西域少数民族关系，起到了不可替代的历史作用，但作为一个统治者，以一个小女子的命运来换取和平，至少是不光彩的。而这位刘解忧则称得上是一位巾帼不让须眉、大智大勇的人物。

17、纨扇诗

[汉] 班婕妤

新裂齐纨素，皎洁如霜雪。
裁为合欢扇，团圆似明月。
出入君怀袖，动摇微风发。
常恐秋节至，凉飚夺炎热。
弃捐箧笥中，恩情中道绝。

【班姬传】

失宠不恨受诬不争的班婕妤

班婕妤名班姬。为汉朝越骑校尉班况之女，少有才貌，汉成帝初登基时选入宫中的美女，很快受到了成帝的喜爱，升为婕妤，居于后宫八区中的第三区。先后怀孕两次，分别迁住于阳禄馆与柘观馆以待产，但两子均未成活。

成帝曾与其游于后庭，让她同辇乘坐，她却说道：“观古画图，贤圣之君皆有名臣在侧。只有三代末的几位亡国之君，才有所爱幸之女相陪，我如果与圣上同辇，那不和她们很近似了吗？”成帝听后以为言之有理，她便跟在帝车之侧而步行。太后听说后十分高兴地说：“古有樊姬，今有班婕妤。” 太后所说的樊姬是春秋时代楚庄王的夫人，自古称贤。庄王好猎，樊姬劝不听，便绝食禽兽之肉，庄王为之所感而弃猎。居夫人之位而不专宠，和谐后宫端正宫风，亲选数贤女进于庄王，并讽劝庄王选贤任能，以进贤荐才者为忠臣。楚庄王成就霸业，樊姬有很大功劳。后人将其收入《列女传》。

班姬很通诗书礼乐女德，凡有上疏或与成帝交谈，都彬彬有礼而言之均有所依。后来，赵飞燕姐妹入宫，班姬与许皇后一起失宠。不久，许皇后被废。而她却被赵氏姐妹诬告，说她用巫术向鬼神诅咒后宫与谩骂皇上。汉成帝在考问班姬时，她十分平静地回答道："我听说死生有命，富贵在天。人这一生修身正德都很难得福，如果搞那些邪道还有什么希望呢？更何况鬼神如有知，是不会听受那些犯上的诅咒语言的；如果鬼神无知，那么诅咒又有什么用呢？所以我才不去做那种下贱之事呢！"汉成帝听了很受感动，不但不处罚她，反而赔偿了她 100 斤黄金的"精神损失费"。虽然如此，她不怨不争，也不思报复攻击他人。

班姬见赵氏姐妹如此阴毒刻妒，恐怕早晚受其谋害，便请成帝允许她退居长信宫去奉养太后，以为全身之计。成帝允准。班姬离开王宫后，自有一番伤感失落。自思半生所历，便写下了一篇骚体诗《自伤悼赋》，全诗载入正史《汉书》中。其诗全文如下：

承祖考之遗德兮，何性命之淑灵？登薄躯于宫阙兮，充下陈于后庭。
蒙圣皇之渥惠兮，当日月之圣明。扬光烈之翕赫兮，奉隆宠于增城。
既过幸于非位兮，窃庶几乎嘉时。每寤寐而累息兮，申佩离以自思。
陈女图以镜鉴兮，顾女史而问诗。悲晨妇之作戒兮，哀褒阎之为邮。
美皇英之女虞兮，荣任姒之母周。虽愚陋其靡及兮，敢舍心而忘兹？
历年岁而悼惧兮，悯繁华之不滋。痛阳禄与柘馆兮，仍襁褓而离灾。
岂妄人之殃咎兮？将天命之不可求。白日忽已移光兮，遂晻莫而昧幽。
犹被覆载之厚德兮，不废捐于罪邮。奉共养于东宫兮，托长信之末流。
共洒扫于帷幄兮，永终死以为期。愿归骨于山足兮，依松柏之余休。

重曰：

潜玄宫兮幽以清，应门闭兮禁闼扃。华殿尘兮玉阶苔，中庭萋兮绿草生。

广室阴兮帷幄暗，房栊虚兮风泠泠。感帷裳兮发红罗，纷綷縩兮纨素声。

神眇眇兮密靓处，君不御兮谁为荣？俯视兮丹墀，思君兮履綦。

仰视兮云屋，双涕兮横流。顾左右兮和颜，酌羽觞兮销忧。

惟人生兮一世，忽一过兮若浮。已独享兮高明，处生民兮极休。

勉虞精兮极乐，与福禄兮无期。《绿衣》兮《白华》，自古兮有之。

开篇的那首《纨扇诗》，则是她为避害于赵飞燕姐妹，退居长信宫后所作。见载于冯梦龙的《情史》中，篇后同时载有刘令娴的一首《婕妤怨》，对她给予了十分公正的评价。全诗为：

月落应门闭，愁思百端生。

况复昭阳近，风传歌吹声。

宠移终不恨，谗枉太无情。

只言争分理，非妬舞腰轻。

汉成帝被赵合德用过量春药害死后，赵畏罪自杀。班婕妤却被派去看守成帝的陵园。死后也被葬于此陵中。在那一代乱如蜂窝、烂如臭鱼的后宫群女中，能如班婕妤不妒不争不怨不恨而赢得善终的，已是凤毛麟角，难得一见了。《周易》坤卦称“地势坤，君子以厚德载物”，班婕妤在中国历史上的后妃中，称得上是厚德之人了。因而，在《列女传》《女史箴图》《千秋绝艳图》及其他类的女书中，都多入选为传主、画中人。

18、怨旷思惟歌

[汉] 王昭君

秋木萋萋，其叶萎黄；有鸟处山，集于苞桑。
养育毛羽，形容生光；即得升云，游弋曲房。
高宫绝旷，身体摧藏；思念抑冗，不得颉颃。
虽得粗食，心有徊徨；我独伊何，改往变常。
翩翩之燕，远集西羌；高山峨峨，河水泱泱。
父兮母兮，道里悠长；呜呼哀哉，忧心恻伤。

【王昭君传】

独留青冢向黄昏的王昭君

据说，在古匈奴游牧射猎的大青山脚下那片土地上，所有坟墓都长着白色的茅草。但在两千多年前的公元第五年前后，却在一片白草坟中矗立起一座长满了青草的坟墓——这就是此前来匈奴和亲的汉家公主王昭君安息的著名“青冢”，因为在昭君故乡中原的土地上是只长青草而不长白茅的。而坟头的这片青草，似乎在向后人证明，昭君死后也是心向故土的。以至后人有诗称：

群山万壑赴荆门，生长明妃尚有村。
一去紫台连朔漠，独留青冢向黄昏。

画图省识春风面，环佩空归月夜魂。

千载琵琶作胡语，分明怨恨曲中论。

诗中所写到的“明妃村”、“画图”、“朔漠”、“琵琶”、“胡语”、“怨恨”、“青冢”等主题词，似乎已诉说了王昭君一生的命运与归宿。

王昭君，名王嫱，字昭君。是与貂蝉、西施、杨玉环齐名的古代四大美女之一。大约在公元前50年前后出生在湖北省秭归县的一个农民家庭。

到了十几岁，昭君已成为远近闻名的美女，但却十分倔强不屈，不肯俯就婚姻，直到二十岁左右仍未许配于人，连父母都为之犯愁。那是个特别早婚的年代，女人十几岁就要生孩子了，可她二十岁还未嫁人，父母怎能不愁呢？

适逢汉元帝登极坐殿，即位之初便广征天下美女，王昭君便被县令选送入宫。但历史上汉宫的宫女是最多的，你想像不到竟会有三、四万人。所以，皇帝连看都看不过来，而何谈陪寝召幸？皇帝只能是凭御用画工毛延寿画的模样选人召幸。而画工则凭着宫女送他的钱多少来画美丑。王昭君偏不肯送银子，所以连皇帝的面都照不见，还何谈其他？更何况王昭君20岁入宫，在那些十几岁的待选群中，已是“昨日黄”了，那时候初选入宫的都是十二、三岁的小女孩。20岁的王昭君在这些个个争芳斗艳的小美女群中，真正的是鹤立鸡群了，心中的纠结可想而知。

公元前33年，匈奴的首领单于呼韩邪来朝见新即位的汉元帝，并要求和亲。元帝一口答应，但又舍不得嫁出亲骨肉，便命于宫中选出一位宫女应付了事。谁乐于跟着一个连面都没见过的异族人，去苦寒边地过那种冰天雪地衣食腥膻鸟语胡音的日子呢？但这王嫱且主动报名愿意和亲匈奴。要说她是出于爱国，为了什么民族团结，都是文人们的屁话，无非是为一腔不平之气所鼓动起来的一种选择，而且是一种绝望的选择。其可称道处，则是这种不甘命运的打破之勇气：你要我就这样死，我偏不肯这样活。王昭君足称可敬也足称可惜，难为她了。而这个以画取人的汉元帝马上批准，收为公主，并封为宁胡阏氏，许配给呼韩邪单于为妻。可是当这位“公主”上殿辞行，第一次面见这位皇帝时，皇帝后悔死了。怎么能把这么美的女子送与他人呢？但后悔也来不及了。一怒之下便把毛延寿杀头泄愤。后来大宋的宰相王安石曾为此事赋诗为毛画工鸣不平：

明妃初出汉宫时，泪湿春风鬓角垂。
低回顾影无颜色，尚得君王不自持。
归来却怪丹青手，入眼平生几曾有。
竟然由来画不成，当时枉杀毛延寿。

这个毛延寿着实该杀，而谈何“枉杀”？也是人性卑劣如此，不管哪个人，一旦给了他一点点权力，他都会马上把它变成奴役他人与谋私图利的工具，就连打更看门的老头、小孩都概莫能外。中国人最大的能耐是弄权玩术。再说昭君出塞和亲前，要求回乡见见父母乡土，汉元帝一口答应。半月后回到长安，与单于一同回到了大漠中的五原，住进了毡房中。她努力把自己所知道的汉族文明都教给了胡民，匈奴人把她当成神一样地尊崇。并为呼韩邪生下了一个儿子。

两年后，单于溘然病逝。王昭君无限悲伤，便写下了前面那首诗，并把它谱成了歌，怀抱琵琶抚弦吟唱这支《怨旷思惟歌》，一片思乡之情直唱得青山失色，草木如霜。她是多么想回到故土啊？但是，胡人的规矩却是父死母嫁子。王昭君便问单于的大王妃所生之子新继位的单于复株累，是从汉俗还是从胡俗？小单于坚定不移地要求从胡俗，王昭君只得又嫁给了这个小单于。她的亲生儿子则成为了右目王。并为小单于又生下了两个女儿，一名云，一名虹，也先后嫁给了胡人。胡人也只能称他们为“胡人”，不知道那个右目王叫这一云一虹为妹妹，还是侄儿呢？她们和他是一母所生，她们的父亲却是他的哥哥，怎么叫呢？也得改口管他的哥哥叫爸爸了吧？！

到了公元前20年，小单于又病死。王昭君从此寡居，很幸运，没有再嫁她的孙子。这不是调侃，而是胡俗的规定。这一年她才33岁。但她却没有再回到故乡。二十余年后，她便长眠在了这块天苍苍、野茫茫，风吹草低见牛羊的土地上。由于她几十年来为匈奴族发展农牧业、传播汉文化的贡献，匈奴人为了纪念她，把一口最美的泉水命名为昭君泉，把她比喻为大漠匈奴的甘泉。而且后代的人们到处以她为神、为荣，为她建墓。其墓地之多，至今已无辨真伪。一名女子虽经历了苦难，但也足称不朽了。而可耻的是那些帝王们。他们本应成为女性子民的保护者，但他们却毫无耻感地用女人的身体去保卫自己的天下安宁。

19、答秦嘉诗

[东汉] 徐 淑

妾身兮不令，婴疾兮来归。沉滞兮家门，历时兮不差。
旷废兮侍觐，情敬兮有违。君今兮奉命，远适兮京师。
悠悠兮离别，无因兮叙怀。瞻望兮踊跃，伫立兮徘徊。
思君兮感结，梦想兮容晖。君发兮引还，去我兮日乖。
恨无兮羽翼，高飞兮相追。长吟兮永叹，泪下兮沾衣。

【徐淑传】

与丈夫一诗而别生死的陇西女徐淑

徐淑，陇西人，生于东汉后期的公元120年前后。与丈夫秦嘉为少孤患难夫妻，感情浓笃，不可拆分。丈夫秦嘉后为汉桓帝时代陇西郡的计财吏。徐淑因身体患病，回娘家调养，历时许久仍未能痊瘉。适逢秦嘉受命出差到京师洛阳送财务报表，从甘肃临洮到河南洛阳，迢迢数千里路程，往返至少要几个月，甚至要经年而返。秦嘉很想与妻子见一面再走，便派车子去接徐淑，但徐淑身体仍不能行走，便写了一首诗交来人送与丈夫，就是前面的那一首。来人只得空车而返。秦嘉大失所望，而上命行期又到，也来不及再去与徐淑面别，在启程的前夜，辗转反侧，难以成眠，一个人于无边的怅惘中，四望寂寂空室，没有了夫人的打点行装与温存，只剩下满怀难以排遣的离情别绪，便挥笔于灯下给徐淑写下了三首“赠妇诗”：

人生譬朝露，居世多屯蹇。忧艰常早至，欢会常苦晚。
念当奉时役，去尔日遥远。遣车迎子还，空往复空返。
省书情悽怆，临食不能饭。独坐空房中，谁与相劝勉。
长夜不能眠，伏枕独辗转。忧来如循环，匪席不可卷。

皇灵无私亲，为善荷天禄。伤我与尔身，少小罹茕独。
即得结大义，欢乐苦不足。念当远离别，思念叙款曲。
河广无舟梁，道近隔丘陵。临路怀惆怅，中驾正踯躅。
浮云起高山，悲风激深谷。良马不回鞍，轻车不转毂。
针药可屡进，愁思难为数。贞士笃始终，恩义不可属。

肃肃仆夫征，锵锵扬和铃。清晨当引迈，束带待鸡鸣。
顾看空室中，仿佛想姿形。一别怀万恨，起坐为不宁。
何用叙我心，遗思致款诚。宝钗可耀首，明镜可鉴形。
芳香去垢秽，素琴有清声。诗人感木瓜，乃欲答瑶琼。
愧彼赠我厚，惭此往物轻。虽知未足报，贵用叙我情。

这虽是一首留别诗，可是读到第三首之尾时，却全然变成了一种生死诀别的绝笔味道。秦嘉将诗封后，天已大亮，诗交家人转送徐淑，自己便启程上路，直奔洛阳去了。但他哪里能想到这是一条不归路。颠簸数月后到了洛阳交差完毕，在返程时，却在津乡亭一病不起，溘然长逝于途中。不久后，徐淑也因悲伤过度而去世。而为我们留下的这首诗十分有名，后人称其为“徐淑体”，收入《玉台新咏》。那么，这个“徐淑体”是什么“体”呢？其一，纪事叙事兼抒情；其二，五言而哀哀楚风，续辞绍骚；其三，情真意切，出于肺腑，感人肺腑。而秦嘉的三首诗也堪称伯仲伉俪。

两人为少小患难夫妇，情深意笃，诗中自有鉴证。而世间夫妇常常是冤家对头吵到老。感情太深、太真、太好的，往往多不得长久，这也许另是一种天道忌盈吧！

20、诀帝歌

[东汉]唐　姬

皇天崩兮后土颓，身为帝王兮命夭摧。
死生路异兮从此乖，悼我茕独兮心中哀。

【唐姬传】

东汉少帝刘辨与唐姬的悲剧

唐姬，颍川人。是灵帝末年的会稽太守唐瑁之女。善诗书歌舞，少小入宫为灵帝之子刘辨的妻子。灵帝去世后，何太后所生皇子才十几岁的刘辨即位，立为少帝，由何太后与大将军何进专政乱政。西北凉州大军阀董卓乘乱入京，废少帝刘辨为弘农王，立刘协为汉献帝。董卓先毒杀何太后，又毒杀其子少帝刘辨。

董卓命郎中令李儒用毒酒去害少帝说：“此药可以避邪。”而少帝刘辨则说：“我没病，这是要杀我。”说什么也不肯喝。一个十几岁的小皇帝怎敌得过强人？无奈何之下，召唐姬与宫人饮宴诀别。刘辨于酒席间悲歌道：

天道易兮我何艰！弃万乘兮退守藩。
逆臣见迫兮命不延，逝将去兮适幽玄。

唐姬闻歌扬袖为刘辨起舞诀别，也唱了一首歌，就是开头那首。边歌舞边呜咽泣下，满坐无不为之歔欷饮泣。刘辨对众姬妾说道：“卿为王者妃，不可复为吏民妻。自爱，从此长辞。”之后便以袖掩面饮毒酒而亡，年方 18 岁。

少帝去世后，唐姬便回了会稽，其父让她另嫁他人，唐姬誓死不嫁。后来董卓的部将李傕攻破长安城，派兵四处抄掳，掠得唐姬而不识，因其貌美便要娶其为妻，而唐姬坚辞不许，又不敢说出自己的身份。但董卓带来的贾诩时任尚书，知道唐姬的来历，便把此事告诉了汉献帝，汉献帝十分悲伤，便马上派人把唐姬迎入宫中，下诏依旧封为弘农王妃。唐姬因之得以全身，以终天年。所歌之诗载于《后汉书》。

21、悲愤诗

[魏]蔡文姬

嗟薄祜兮遭世患，宗族殄兮门户单。
身执略兮入西关，历险阻兮之羌蛮。
山谷眇兮路曼曼，眷东顾兮但悲叹。
冥当寝兮不能安，饥当食兮不能餐。
常流涕兮眦不干，薄志节兮念死难。
虽苟活兮无形颜。

【蔡文姬传】

蔡文姬的苦难生涯和她的三部诗作

蔡琰，字文姬，陈留郡（今河南慰氏县）人。其父蔡邕，字伯喈，东汉末年著名文学家、音乐家。祖上自西汉平帝以降，历代有清名。

蔡邕大有孝名，侍母病三年不解衣带，母去世前七旬未曾卧眠。与叔父、从弟同居，三世不分财。因而乡里重其孝、义。且少年博学，于文学、术数、天文、音律无所不通。初以善弹琴，五侯太监奏天子征其入朝而不肯应召。后以通《六经》在汉灵帝年间入朝为治经校书郎官。多上书言蔽政，屡为采纳。但有一次上密折弹劾了一大批贪官墨吏，都是朝中权贵。汉灵帝阅读奏折期间，去了一次厕所。值班在侧的大太监曹节乘隙马上把蔡的奏折看了一遍，退朝后便一一传达到这些被弹劾的人耳中。不久便被这些人群起诬陷下狱。又在流放途中被追杀不断，都为人所救。后来遇赦，流放地五原太守又被他傲慢得罪，密告朝廷说他诽谤朝廷，于是又亡命东南吴会江湖十二年。蔡文姬从小就这样跟着父亲到处飘零。

蔡邕在吴会期间从灶间烧桐的响声中发现了一块好琴材，便于火中抽出，制成了有名的“焦尾琴”传于史书。而且他在陈留县时，邻居有琴客至，便请懂琴的他去陪宴。但到了门口听到琴声便返身离去。邻居问为何？他说琴音中有杀机。原来琴客弹琴时看到了螳螂捕蝉而心有惊悸，竟在琴上流出。而蔡邕虽能于琴音中听出杀机，但他却不识人间与政治的杀机。后来在董卓入朝专政时，被董卓逼入朝中，三日三迁，不久便拜将封侯，以为太公、尚父之尊。虽有逃心而终未能去。到了王允诛董卓时，他却因不经意地一声叹息而为王允所杀。时年 61 岁。这些都是蔡文姬所经历的，虽然后来她已不在父亲身边。

蔡文姬从小与其父学习经史典籍、音乐，同样博学多才。在 16 岁时便嫁于河东的卫仲道为妻。夫早亡无子，便归于陈留家中。后来董卓入京执政，北方诸侯起兵讨伐，又开始了军阀混战。董卓部众又引北方匈奴胡人入援，于混乱中蔡文姬在陈留被掳入北方边庭，为匈奴的最高首领左贤王所得，并为其生了二子。

后来曹操入朝执政，挟天子以令诸侯，渐渐统一了北方，听说他的老朋友蔡邕的女儿流落在左贤王处，便派专使去迎回，并将她嫁于屯田都尉董祀为妻。后来董祀因事犯法当死，蔡文姬亲自向曹操求情，才放过了董祀。曹操又让她整理她父亲的文稿四百余篇，都是由她一字一字亲笔缮写誊抄的。她自己留下的作品，《后汉书》所载有五言悲愤诗一首；骚体悲愤诗一首。另有一首《胡笳十八拍》，广泛流传于各类典籍与民间士子中间。前面所录之诗，便是其《骚体悲愤诗》的第一节。下面将她的三部诗作全文选录于下共赏。

五言悲愤诗

汉季失权柄，董卓乱天常。志欲图篡弑，先害诸贤良。
逼迫迁旧邦，拥主以自强。海内兴义师，欲共讨不祥。
卓众来东下，金甲耀日光。平土人脆弱，来兵皆胡羌。
猎野围城邑，所向悉破亡。斩截无孑遗，尸骸相掌拒。
马边悬男头，马后载妇女。长驱西入关，迥路险且阻。
还顾邈冥冥，肝脾为烂腐。所略有万计，不得令屯聚。
或有骨肉俱，欲言不敢语。失意机微间，辄言毙降虏。
要当以亭刃，我曹不活汝。岂复惜性命，不堪其詈骂。
或便加棰杖，毒痛参并下。旦则号泣行，夜则悲吟坐。
欲死不能得，欲生无一可。彼苍者何辜，乃遭此厄祸！

边荒与华异，人俗少义理。处所多霜雪，胡风春更起。
翩翩吹我衣，肃肃入我耳。感时念父母，哀叹无穷已。
有客从外来，闻之常欢喜。迎问其消息，辄复非乡里。
邂逅徼时愿，骨肉来迎己。己得自解免，当复弃儿子。
天属缀人心，念别无会期。存亡永乖隔，不忍与之辞。
儿前抱我颈，问母欲何之？人言母当去，岂复有还时？
阿母常仁恻，今何更不慈？我尚未成人，奈何不顾思？
见此崩五内，恍惚生狂痴。号泣手抚摩，当发复回疑。
兼有同时辈，相送告离别。慕我独得归，哀叫声摧裂。
马为立踟蹰，车马不转辙。观者皆歔欷，行路亦呜咽。

去去割情恋，遄征日遐迈。悠悠三千里，何时复交会？
念我出腹子，胸臆为摧败。既至家人尽，又复无中外。
城郭为山林，庭宇生荆艾。白骨不知谁，纵横莫覆盖。

出门无人声，豺狼号且吠。茕茕对孤影，怛咤糜肝肺。
登高远眺望，魂神忽飞逝。奄若寿命尽，旁人相宽大。
为复强视息，虽生何聊赖？托命于新人，竭心自勖厉。
流离成鄙贱，常恐复损废。人生几何时？怀忧终年岁。

骚体悲愤诗

嗟薄祜兮遭世患，宗族殄兮门户单。
身执略兮入西关，历险阻兮之羌蛮。
山谷眇兮路曼曼，眷东顾兮但悲欢。
冥当寝兮不能安，饥当食兮不能餐。
常流涕兮眦不干，薄志节兮念死难。
虽苟活兮无形颜。

惟彼方兮远阳精，阴气凝兮雪夏零。
沙漠壅兮尘冥冥，有草木兮春不荣。
人似禽兮食臭腥，言兜离兮状窈停。
岁聿暮兮时迈征，夜悠长兮禁门扃。
不能寐兮起屏营，登胡殿兮临广庭。
玄云合兮翳月星，北风厉兮肃泠泠。
胡笳动兮边马鸣，孤雁归兮声嘤嘤。
乐人兴兮弹琴筝，音相和兮悲且清。
心吐思兮胸愤盈，欲舒气兮恐彼惊。
含哀咽兮涕沾颈。

家既迎兮当归宁，临长路兮损所生。
儿呼母兮号失声，我掩耳兮不忍听。

追持我兮走茕茕，顿复起兮毁颜形。
还顾之兮破人情，心怛绝兮死复生。

胡笳十八拍

1.

我生之初尚无为，我生之后汉祚衰。
天不仁兮降乱离，地不仁兮使我逢此时。
干戈日寻兮道路危，民卒流亡兮共哀悲。
烟尘蔽野兮胡虏盛，志意乖巧兮义节亏。
对殊俗兮非我宜，遭恶辱兮当告谁?
笳一会兮琴一拍，心愤怨兮无人知。

2.

戎羯逼我兮为室家，将我行兮向天涯。
雪山万重兮归路遐，疾风千里兮风扬沙。
人多暴猛兮如虺蛇，控弦被甲兮为骄奢。
两拍张弦兮弦欲绝，志摧心折兮自悲嗟。

3.

越汉国兮入胡城，亡家失身不如无生。
毡裘为裳兮骨肉震惊，羯膻为味兮枉遏我情。
鞞鼓喧兮从夜达明，胡风浩浩兮暗塞营。
伤今感昔兮三拍成，衔悲畜恨兮何时平?

4.

无日无夜兮不思我乡土，禀气含生兮莫过我最苦。
天灾国乱兮人无主，惟我薄命兮没胡虏。
殊俗心异兮身难处，嗜欲不同兮谁可与语?
寻思涉历多艰阻，四拍成兮益凄楚。

5.

雁南征兮欲寄边声，雁北归兮为得汉音。

雁飞高兮邈难寻，空断肠兮思愔愔。

攒眉向月兮抚雅琴，五拍泠泠兮意弥深。

6.

冰霜凛凛兮身苦寒，饥对肉酪兮不能餐。

夜闻陇水兮声呜咽，朝见长城兮路杳漫。

追思往日兮行李难，六拍悲来兮欲罢弹。

7.

日暮风悲兮声边四起，不知愁心兮说向谁是？

原野萧条兮烽戍万里，俗残老弱兮少壮为美。

逐有水草兮安家葺垒，牛羊满野兮聚如蜂蚁。

草尽水竭兮羊马皆徙，七拍流恨兮恶居于此？

8.

为天有眼兮，何不见我独漂流？

为神有灵兮，何事处我天南海北头？

我不负天兮，何配我殊匹？

我不负神兮，神何殛我越荒州？

制兹八拍兮拟俳优，何知曲成兮心转愁？

9.

天无涯兮地无边，我心愁兮亦复然。

人生倏忽兮如白驹之过隙，然不得欢乐兮当我之盛年。

怨兮欲问天，天苍苍兮上无缘。

举头仰望兮空云烟，九拍怀情兮谁与传？

10.

城头烽火不曾灭，疆场征战何时歇？

杀气朝朝冲塞门，胡风夜夜吹边月。
故乡隔兮音尘绝，哭无声兮气将咽。
一生辛苦兮缘离别，十拍悲深兮泪成血。

11.

我非贪生而恶死，不能捐身兮心有以。
生仍冀得兮归桑梓，死当埋骨兮长已矣。
日居月渚兮在戎垒，胡人宠我兮有二子。
鞠之育之兮不羞耻，悯之念之兮生长边鄙。
十有一拍兮因兹起，哀响缠绵兮彻心髓。

12.

东风应律兮暖气多，知是汉家天子兮布阳和。
羌胡蹈舞兮共讴歌，两国并欢兮罢兵戈。
忽遇汉使兮称近诏，遣千金兮赎妾身。
喜得生还兮逢圣君，嗟别幼子兮会无因。
十有二拍兮哀乐均，去住两情兮谁具陈？

13.

不谓残生兮却得旋归，抚抱胡儿兮泣下沾衣。
汉使迎我兮四牡騑騑，号失声兮谁得知？
与我生死兮逢此时，愁为子兮日无光辉。
焉得羽翼兮将汝归？
一步一远兮足难移，魂消影绝兮恩爱遗。
十有三拍兮弦急调悲，肝胆搅刺兮人莫我知。

14.

身归国兮儿莫知随，心悬悬兮长如饥。
四时万物兮有盛衰，唯我悉苦兮不暂移。
山高地阔兮见汝无期，更深夜阑兮梦汝来斯。

梦中执手兮一喜一悲，觉后痛吾心兮无休歇时。
十有四拍兮涕泪交垂，河水东流兮心是思。

15.

十五拍兮节调促。
气填胸兮谁识曲？处穹庐兮偶殊俗。
愿得归来兮天从欲，再还汉国兮欢心足。
心有怀兮愁转深，日月无私兮曾不照临。
子母分离兮意难任，同天隔越兮如商参。
生死不相知兮何处寻？

16.

十六拍兮思茫茫，我与儿兮各一方。
日东月西兮徒相望，不得相随兮空断肠。
对萱草兮忧不忘，弹鸣琴兮情何伤？
今别子兮归故乡，旧怨平兮新怨长。
泣血仰头兮诉苍苍，胡为生我兮独罹此殃？

17.

十七拍兮心鼻酸，关山阻修兮行路难。
去时怀土兮心无绪，来时别儿兮思漫漫。
塞上黄蒿兮枝枯叶干，沙场白骨兮刀痕箭瘢。
风霜凛凛兮春夏寒，人马饥尪兮筋力单。
岂知重得兮入长安，叹息欲绝兮泪阑干。

18.

胡笳本自出胡中，缘琴翻出章律同。
十八拍兮曲难终，响有余兮思无穷。
是知丝竹微妙兮，均造化之功。
哀乐各随人心兮，有变则通。

胡与汉兮异域殊风，天与地隔兮子西母东。

苦我怨气兮浩于长空，六合虽广兮受之应不容。

以上三部作品，总有人考证真伪。而历史上有多少真伪是学人能考证得出的呢？前二首悲愤诗见载于《后汉书·列女传》，十八拍则载于宋版的《楚辞后语》。正是这三部作品奠定了蔡文姬在中国文学史上的地位，也基本上描述了她一生的苦难经历。命运对于她来说，是够苦的了，而生于那个年代的女人命运又何尝有几个幸运的呢？应当感谢的是蔡文姬的呕心沥血之作，为我们留下了那个时代无数女人命运的真实写照，而且足以让我们推定出无数比她注定更悲惨的命运。

22、塘上行

[魏]甄　妃

蒲生我池中，其叶何离离。傍能行仁义，莫若妾自知。
众口烁黄金，使君生别离。念君去我时，独愁带苦悲。
想见君颜色，感结伤心脾。念君常苦悲，夜夜不能寐。
莫以贤豪故，弃捐素所爱。莫以鱼肉贱，弃捐葱与薤。
莫以麻枲贱，弃捐菅与蒯。出亦复苦愁，入亦复苦愁。
边地多悲风，树木何修修。从君致独乐，延年寿千秋。

【甄妃传】

一生纠结于曹魏“三祖一王”而惨死的甄夫人

甄夫人，是魏文帝的元妃、王后，魏明帝曹睿的亲生母亲。母家是中山无极县人。是汉朝前太保甄邯的后人。这个太保的位子是一个位列九卿之上的大官，因而甄家很是富有。她的父亲叫甄逸，为上蔡县令。甄夫人三岁时父亲便去世，有三个哥哥，四个姐姐，甄夫人是甄家最小的女儿。甄夫人生于东汉末光和五年十二月，即公元 182 年。长大嫁于割据北方的大军阀袁绍的次子袁熙为妻。家居邺城。公元 204 年曹操攻破邺城后，甄夫人归曹丕所得。从此，一生纠结于曹魏“三祖一王”之间：曹操、曹丕、曹睿这三祖与陈王曹植。

据《魏书》载称：甄夫人出生后，每当她睡眠时，家中人总看见仿佛有人用玉衣覆在她身上。后来有一个相面的先生刘良为甄家子女看相算命，指着甄夫人说：“此女贵不可言。”甄夫人从小就很庄重，不好戏耍之事。8 岁那年，街上来了耍马戏的，她的几个姐姐都跑到阁楼上看热闹，只有她独留房中不为所动。姐姐们问她为什么不去看马戏。她却回答道：“这岂是女人应该看的吗？”9 岁的时候便开始偷偷的读书，看见字就能认识，很有天赋。有时又偷偷的用哥哥们的笔砚写字，哥哥们就对她说：“女孩子家学习女工为好，你老喜欢读书写字，还想到朝中当博士官啊？”可是小小的甄女却回答道：“古代的贤女们哪一个不是学前世之成败作为自己借鉴的呢？”十余岁时正逢动乱，灾荒之年人们多以珠宝财物换谷米。甄家便用米粮换取珠宝，这位甄家小女对她的母亲说：这是一种罪过，还是把多余的粮食周济给亲邻乡里为好。全家都认为她说的很有道理，便把家中多年积储的谷米都分给了饥民乡亲。14 岁时，二哥甄严去世，甄夫人事寡嫂十分恭敬，帮助嫂子干活扶养侄儿。但甄夫人的母亲对儿媳们要求很严格，对这个二儿媳也不给照顾。甄夫人便多次劝她的母亲说：“我哥哥不幸早亡，嫂子这么年轻就守寡，还得照顾孩子，您应该把她当自己的女儿对待才好。”母亲被甄夫人感动得直流眼泪，便让她与寡嫂同居，帮助她处理家务，姑嫂感情相当深。不久，甄夫人便嫁给了袁绍的次子袁熙为妻。袁熙由于镇守幽州，甄夫人便留在邺城照顾侍奉婆母。

公元 204 年这一年甄夫人 22 岁，时逢曹操大举进攻邺城。城破后，曹丕直接来到袁氏府邸寻找甄氏。当时袁绍的妻子刘氏与甄夫人正坐在厅堂，见曹丕闯入舍内，吓得甄夫人趴在刘夫人的膝上不敢起身，而刘夫人则两手不断发抖。曹丕见状便和颜悦色说道：“刘夫人何须如此？让新媳妇抬起头来。”这个刘夫人连忙用双手捧起儿媳的脸让曹丕看。曹丕走到近前俯身细看，见甄氏“颜色非凡，称叹之”，便纳其为妻。这刘老夫人高兴地对人说：“这下不用害怕被杀死了。”媳妇毕竟不是自己的女儿，但像这种婆婆也不多，虽然儿媳是别人家的儿女，但总得对得起自己的儿子吧！曹丕一见甄氏便决定迎娶为妇。

看来这甄氏一定是绝世美人，否则何以让比她小五岁的曹丕一见钟情？能让比她大几十岁的曹操未见生爱？能让才高八斗名满天下年龄比她小的曹植死后犹忆？

这甄氏的美貌当在北方很有名气，因而在曹操征冀州时，曹操曹丕便都想得到甄氏。所以，曹丕在城破后便径直跑到袁绍家中来寻找甄氏；而曹操安排好事务后，便急令去把甄氏召来。部下告诉他说：曹丕在里面。曹操竟十分惋惜地说“今年破贼，正为此奴”。但终于没干出像楚平王那般与子夺妇的丑事来。而曹植听说破邺城便也向曹操要求把甄氏许配给他为妻，但已为曹丕所得，心中甚为不平，甚至“昼思夜想，废寝忘食”。甄氏死后，这曹丕竟然能把自己夫人的玉缕金带枕送给曹植，让他去尽相思之情。曹植从许都回自己的封地时路过洛水，似乎在精神恍惚中见到了甄氏，便写了一篇《感甄赋》。后来曹丕的儿子魏明帝似乎觉得这有点不太妥，便又把这篇文章改写成《洛神赋》。这甄氏不知何等人物，生前死后竟能让曹魏父子三人神魂颠倒到如此地步，亦足见曹氏多好色之徒，有其父必有其子。

甄氏嫁给曹丕后很是得宠，但她从不恃宠骄悍，而是十分恭谨待人。宫中有宠无宠的嫔妃们都喜欢她。甄妃非但不妒忌众人，还劝曹丕多招夫人宫女以广延子孙以利后世绵长。因此曹丕很是喜欢她。宫中有一位任夫人非常美艳，但因任性喜怒无常，曹丕一定要把她赶出宫去，甄夫人屡劝不听。甄夫人为曹丕生了一儿一女，即明帝曹睿与东乡公主。而且对婆母卞太后也十分孝顺。有一次卞太后随曹操征关中生病于军中，甄夫人闻讯日夜忧泣，使者报与卞太后，太后十分感动，回朝时婆媳二人竟相对而泣。卞太后对众人说：“此真孝妇也。”

尽管甄氏如此可人，可是曹丕并不真爱她，不过是了却一桩心愿。后来，曹丕便又迷上了郭后。这郭后在娘家时就既阴险又多诡计，所以她爹称她是女中之王，并把她的名字就定为郭女王。此种女人若生于东汉年间，一定是一个临朝乱国的祖宗，怎奈曹丕一称帝便立家法堵死了皇家后党临朝的老路，所以她有再大的野心只能用在后宫夺宠上。

再说甄后归曹丕后很得宠，曹丕称王便把甄氏立为王后。但从他废汉称帝后，事情发生了变化。他一起把献帝的两个女儿娶了过来，又至少有郭氏、李氏、阴氏三个后宫同时受宠。此时甄氏在曹丕身边已有 16 年的光景。（曹操破邺城为 204 年，曹丕为帝是 220 年），想来这甄氏当是色衰失宠之期了，这一年她已 38 岁，16 年前的豆蔻年华早已成“昨日黄”、“徐娘半”之衰色了，哪比得上宫中那些专以争宠为毕生之业的一群后起之秀？所以曹丕自己当了皇帝，并不册封甄氏为皇后。正史与魏史均为文帝掩饰这一点，但《三国志》裴注称“文帝之不立甄氏，及加杀害，事有明审”，而陈寿及魏史“不应假为之辞，而崇饰虚文乃至于此。”但陈寿在郭后传中则隐隐提到“甄后之死，由后之宠也。”这郭氏是在公元 213 年入宫的，比甄氏晚入宫 9 年。至少要比甄氏年轻十余岁，在一个薄情寡义的好色之徒曹丕面前，甄氏哪里争得过她？更何况她一入宫便参太子政，不断为曹丕争太子位献策，所以很快便由一般宫女升为夫人、贵嫔。但她想当的是皇后，有甄氏在她就无法得登后位。于是便与曹丕合谋将甄氏害死。甄氏死的时候，郭氏命人把她弄得披头散发，以发覆面，并在她的口中塞满了米糠。正由于郭氏如此凶残狡毒，朝臣们均怕她祸乱朝政，所以当曹丕想立她为后时，大家都严词反对，但无济于事。郭氏立为皇后便把甄氏所生的曹睿收为己养。曹睿为帝后终于为母复仇。

关于甄夫人的死，《三国志》说是因为曹丕在称帝后，纳献帝二女为嫔，又同时宠幸郭、李、阴三位夫人，令她很失意有怨言，所以曹丕便对她“遣使赐死”，这似乎太狠毒了，但也似乎很正常，对于曹丕而言是什么事都干得出来的。但《魏书》所载则另有说法：曹丕称帝后有关部门奏请应建立后宫，于是曹丕下诏派人去邺城迎甄夫人入都主持后宫之事。但甄夫人称皇后之位事涉国运，立国之初当选德淑之人当之，我是一个愚陋之人，身体又有病，不宜去主持六宫。诏书三至，甄夫人三让而不能成行。当时正值暑热天气，曹丕说等秋凉后再去亲迎甄夫人入洛阳皇宫主事。但甄夫人病越来越重，不久便去世于邺城的魏王宫中。而裴松之注三国时则认为这种说法无非是魏人为曹丕遮人耳目，而曹丕不立甄氏为皇后，并加以杀害是“事有明审”的。且《魏书》又载；甄夫人的亲子曹睿即位称帝后，追封其母为文昭皇后，并为其立庙祭祀。显然此前，甄夫人既未被封为皇后，也没有立庙相祭，显然甄夫人之死是曹丕与郭氏合谋而为，百绝非是推让后位生病而亡。

关于曹睿登基为母报仇的事，各种史料也是其说不一。《魏略》上说：明帝即位后，追思甄夫人之死十分忧痛。当年甄夫人死后扶养曹睿的李夫人在郭皇后死的时候，才告诉他说甄夫人是被郭皇后害死的，死时没有大殡，而是被郭皇后以发覆面草草下葬的。明帝曹睿闻知后“哀恨流涕”，便下令将郭皇后的尸体如当年她处理甄夫人的办法同样下葬。而《汉晋春秋》上则说：当年甄后被杀是由于郭后受宠的缘故。因而殡葬时，郭后令人披发覆面，以糠塞口。曹丕在甄夫人死后便册立郭氏为皇后，由郭后抚养曹睿。曹睿即位后知道这些事情，心中很是忿恨，便不断地哭着向郭后追问亲母死因。郭后很生气地对他说：“你妈是先帝亲杀的，你怎么来责问我？更何况你为人子可以向死去的父亲追寻前仇吗？为了前母而枉杀后母吗？”魏明帝见郭后如此无礼，勃然大怒，“遂逼杀之”，并命令殡仪部门依照甄夫人当年故事，同样把她以发覆面以糠塞口下葬了事。但《魏书》又载称郭后死时，曹睿写了一篇很感人的“哀册”来悼念郭后，其实这证明不了什么。皇家的这一类文字就如同汉献帝让位，还要造一份心甘情愿的禅让书出来一样，都不过是给人看的。更何况后来的史家认为《魏书》对曹魏宫中之事“皆难以实论”。

想当初曹丕对甄夫人何等追宠？为了新宠竟然对为自己生儿育女，孝奉母亲的妻子痛下杀手，实比其父歹毒万分。曹操也不过对元配夫人离弃了事，但临死还顾念不已，引为一生之憾。

甄夫人死前曾写下了这首《塘上行》，抒写自己思念曹丕的愁苦。曹丕派去邺城处理后事的宫使在清理遗物时，发现了这首诗。回到京师后，宫使持甄夫人绝命诗送于曹丕。曹丕读罢虽顿生悔意，但人已死去，不可复生，于是册立郭贵嫔为皇后。可惜郭后无子，曹丕便让郭后抚养曹睿。因其为甄氏所生故，并未立为太子。曹睿虽尚年幼，但生性聪颖过人，事郭后十分谨慎，郭皇后也十分喜爱曹睿。但母子间之嫌隙，彼此心照不宣罢了。魏文帝也乐得无事才好。后来父子射鹿，距建安十年已有21年光景，爱子曹睿已长大成人，回顾往事，未免悲从中来，心中自生出许多悔意。归朝后不久，便封曹睿为平原王，后又立曹睿为太子。不久便逢疾病不起，虽方届40，春秋正富，却撒手人寰，追随甄氏而去，曹睿遂受遗诏立为魏明帝。追谥甄夫人为文昭皇后，为其于邺城立寝园。

关于甄夫人的儿子曹睿，《魏书》称：曹睿在只有几岁的时候便有“岐嶷之姿”，长成后“容止可观，望之俨然”。可见曹睿的仪表与气质是很不错的。晋朝人就说他“天姿秀出、立发垂地，口吃少言，而沉毅好断”，是一个长发美男，虽口吃却有主见的人。明帝少年时代便特别聪明好学，所以深受他的爷爷曹操的喜爱。更何况是相当于长房长孙的宠位，俗语说“老儿子大孙子，老太太命根子。”其实老爷爷又何尝不特别喜欢大孙子？因为又见了一代人。第一个是先入为主，多了就不稀罕；再加之曹睿人长得仪表堂堂又聪明好学，所以曹操曾讲道“我基于尔三世矣。”意思是说：从我到你已经有三代人了。显然在曹操心中这个长孙将成为曹魏的第三个执政者。因而，曹操总把他带在身边，每当要会群臣时，就让这个宝贝孙子坐在近臣们的席位上，可见曹操对这个孙子的喜爱程度，而且最后立曹丕为太子，也有让他能继承王位的因素。因为在曹操的子孙中，令他最喜欢的是“武绝”曹彰、“文绝”曹植、“智绝”曹冲与仪表、气质、举止不凡不俗的曹睿这几个人，而不喜欢曹丕。但只有立曹丕为太子，他的长房长孙才能成为曹魏政权的第三执政。看来要想让人喜欢，总得有点与众不同之处。要么手上有点绝活本事，要么得有讨人喜欢的气质仪表与举止言谈以夺人耳目动人心旌。那些既无本事又痴俗不堪的人是死定了、冷定了。以曹氏父子爷们之间尚如此，何况常人了？

尽管曹操总是带他出入官场，但曹睿却不喜欢结交朝臣，总是一个人关起门来读书，且“特留意于法理”，乐于研究政治之道。所以曹睿不仅有一定的文才，对于军事、政治均不陌生，在执政后一切政由已出，连父亲给他指定的顾命大臣也只能听他指挥，这与他早期的致力于学是很有关系的。

曹睿在公元220年15岁时便被封为武德侯，公元222年封为齐公，公元223年封为平原王。但由于他的生母甄后是被文帝与郭后处死的，因而曹丕并没有立他为太子，心中总是犹豫不决。曹睿年已长成，也隐隐预感到一种政治危机。

公元226年4月，也是曹丕征吴归来之后，病重去世之前，曹丕渐觉身体不适。时值初春，曹丕便携其子曹睿共同出猎散心。马蹄声于林莽间惊起一对子母鹿仓惶奔突。魏文帝弯弓搭箭，弓弦响处，母鹿翻滚于地，顷刻毙命。曹丕急命曹睿射杀子鹿。曹睿观母鹿死于箭而子鹿哀鸣悚慄之窘状，潸然泪下而不举弓，哀哀语其父：“陛下已杀其母，儿臣不忍再杀其子。”曹丕闻语，也不禁为之恻然，若有所思而默默无语，遂弃弓矢于地，放子鹿逃生去了。曹睿遂下马覆青草于母鹿之上以为葬，而心中思母之情又催动得两行泪洒荒原。于是，父子无语打马回城。不久，魏文帝曹丕便下诏立曹睿为太子。在了却了这桩多少年悬而不决的心事后，曹丕便一命呜呼了。

观曹睿与父出猎射鹿之语，实为智者之言。怀念亲母而不直言而托母子鹿，忧己身危而无以明，借鹿子以叙人伦，当为明哲保身之智者。先是慎奉继母，后得射鹿之机，寄托得宜，情诚无伪，语焉哀哀，足以动铁石之心肠，何况父子之间，是以终继立为帝。倘其始终怀恨，父子无亲，继母为害，将不知其所终矣。但纵观曹睿一生，此智不过保身之小智。即位称帝后，荒淫无度，复效其父废弃毛皇后，专宠郭夫人，与其父相较有过之而无不及。权力这把魔椅，好人一旦坐上去，便都会变成另一副面孔，更何况有乃父基因遗传的一个少年呢？曹睿执政后尤无任人之明、知人之明、托人之明。先是立嗣非长非嫡非贤非能，却将家国系于一个 8 岁领养来的小孩子身上。之后又托孤于司马氏，无异于送羔羊入虎口，遂使政归司马，实为失于大智者。但平心而论以其祖曹操一世之奸雄，而有三马同槽而食之梦兆，尚不辨司马之忠伪，何况乃子孙？正所谓“试玉要烧三日满，辨材需待七年期”，而辨人尤较辨木石更为难上加难。

23、啄木诗

[西晋] 左贵嫔

南山有鸟，自名啄木。
饥则啄树，暮则巢宿。
无干于人，惟志所欲。
性清者荣，性浊者辱。

【左芬传】

晋武帝司马炎的御用文人丑妻

左芬，是晋初殿中侍御史左雍之女，晋朝大文学家左思之妹。虽容貌丑陋，但因其诗文才名，被晋武帝纳为宫妃，册封为贵嫔。尽管晋武帝司马炎对她十分礼敬尊重，又有贵嫔之名分，而其终生无非是司马炎数万宫女中的一位御用女文人罢了。

司马炎用她干什么呢？其一，每逢四方进贡有异物珍宝，便让她写一篇赋颂；其二，皇后、公主死了，让她写一篇诔文；其三，闲来无事，便即兴命题，让她写一篇赋作。《晋书》载有她的几篇赋作，都是应制、应景作，除辞藻之外，并没什么可取之处。倒是《古诗源》所载此诗，很有清新之感，哲思味道。

24、千金意（二首）

［西晋］碧　玉

碧玉小家女，不敢攀贵德。
感郎千金意，惭无倾城色。

碧玉破瓜时，郎为情颠倒。
感君不羞赧，回身向郎抱。

【碧玉传】

“小家碧玉”之由来的汝南王妃

碧玉，西晋汝南王司马乂的爱妾。“小家碧玉”一词当典出于首句“碧玉小家女”，据此，碧玉是一小户人家之女，得知遇于汝南王为妾。而若“破瓜”二字为妓女专用语，那么碧玉便出身于娼门而后从良者。但“破瓜之时”也常指女子到了该出嫁的年龄。宋时的《乐录》载此诗，称此诗为他人代写。但历史上西晋的汝南王是司马亮，司马乂是长沙王。

《资治通鉴》所载另有一碧玉，为武周朝官员乔知之的妾妇，特别美丽，尤善歌舞。被武承嗣以借其教歌舞为名，强留武府霸占。她的丈夫写了一首诗《绿珠怨》给她，有责备之意，她便投井而死。武承嗣从尸体上搜出她前夫写的诗，便将她的前夫杀死泄愤。

25、咏雪对诗

[东晋] 谢道韫

谢安石： 白雪纷纷何所似？
谢　朗： 撒盐空中差可拟。
谢道韫： 未若柳絮因风起。

【谢道韫传】

看咏絮才女如何手刃寇贼

谢道韫是东晋显赫大姓氏谢氏家族中的女才子。父亲是安西将军谢奕。她是谢安石的侄女。谢安石本人不但以淝水之战名垂青史，以宰相之位显贵当世，而且也很有文学天赋。尤其在崇尚空谈清谈，文风追靡浮艳的东晋，无论显宦权贵还是文人士子，无不以风雅自命，更何况谢家这样的大氏族呢？所以谢道韫从小就受到了良好的文学教育、熏陶。谢安石也十分关心家族子弟的教养，有一次看到自己的小侄女谢道韫在读《毛诗》，便问道："《毛诗》中哪一句最好啊？"谢道韫马上回答道："'去甫作颂，穆如清风。仲山甫永怀，以慰其心'，叔叔意下如何？"并应叔叔的要求为他背下了许多首《诗经》中的名篇佳作。谢安石相当满意，青眼相看这位小侄女。

一年冬天，谢安石与侄子谢朗，侄女谢道韫，在庭院中观赏漫天撕棉扯絮的鹅毛大雪，就信口吟了一句"白雪纷纷何所似？"然后，让他们兄妹俩各对一个下句。侄子谢朗马上抢答道：“撒盐空中差可拟。”谢安石摇了摇头，把目光转向妹妹谢道韫。谢道韫马上吟道：“未若柳絮因风起。”只这一句便让叔叔击掌叫好；就这一句便让谢道韫千古留名，成为诗坛上的传世佳话。正所谓山不在高，水不在深，文不在长，诗不在多。可惜的是这位谢氏才女，也只这一句有名，也只能称其为“咏絮才女”而已，至于她所留下的咏山、咏松诗，至少无可与咏絮句相比之处。而她的才思敏捷却大有过人之处。

谢道韫后来嫁给了“王、谢”两大家族中的王氏子弟王凝之为妻。王凝之是王羲之的儿子，官居左将军之职。他的弟弟王献之有一次与幕友清辩时落于下风。他的嫂嫂谢道韫在屏风后派侍女奉茶之际，告诉他说：“愿为小郎解围。”在嫂嫂的帮助下，王献之很快便难倒了对手。谢道韫的气质风度，才思敏捷的辩才得到了士林中人的高度认同，称她有“林下风范”、“前所无见”。而且与一般才女不同之处是，她勇敢无畏不让须眉。

东晋后来发生了孙恩变乱，乱兵攻破了会稽郡的首府绍兴城，听说丈夫与儿子都被乱兵杀死后，谢道韫非但没有倒下，而是带着侍女男仆持刀冲出大门连杀数名叛军，力尽被俘。押到叛首孙恩面前，也仍面不改色。她的小外甥刘涛才几岁，乱兵要杀他，谢道韫却厉声喝道：“事在王门，何关他族？如果一定要杀人，那就先把我杀掉。”想不到这孙恩竟然被她的正气凛然所镇服，谁也没杀便把她们放了。谢道韫从此寡居于会稽城中。而每一位郡守都对她礼敬有加。

26、懊侬歌

[东晋]梁绿珠

丝布涩难缝，令侬十指穿。
黄牛细犊车，游戏出孟津。

【梁绿珠传】

玉碎金谷的合浦珠娘

绿珠，本不过一歌女的名字，为什么会有那么多诗文来歌咏，为其叹惋不已呢？概因其即有色艺在身，又是一节烈之人。美色、才艺、节烈集于一身者，自有不朽之名。美色者，人人皆有爱美之心；才艺者，人多知己之不能，而能者自令人仰羡；节烈者，则是中国传统价值观中对女性的最高评价了。那么绿珠到底是个怎样的人呢？

绿珠本姓梁，是广西合浦县人，此县唐代为白州博白县，其境内有白江，因称白州；有博白山，因称博白县。又有双角山，绿珠便在西晋初太康年间出生在双角山下的一个采珠渔家。距今已有1800余年。

广西合浦，自古为产珠之地，所产珍珠以大而美著称于世。因而此地之民多以采珠为业。因珠美，所以人家生女称为珠娘，生儿称为珠儿。绿珠之父，又是这一带的采珠王，因而生下这位珠娘后，便起名为梁绿珠。因为蚌珠，多为乳白色，一旦发现有绿色光莹的珍珠，那就是珠中至宝了。而敢称绿珠者，至少是要生得极其美丽漂亮。更何况这绿珠又吹得一口好笛子，才艺、人品、长相远近闻名。

在那个时代，女人一旦生得太漂亮，便有红颜命薄之嫌；而一有才艺，便更是犯了“女子无才便是德”的大忌。所以，古代凡色艺兼该之女子，少有厚福善终者。不是命定，而是那个时代是绝对的男人世界。一旦有此等美女出现，便不再是“一家女百家求”的人间正道了，而是从帝王到无赖，如一群虎狼发现了一种美食一样，扑过去撕皮掠肉地争夺，甚至不惜发动一场战争。所以说“薄命”也好，“女祸”也好，本不干女子之事，都是那些细胞中遗传了太多野兽基因的臭男人们所为。在那个世界中男人便是女人的天，是男人在决定女人的命。这就是那个时代条件下女人的“天命”。就是那些一旦抓住了天子地位的强辣女人，如武则天，如萧太后，如慈禧，又哪一个能离得了男人们来帮她统治男人的天下呢？所以说，绿珠从她生下来那一天，在前面等待她的便是这种无可规避的“天命”了。

合浦这个地方既有双角山，又有博白山，大荒山，又有白江流过，又东临大海，真是一个山青水秀的好地方，所以既出名珠，又出美女。这似乎也是一种造物律吧，不但地灵人杰，也只有地灵之处才有人美。天下美女有哪一个是碱巴拉、烂泥塘、大沙漠养育得出的呢？生在南非便都是黑人，地中海那里便都是一等肤色、一等体型的美女，基因的遗传力与大自然的创造力比起来，真是小玩意了，是小巫见大巫，真真是神气尽矣。但大自然造物的伟力并决定不了人的最终命运，人间的事还要靠人来主宰摆弄。该着绿珠的命苦，正在她豆蔻年华、含苞待放之时，合浦县的上司交州采访使走马换将，来了个叫石崇的人。正是这个人让她阅历了人间最奢豪的荣华富贵，也正是这个人给了她一个悲剧的命运，真真是让她经历了“上穷碧落下黄泉”的短暂一生。

石崇本是西晋开国大将石苞的儿子，青年时代便当上了县令，后来又升任郎将、荆州刺史等职。此人从小就爱财，所以他父亲说，在他的五兄弟中，这个老儿子将来是最能敛财的。而他一当上官，在敛财的路上便更如鱼得水了。一方面盘剥百姓，一方面以捕捉盗匪为名，光天化日下，公开劫夺客商财宝。尤其是到了荆州后，竟然把过往长江的那些大商家，以匪盗之名杀死，而把财物归入私房。这也是他自己为自己的归宿，挖好了墓地的第一锹土。有了钱，便去巴结贿赂上司、京官，直至皇亲国戚。到了这一步，便一切就都好办了。只要保护伞是铁杆的，那么有多大的雨点冰雹也砸不烂他。所以在荆州虽然已是声名狼藉，但他仍被调到交州来任采访使。这采访使便是朝中特派到一州之地的“太上皇”，对当地的官员都有升降予夺的权力，何况对百姓了。

石崇得到了既可以搜到珠宝，又可以寻求美女的美差自然高兴，但却并不急于上任，而是直接跑到了海边的采珠场上来踩点侦察一番。也是合当有事，这位亭亭玉立的绿珠正在海边吹笛子玩，却招来了这位采访使的注目，他哪里见过这么美的小女孩？尽管他什么小家碧玉、大家闺秀，乃至宫中粉黛没见过？但他就是没见过此等自然造物，不着罗绮粉黛而处处胜似衣锦翠袖金钗银钿包裹的美女。什么是天仙？天然之美者便是天仙，他看呆了。他以采访使的名义，通过合浦县令，以“三斛珠”的代价，强取豪夺地先把这位十几岁的小绿珠抢到了手里。

这位石崇先得了美女，又掠夺了不知多少名珠，三年后便思想回朝了。有了那么多的财宝，还愁换个位置吗？回到京城洛阳后，他便在洛阳的东郊一个叫金谷的地方，造了一座金谷园。园中的建筑、风景，就是王宫也无可比拟。在园中又专门为绿珠建了一栋楼，就叫“绿珠楼”。他虽然有二百多名美女姬妾，但却只宠爱绿珠一人。

人的命运有时是由看似与个人无关的时势决定的。此时西晋的开国皇帝司马炎在三国归晋后，统治了近二十年便死掉了。他的傻儿子惠帝即位，因为他傻，所以皇后贾南风便是事实上的皇帝，所以石崇投靠贾后，并成为了死党。

而这位皇后不但把持朝政，而且淫荡无比，一个傻子怎能满足她的欲望？于是便不断地搜寻宫外的美男壮夫入宫淫乱。此时还有什么政、治可言？上有所好，下必甚焉。更何况洛阳城中的豪门权贵在开国之初天下太平后，几乎完全陷入了一种醉死梦生奢华享乐的疯狂之中。

晋武帝在取代曹魏、攻灭东吴后，先后将曹魏东吴宫中的美女靓妃尽数收入后宫，又不断补充新人，后宫宫女多达上万人，以致令他天天不知归宿何处，便以羊车代选。他的叔叔平原王司马干搜剥来的财物，多得无处保管，便露天堆放在庭院中，一任风雨飘零腐烂。而且姬妾成群，日夜宣淫，让他祸害死的女人，在尸腐前一律不入葬，仍供他奸尸宣淫。太尉何曾日食万钱而仍觉无处下筷，其子则日食二万。驸马爷王济则用人奶喂猪杀了吃肉，其鲜美之味连晋武帝食后都不知为何物之肉。他家钱多得无处放，便买地挖沟装钱，时人称为“金沟”。钱如此之多，仍不知足。朝中一切以金钱开路，凡事须钱，以至当时的鲁褒著《钱神论》说：只要有钱便可“无德而尊，无势而热”，而当官的贪财到了“当途之士，爱我家兄（钱）。执我之手，抱我始终。”不知道是病态的社会造就了病态的人，还是病态的权贵造就了病态的社会。哪个朝代也许没有如这个时代如此腐败的。而这位富可敌国的石崇天生爱财，怎肯落后呢？最著名的是“石崇斗富”与“行酒杀美”。

大官僚王恺家用麦芽糖刷锅，石崇便用蜡烛当柴烧；王恺用紫丝碧绫围成四十里围墙，石崇便用锦布围出五十里；王恺用红石粉涂墙，石崇便用花椒和泥；王恺把晋武帝赐给他的枝杈扶疏二尺多高的珊瑚树拿出来向石崇显巴，石崇竟然一铁如意把它击得粉碎，接着拿出来许多三、四尺高的珊瑚树让他随意挑选作为赔偿；王恺请客人吃饭，命歌伎吹笛，稍有误便令人打死而声色不变；石崇听说后便请丞相王导与大将军王敦饮宴，令美女劝酒。如有一杯不干，便杀一美女。王导为此喝得烂醉，而王敦却毫不在乎，就是不喝。三次不喝，石崇便连杀三名美女。王导劝王敦喝酒救人，可是王敦却说：“他愿意杀人，与我有什么关系呢？”这位王敦后来终不得好死，因谋叛未遂而被灭门。正所谓“祸福无门，唯人自招”。石崇怎么会有好下场呢？这帮西晋的衣冠禽兽怎么会有好下场呢？到了后来自家的“八王之乱”，外族的“五胡乱华”攻陷京师后，无论皇室宗亲、王公大臣，几乎全如同杀鸡屠羊般被消灭得干干净净，少有幸免者，这也是一种制度报应。

石崇为什么敢如此地肆意妄为，草菅人命呢？因为他有贾皇后为靠山。但这贾皇后的靠山一倒，他也就大祸临头了。石崇造的金谷园成了他的游乐场，凡是款待文人士子、百官大僚，都在此处进行。一次，司马懿的第九个儿子赵王司马伦带着他的宠臣奸小孙秀，也闻名来造访。这位孙秀偶然看到了绿珠，便日夜不忘，但此时他也不敢得罪石崇。偏偏那位贾皇后疯狂到把晋惠帝的儿子也是太子杀掉了，久有夺位之心的司马伦便乘机起兵杀了贾后，并开始清洗贾后的亲党，这石崇自然在黑名单之内。孙秀见有机可乘，便派人登门指名索要绿珠。石崇叫出二百姬妾任他挑选，但来人却说孙秀只要绿珠。石崇自知大祸必临头，也不在意这牛刀小试了，所以断然回绝了孙秀的走狗。

没过多久，那位獐头鼠目、五短三粗的孙秀便亲自率兵来围园，传赵王伦命令收捕石崇全族之人。石崇正在绿珠楼上与绿珠同忧之际，闻得声言，便看着绿珠说道：“我今为你获罪！”绿珠则流泪说道：“愿效死于君前。”石崇想阻止都来不及，绿珠话音刚落便已反身自投楼下，三魂渺渺飘回合浦之乡九泉之下了。只是那个利令智昏的官盗石崇到死都不知祸从何来，反说他为了绿珠而得祸，这话正应从绿珠口中说出才合情理。设若石崇能正道行事，以正人立世，而为绿珠终身之托，那么绿珠何至坠楼而亡？庾信等几位大文人曾不痛不痒无关紧要地写了几首感怀诗，真的很没味道。笔者不吝笔拙也写一首小诗，于一千八百年之后为绿珠鸣一不平：

合浦名珠出天然，繁花香消金谷园。

都云红颜是祸水，谁问祸水溺红颜？

绿珠去世后，从她故乡流过的泒水会合容州江，被命名为绿珠江，以纪念绿珠。她的故乡双角山下的小村旁有一井，乡人把它命名为绿珠井。老人们说喝此井水者生女多美艳。后来人们用巨石把这口井盖上了。意思是宁可生一个丑女，也不希望自己的女儿落得如绿珠般的命运。尔后此村凡生有美女者则体貌多有缺憾。这些传说就如昭君村一样，归州的昭君村古代有一个风俗：凡生女者，都要割破面皮或用香火头烧灼，留下几处瘢痕，免得误入官家。为此，白居易曾写下一诗：

不取往者戒，恐贻来者冤。

至今村女面，烧灼成痕瘢。

多行不义，必自毙。那位丑恶的孙秀，也自得报应。司马伦政变后，废了惠帝，自立为帝。但绿珠死后不出十天，被三王合兵打败的司马伦被囚于金墉城中，孙秀则被左卫将军赵泉斩首于中书省衙门，被军士赵骏剖心而食。而赵王伦在金墉城中羞愧难当，也喝了金屑酒而亡。死前还用布遮上了自己的脸说道“孙秀误我”，殊不知人之所败多自误而何误于人？而世人多不解此理，所以在这个世上便总有那种令人不屑的败亡之人、败亡之事发生。

27、桃叶歌（二首）

[东晋] 桃叶夫人

王献之： 桃叶复桃叶，渡江不用楫。
但渡无所苦，我自迎接汝。

桃　叶： 桃叶映红花，无风自婀娜。
春花映何限，感郎独采我。

【桃叶夫人传】

东晋王献之的桃叶夫人

桃叶，是东晋王献之的爱妾。因甚爱之，故为她作《桃叶歌》。前一首在江南到处传唱；后一首则以桃叶的口吻来反写王献之对她的情有独钟。

表面上看，两首诗都稍逊文采，但却十分耐读。先说王献之那首：首句既是说他的桃叶夫人，也是说桃树的叶子，所以用“桃叶复桃叶”，巧寓着他的桃叶夫人像桃叶那般轻盈美丽，而自然过渡到下一句的“渡江不用楫”——桃叶那么轻盈，自然就漂过江去了，还用什么舟楫吗？第三四句马上又回到了夫人这里：你放心地渡吧，没事的，有我托着你呢，我是你的底，我就是你身下的江水。读了此诗，谁还会说落花有意，流水无情呢？也许会翻作落花有深意，流水无限情了吧。

再说夫人那首：桃树长出桃叶的时候，正是桃花盛开，百花齐放的季节，而你能独采我这片桃叶，我是多么感动啊！

且不说诗品怎样，若只论这“桃叶”二字，便给人以无限的美感与创意的独到：不写桃树、桃枝、桃花、桃蕊、桃姿、桃色，而偏偏去写后花而生的桃叶，真的是别具匠心，虽非缝衣匠，却足称裁云手。所以后人常以桃叶引入自己的诗文中，如后面所录隋炀帝赠吴绛仙的那首《持楫》，几乎是对王诗的生吞活剥。《桃叶歌》本是吴声歌曲中的一个曲调，却被作者运用得名副其实，使曲调、词涵、人物，三位一体，天衣无缝，水乳交融。一股浓浓的生活气息扑面而来，令人是如此地耳目清新，咀嚼出一种天成自然美的味道。

王献之是王羲之的第七个儿子，祖居山东临沂，生于浙江绍兴，也是著名书法家、诗人。以行书、草书闻名于世，与其父并称书苑二王，被誉为“小圣”。王献之久历东晋官场，为简文帝的东床驸马，官至相当于首相的中书令。朝中各部门的小吏也有称为“令”的，因而他又被称为“大令”。可惜的是在公元344年便中年早逝，只活到四十三岁。真是天不予人以二。

桃叶夫人还留有三首《团扇歌》：

七宝画团扇，灿烂明月光。
与郎却暄暑，相忆莫相忘。

青青林中竹。可做白团扇。
动摇郎玉手，因风托方便。

团扇复团扇，许持自障面。
憔悴无复理，羞与郎相见。

观其诗可知，这位桃叶夫人，也自是一位风情中人，虽为人妾而非正妇，但能得王献之这等人如此珍重体息，也是不幸中的大幸了。

28、咏梁祝

[东晋]佚　名

天造地设自不同，两兔安能辨雌雄？
生而同窗死同穴，梁祝千古憾悲风。

【祝英台传】

相思而死的梁县令与死而同穴的祝英台

祝英台，东晋上虞祝家女，少好诗学，女扮男装外出求访明师游学。得遇会稽人氏梁山伯为同学好友。两个人于学塾中切磋学业之余，常结伴放浪于吴越山水之间，不觉日益情好，直以兄弟相称。但梁山伯哪知祝英台乃是女子，但祝英台则如鱼饮水冷暖自知，心中早已暗恋上了这位品学兼优，仪表堂堂的梁兄。

学业中途，祝英台便要先回上虞。梁山伯送了一程又一程，两人仍然依依不舍。祝英台很想向她这位梁兄吐露心迹，但终难开口，只是一路上隐隐的以讲今比古、指山划水、花鸟草木的形式来暗喻梁山伯，而梁山伯根本就不可能往那方面想。两个大男人吗？你怎么讲，他也想不到男女之情上去。祝英台也只能到此为止，郁郁而别。一路上虽有山光水色相伴，却更是山牵别恨重重恨，水绕情肠流更长。不由自主的流了一路的辛酸眼泪。而所谓酸风射眸者，何来酸风？不过是心中辛酸而涌浸眸中而已。

梁山伯学业结束后，便也自打点回乡。半路上不知何事惹得无情无绪、意乱心迷，却转路去上虞县寻访他那位调皮的小学弟去了。一路上的三查九访、寻寻觅觅，像公安排查一样逐村去打听，竟然寻到了祝英台家。至此方知祝英台原来却是女儿身。便想与祝英台永结秦晋百年之缘。但哪里知道祝家已将英台许配给马家之子，且三年后便要成婚。梁山伯大失所望，不便久留，便一个人有如失群之雁，孤单单地回到了会稽家中。

梁山伯才俊名冠乡里，不久后便被选任为鄞县县令。虽然是少年得志，心中却只思念着祝英台。想起来便是心痛如绞，泪痕不干。久而久之的朝思暮想，竟然思爱成病，气息奄奄，命悬一线。临终前，遗嘱是要将他葬在清道山下的绿水之旁。他知道祝英台出嫁马家，一定要从此山下的河中水路而过。如果人真有灵魂，他尚可于冥冥中与英台一见。

梁山伯去世后的第二年，祝英台婚期已到，便乘马家水路迎亲的花船一路而来。花船行到清道山下，却在风平浪静的河面上骤起浪涛，风波大作，无法行舟，只得将船靠岸避风。

祝英台见得岸边一高大坟茔，便心血来潮，魂悸魄动，如鬼使神差般知是梁兄之冢，便去墓前拜谒。近得前来见碑上果然大书梁山伯名字，便失声痛哭于墓前。世间的泪水有千种万种，却只有那种发自肺腑之恸，能够感天动地。孟姜女能哭倒长城吗？窦娥冤能令苍天六月飞雪吗？扯呢。无非是讲那种至情之恸的感天动地而已。西方的但丁不也说：世间只有那种真正的爱，能够“动太阳而移群星”吗？根本不是什么天人感应，而是人对天地的感应。

祝英台伏在墓前抱碑长恸不起，只哭得河水呜咽、愁云惨淡，连马家迎亲的人，无不泪流满面，忽然间山崩地裂般的巨响一声，这墓地轰然裂为两半，祝英台却跃身投入。众人尚未及抢救，大墓已合闭完好如初，未有丝毫破损。

迎亲的马家虽然自觉面上无光，却也为她的真情所感，便将此事详细具文上报了朝廷。东晋此时当途执政的正是贤相谢安。谢安便向皇上请封祝英台为义妇。梁山伯后来在和帝年间又曾显灵效命于朝，被封为义忠，并在鄞县为他立庙祭祀。古宁波县志曾有记载。人亡如何显灵？无非后人对前贤的一种追思怀念。

后人传说祝英台死后，家人在梁家为她焚衣，于烟缕飞焰中幻化出两只蝴蝶，一只黄色的，一只黑色的。吴中之地的妇孺都把那只黄色的称为梁山伯，把那只黑色的称为祝英台。随着后世无数样本的文学戏剧在民间流传，梁祝故事在全国家喻户晓，无人不知。足见国人自古以来，对美好爱情的赞美，对爱情悲剧的情有独钟与怜悯同情。

29、华山畿

[南朝宋] 华山女

君既为侬死，
独生为谁施？
欢若见怜时，
棺木为侬开。

【华山女传】

“梁祝”原型华山女

在中国这块土地上，梁山伯与祝英台的故事，经过文学话本、戏剧、民间口头传说，几乎是代代家喻户晓无人不知，但对于它的文学“原型”华山女的故事，却几乎湮没无闻。笔者仅见载于《古今乐录》中。

在南北朝时代的宋国少帝年间，有一位青年学子离乡外出游学。从华山去云阳的途中，在路过华山脚下的一个小村落时，天色已晚，便借宿于一村舍中。偶然遇见一位青年女子，两个人虽然都是第一面，而且也仅仅是那一瞬间的二目相视的第一眼，但却像是天上的两片雨云中的正负电极相接，霎那间便在各自的心中引爆了电闪雷鸣，顿时令两个人同时呆了，晕了，不曾相识却似曾相识，心中仿佛都有个神在说：他就是你天天正在等待的，她就是你此生所要寻找的。

在那个时代是没有什么闪情闪婚的，有什么想法都不可能互相交流。尤其是两个农村的少男少女，恐怕连私奔的想法都不可能去想，在他们的心中，本没有那片土壤。注定是女孩成不了卓文君，男孩也成不了司马相如。有文化的不等于就文明，没文化的不等于不文明。不讲文明的就不是人，而死守“文明”的就害死人。男女之间心里有什么就说了，成不成都没问题，即使受挫、丢面子，但不结心病。最可怕的就是那种肚子里有，嘴上不说，却死活忘不掉的，必生出极端之事来。

这位青年学子哪还有什么心思求学？不久便回到了家中，茶饭不思，就如梦幻般，眼前总是华山女孩的身形。但他并不对父母说清，家中人也不知怎么回事。就这样没多久，小男孩便一病不起，日渐形销骨立。这就是旧社会所特有的“相思病”，老百姓叫白了就叫“相死病”，因为这种病除非得见其人，否则必死无疑。也是一种无可化疗的“情癌”吧。直到临死前，他也没和家里说是怎么回事，只是告诉家中人，他只有一个要求：在他死后入土前，一定用家中的牛车拉着他，绕着华山脚下的那个村庄走一遭，然后再入葬。

不久，这位青年学子便满怀不甘地离开了人世。家中人无论如何也要满足他最后的一点要求，便拉着棺木向华山脚下走去。拉车的牛走到村中的一座茅舍前，便不肯向前，只是驻足哞哞地叫个不停。而屋中的华山女早已梳洗完毕，走出家门，在棺车前哀歌一曲《华山畿》，歌词的大意是：你既然是为我而死，留下我一个人在这世上还有什么意思？我爱的人啊，你若是可怜我，就为我把你的棺木打开。此女大放悲声直唱得天昏地暗，让人心胆俱寒，车上的棺木竟真的为之自开。华山女便坦然入棺而亡。于是家人只得把他们一同合葬。

也有人说，华山女入棺后，棺中飞出双蝶翩翩而去，而棺中的尸身已是不见，徒留空空两具衣冠依旧。此事虽多传说色彩，此故事却注定不是全然杜撰。

诗中原来首句有“华山畿”三个字显然是对棺中人的呼唤，因为她不知道他的名字；也可能是版误，把诗题排为正文，此处删去。侬字，是华山女的自称；欢，是指爱她的男子。而那个畿字本意则是指山脚。

30、书屏风

[北周] 大义公主

盛衰等朝露，世道若浮萍。
荣华实难守，池台终自平。
富贵今何在？空事写丹青。
杯酒恒无乐，弦歌讵有声？
余本皇家子，飘流入虏庭。
一朝睹成败，怀抱忽纵横。
古来共如此，非我独申名。
惟有明君曲，偏伤远嫁情。

【宇文氏传】

和亲突厥的北周赵王宇文招女

大义公主，南北朝时代北周宗室赵王宇文招的女儿。为了和亲突厥的需要被封为千金公主出嫁。后来隋朝杨坚取代北周后，又被封为大义公主，希望她不计家仇国恨，仍为隋朝承担和亲的使命。先后三嫁突厥可汗，一个是丈夫，一个是侄子，一个是继子。大义公主想借突厥的力量来复国，但理想破灭，被迫自杀。

公元 580 年，北周静帝宇文阐即位的第二年，还是小孩子的 14 岁的“大义公主”，从赵王府家中，被太皇太后阿史那召入宫中。“阿史那”本是北方突厥族的“国姓”。这位太后原本是突厥族木杆可汗（王）的女儿，因而生得是高鼻梁、深眼眶、大眼睛，一副欧洲人的体貌，与汉族女人完全不同。在公元 567 年时从西北的都介山，远嫁到北周，成了周武帝的母亲。现在，她的孙子宇文阐成了皇帝，她便成了太皇太后。虽然才十几年的时间，但突厥族不但统一了中国的西北部，而且还扩展到中亚地区，十分强大，而北周却日渐没落衰败，所以经常受到突厥的骚扰侵掠。北周只能以进贡的方式来换取和平。这一年，恰好突厥主动讲和进贡于北周，更要求北周的公主与他们的可汗王通婚和亲。这是北周求之不得的事，赵王府的小女儿便成了牺牲品。一个 14 岁的小女孩又懂得什么呢？但当阿史那太皇太后说封她为“千金公主”时，她知道说“谢恩”。

公元 580 年六月，突厥汗国进贡兼迎亲的队伍来到，这位“千金公主”由汝南公宇文神庆、卫士长长孙晟护送，把她嫁给了比她大几十岁的老可汗阿史那佗钵，而迎娶她的则是突厥中郎将，后来成了她情夫与谋主的安遂伽。这个才年方十四岁的小女孩，就这样成为了突厥汗国的皇后——“可贺敦”。

当年中国西部与北方的各少数民族部族中的王汗首领很少有得以永年的，不是死于战乱、政变就是病逝，就如走马灯般地换个不停。千金公主第一次成为“可贺敦”还不到一年，那位叫佗钵的老可汗暴病去世。去世前，把汗位传给了他的侄子大逻便。因为佗钵的汗位就是他哥哥传给他的，他的两个兄长木杆可汗与泥利可汗就都没传位给儿子，所以他这个老三才有当可汗的机会。这位老三佗钵很讲究，所以又把汗位传回到他兄长的支脉。但政治有时候是不需要“讲究”的，太“讲究”了反而会惹麻烦，后患无穷。大逻便当上了可汗，他的两个同族兄弟一个是佗钵的儿子庵逻，一个是泥利可汗的儿子摄图都心有不甘。天下怎么能太平呢？三兄弟争来夺去，便分别成为了各自部族的“分可汗”，但以年长而强大的摄图为事实的“总可汗”。

三兄弟三分天下忙乎完了，该这位小姑娘大“可贺敦”遭罪了。丈夫死了嫁儿汗，儿汗死了嫁孙汗，这是突厥与匈奴的风俗。面对此俗，这位才 15 岁的汉家千金公主，突厥的“可汗小太后”可能吓坏了，但她有什么办法呢？只能又一次当了“可贺敦”，她永远成不了“太后”，她的亲侄子摄图又成了她的新丈夫，史称摄图为“沙钵略可汗”。这位汉家女孩的心里哪怕是就像被迫吃了苍蝇一样总想呕吐，但也得吃下去了。而且让她更无以忍受的还在后面。命运一旦和你翻脸，那是不存一毫怜悯之心的，不折磨死你没完。

公元 581 年，也就是在这位千金公主第二次嫁为“可汗皇后”的当年，隋文帝杨坚发动政变夺取了北周的天下，宇文氏的王爷们变成了大隋的属民与臣僚，但那个时代的结束等于宣告这个统治家族的灭亡，尽管此时的千金公主还不到 20 岁，但懂得仇恨是人类比懂得爱更早的本能，她快疯了。她要复仇、要复国。她没有力量去战争，但她有利用力量的力量，她的“侄丈夫”拥有发动战争的力量。

公元 582 年，她的丈夫兼侄子沙钵略汗，率领阿史那家族四个突厥汗国的 40 万人马，数路进攻隋朝。隋兵节节败退，连长安都为之震撼不安。但这些突厥人并不只是为他们的汉人“可贺敦”在卖命，他们更在意的是一次“名正言顺”师出有名的大杀戮大掠夺。而这位随军而行的汉人“大义公主”，对她那些曾经的子民们尸横遍野、烟火弥漫的村庄，再也没有半点的哀悯之情。在复仇女神的心中，家比国重要，亲人比他人重要，似也无可厚非，但苦了的却是无辜。

公元 583 年上半年，突厥人正在势如破竹地继续在大隋的疆土上攻城略地，铁蹄横行肆意践踏时，沙钵略汗王留守后方的儿子雍虞闾来使报称，一些叛乱的部落要乘虚攻击汗国；而在前线的四个汗国的内部又发生了分歧，有的开始撤兵。于是，突、隋两军进行了一次别开生面的“大决战”，双方各派一名武士对决，败者服输退兵。结果突厥的武士被隋兵大将史万岁一刀砍下了头颅，突厥马上退兵回营。但在“大义公主”的鼓动下，沙钵略挥军直扑幽州，却被早有预防的隋朝在中途突袭。而且两个汗国与隋朝偷偷结盟向他袭来，沙钵略只得率军退回本土的大本营都斤山。

公元584年，突厥向隋朝求和，隋朝派使者亲来突厥议和。并要求将北周的“千金公主”改封为大隋的“大义公主”，并赐以杨姓。隋文帝从此就是沙钵略的岳父了。并给“千金公主”送来了陈后主的精美屏风和其他贵重礼品，作为“认父”礼。面对沙钵略的屈服，“千金公主”只能跪接“大义公主”的头衔，去“大义忘亲”，“认仇做父”了。

这位新封的隋朝大义公主回到帐中，很是绝望。看着隋文帝杨坚送给她的那具屏风，真是一件巧夺鬼斧天工，贵重价值连城的宝物，但她根本无心于此，反倒惹起了一缕亡国的哀愁。回想起在赵王府、北周朝的日子，千里飘零的命运，报仇复国愿望的破灭，便提毫挥笔在这架屏风上写下了前面那首诗，把心中所思所想全部倾泻于笔端。屏风上那一笔一划的狂草飞白、竖切斜劈横扫，仿佛正是她此时的心情；而那些重墨落笔处却又像是她孤苦无助团团悲苦的泪痕。女人，谁又能知道一生中会有多少无奈的逆来顺受呢？命运，为什么就不肯对她小开一面之网呢？

她投入了接她来突厥的那位中郎将安遂伽的怀抱。而此时来访的高鼻梁，深眼眶，身材魁伟，却长着一双鼠目的安遂伽早已对她垂涎三尺了。两个人正在商量如何复仇的时候，却接到了沙钵略汗王病危的消息。这位汗王把他的儿子雍虞闾与小可汗处罗侯叫来，当面遗嘱传位给小可汗处罗侯，也就是“莫何可汗”；让他的儿子接任小可汗。又与大义公主深深遗憾地告别，就去寻找他的祖先去了。

公元588年，大义公主已经25岁，这一年莫何可汗病逝，她的继子小可汗雍虞闾即位可汗，称为“都蓝可汗”。都斤山上双喜临门：新可汗登基，新可汗婚典。而新可汗的“可贺敦”皇后，就是比他还小的继母大义公主。大义公主入突厥才十一年，却已是第三次成为了突厥的皇后。于是她又一面策动新可汗为她报仇复国，一面又与她的情夫安遂伽联络隋朝的流人做内应。可惜这一切都为大隋的使臣长孙晟了如指掌，隋文帝便正式通报突厥已废去大义公主的封号，并要求都蓝汗杀死大义公主，同时又送给了她四位中原美女。都蓝汗一切照办，只是不肯杀掉大义公主。

后来，前任可汗莫何的儿子突利汗为了向隋朝求亲，而接受了隋朝要他杀死大义公主的条件，便不断捏造大义公主要谋害都蓝可汗的谣言上报；再加之她与安遂伽的奸情暴露，都蓝可汗虽不杀她，却从此不再搭理她。这位大义公主自觉没趣而绝望，便自杀了事。大义公主有罪吗？她错了吗？也许只有大漠知道，只有苍天知道。

31、同心歌

[南齐]苏小小

妾乘油壁车，郎跨青骢马。
何处结同心，西陵松柏下。

【苏小小传】

钱塘县花悲情名妓苏小小

据《稗史》载：苏小小，钱塘著名歌妓，因白居易多有咏苏小小诗，便多认为是唐代人。又有一说宋朝有一名妓苏小娟，也称苏小小，是钱塘名妓苏盼奴之妹。其实苏小小是南齐人，也是钱塘的著名歌妓。多以为因家在钱塘江以西，故有“何处结同心，西陵松柏下”之句。其实西陵乃是指杭州西湖的西泠。

苏小小的不幸是来自双重的。首先，她的出身就已为她的一生铺就了悲剧底色。她的母亲本身就是娼妇，与一位富家子弟生下了她，但男方的门第绝不可能收娼妇入门。所以，她生下来就在娼门长大，而且是单亲。另一个不幸就是社会迫使她这样的孩子只能在娼门中讨生活。在她十几岁时，就已是没有尊严的被践踏之身。曾遇到一个情投意和的朝中显宦之子阮姓青年，缠绵了几个月，便被家中追回，从此音信皆无，再连一面都见不到。也有说此人是当朝宰相之子的。第一首“同心歌”就是小小暗约他到西泠相会的诗作。她从良的愿望破灭后，也只能去步母亲的后尘了。

苏小小年少貌美，又擅才艺，所以，在钱塘县是行内的县花，自然招惹得纨袴子弟，无行文人狂蜂浪蝶般地盘旋门庭，令其名声大噪。一日，县中来了一位姓孟的观察使到钱塘检查工作，一落地便点名要苏小小侍候陪酒，可见其名声之大。但苏小小却三请不至，令这位孟大人大怒，便知会县衙把她拿来，好好羞辱她一番。在县衙的劝说下，苏小小才乘着油壁车来到钱塘江边，上了孟大人的花酒船。满腔怒火的孟大人一见苏小小，哪里还有气在？连骨头都先酥了三分。便指着案上的一朵梅花让她赋诗。于是，苏小小便即席赋诗一首：“梅花虽傲骨，怎敢敌春寒？若得分红白，还须青眼看。”

孟大人一听此诗，自然也就青眼相看了，严格说来，这位孟大人早已是色眼迷矇了，哪里还分得出青眼白眼、白梅红梅了？

一番琴歌过后，孟大人三杯酒下肚，便开始怜香惜玉起来，劝其随他归府，跳出风尘之中，却被小小一顿抢白。小小何尝不想有一个归宿？但她想要嫁的不是这种臭男人。

一年前，她曾遇到过一名落难书生于石屋山中的破庙前，却一见钟情，把他一番激励，又将多年来积蓄的银两倾囊相助，劝他去京城谋求功名，而不可潦倒此生。原来此人却是晋朝大名鼎鼎的鲍照后人鲍仁，虽然一副落泊行头，却掩不住仪表堂堂，相貌酷似早年相知的那位阮郎，所以让苏小小怦然心动。这位鲍仁千恩万谢直奔远在北方的南齐京城去了，发誓一定要报答小小的一番深情厚意。苏小小从孟大人那里回来，又想起了此人。从此闭门谢客。

在她二十二岁那年的酷暑盛夏，相约一位姐妹去湖中观荷花，晚上回来，竟至中暑而大病不起，撒手人寰。遗言将自己葬于西泠。而那位鲍仁恰在此时被任命为滑州刺史，一面启程上任，一面派专使来杭州报信要专程来面谢小小。可是这位新任鲍刺史得到使人的报信却是噩耗。鲍仁闻讯便素衣白马专程跑到了钱塘县，按照小小的遗言，亲自雇用车马人役名匠巧工，为苏小小在西泠建造坟墓。出殡时，且不顾官娼之嫌，以刺史名义向全城绅士发出了请帖，送殡的队伍竟至浩浩荡荡。这也是苏小小暂短的一生中，所得到的唯一回报吧，且是在身后。她的一生，似为红颜命薄一说的典型代表注脚。

《青楼韵语》中还载有她的一首以《赠司马栖》为题的小诗：

长天空阔雁未尽，深院落花莺更多。
发策决科君自尔，求田问舍我如何。

这位司马栖却是宋朝人，肯定是把宋朝也叫苏小小的杭州名妓苏小娟的事，穿凿附会在她身上了。苏小娟显然有相托终身之意。但风尘中人凡有才艺者，多心比天高、命比纸薄。而那些过路蜂蝶，一般玩花弄草的文人墨客们多是落花有意付流水，流水湿花水自流，一走了之的负心汉，偶有真心相爱者，也很难冲破家门、官场、人言、身份等多重阻碍得成眷属的。

苏小娟还有一首《蝶恋花》，也有称为《黄金缕》的，其词如下：

妾本钱塘江上住。花落花开，不管流年度。
燕子衔将春色去，纱窗几阵黄梅雨。

斜插犀梳云半吐，檀板轻敲，唱彻黄金缕。
望断行云无觅处，梦回明月生南浦。

也有说那位司马栖是洛阳才子，梦见小娟为他歌此曲。五年后苏东坡推荐他到杭州秦少章那里去做官，谈及此梦。秦少章建议他去西泠祭苏小小墓。从此二人阴阳合婚，幽昏三载。司马栖死后就葬在苏小娟墓侧。那位秦少章则是秦少游的弟弟，进士出身，憎厌官场，一生也就做过主簿一类的官。

苏小小与苏小娟肯定是不同朝代的两个人，但二人的遭际故事却很难分得清，权当文学来读吧。有道是：“同是天涯沦落人，相逢何必曾相识。”

32、玉树后庭花

[陈] 后主叔宝

丽宇芳林对高阁，新妆艳质本倾城。
映户凝娇乍不进，出帷含态笑相迎。
妖姬脸似花含露，玉树流光照后庭。
花开花落不长久，落红满地归寂中。

【张丽华传】

陈后主与发长七尺头悬青溪桥的张丽华

《玉树后庭花》曲词，作者是陈后主叔宝。正史《陈书》中只有与上词不同的两句：“璧月夜夜满，琼树朝朝新”。其他资料还载有“玉树后庭花，花开不复久”句。上边这首词中的前六句则见载冯梦龙的《情史》与《乐府诗集》。后人的“商女不知亡国恨，隔江犹唱后庭花”，便是指隋朝的灭陈大兵已从北方隔江压境而来，陈后主还拥着贵妃张丽华在醉生梦死地唱着《玉树后庭花》。据说这种玉树花分红白两种。

张丽华，贫家女。父兄都以织草席为业。在陈后主还是太子的时候，被选为宫人，年方十岁，主要服事于身边的龚贵嫔。史称其人特惠聪，有神采，容色端丽。发长七尺，光可鉴人，美目流盼，昭映左右。陈后主于龚贵嫔处见到了张丽华，便十分的宠爱不已，日夜陪寝。这位小女子很快便为后主生下了后来的小太子深。所以，陈后主一即位，便封她为贵妃。

陈后主，姓陈，名叔宝。字元秀，小字黄奴。为陈宣帝的嫡长子，母亲为柳皇后。陈氏祖上为大梁军帅，平定侯景之乱，救大梁于危亡之中，不久便取代大梁，改国号为陈。到了陈后主即位时，隋朝已兴起，正在一步步地扫荡江南。而其父陈宣帝此时去世，后主陈叔宝即位。正在陈后主伏棺痛哭亡故的宣帝时，他的那位野心勃勃的弟弟陈叔陵，却用铁器将他后脑击伤，亏得他的另一个弟弟与母亲、诸宫女的救护，才让他死里逃生。他的母亲柳皇后亲自指挥平息了陈叔陵的叛乱，直接处理朝政，直到他伤愈后才还政于他。

后主执政之初，尚有天子气象，任用宗族、贤臣，平定叛乱，收纳降众，虽无什么大作为，尚不失守成之主。但过了几年便开始荒于政事沉迷于声色酒马之中。虽有贤淑的沈皇后，但因其无子，年长色衰，因而渐被疏远。陈后主开始与一帮美少女荒淫度日。母后柳氏自居于皇后正殿柏梁殿，沈皇后独居于求贤殿。陈叔宝却于光昭殿前起三阁，高十数丈，三阁互相通连。三阁之豪华古今罕见，皆以沉香檀木建造，缀以金玉珠宝。晴日微风中，光照内外，香闻数里。阁下有假山树木，流水为池。阁上入夜灯火辉煌，美女联翩，笙歌曼舞，有如神宫仙境一般。

后主自住临春阁居中；张丽华居于结绮阁；孔、龚二贵妃居于望仙阁。另有二位美人、二位淑媛、七位著名宫妃轮流来侍酒、歌舞、奉寝。又以善诗文的宫女袁大舍等人为“女学士”，后主每次宴会狎客，都请各嫔妃、学士一起鬼混赋诗、填词、制曲，然后挑选美艳宫女数百上千人，唱着这些新制的曲子，一队队的轮番表演歌舞。而最著名的歌曲就是《玉树后庭花》，还有一首是《临春乐》。

在后宫中，张丽华能长久地独领风骚得宠专房，并不只因为她长得美，倚色善媚，她还有许多一般女人所不具有的本事。如：她不忌刻，一有好事，出头露面的，她总想着其他宫女，有极强的共享、同乐意识，所以人人都不恨她，自然就不攻击她，而是巴不得她能长宠不衰，大家都有好处，因为她从不害人。她还善以鬼神之术迷惑后主，而且常常弄一帮女巫来边敲鼓边跳舞让后主高兴。后主听蔡、李二宦官汇报朝政时，总是让张丽华坐在她的膝上一起听政决事，这位陈叔宝想来身体相当的好，能给人当墩座。这位张丽华还有“速记”的本事。凡是太监说不清、道不明、记不全的，她都能梳理补充得清清楚楚，从无遗脱。所以，后主凡有内外事，一定要她参加；下边有什么事都和她先说，由此，她几乎无事不知，便有了很大的话语权，后主几乎把她当成了宰相，而她便利用这种特权，与那位孔贵嫔、龚贵嫔联合“执政”，好事也办，坏事也办，只要找到她，不管是非曲直违法乱纪，她都帮忙，而且一帮准成。

陈后主在张丽华率一群美女的簇拥环抱下度过了七年的神仙生涯，却不料大隋王朝的大兵由杨素陪着太子杨广督帅从南北包抄过来。大总管贺若弼率军由扬州过京口从北路包抄过来，另一总管韩擒虎则从横江渡采石矶从南路包抄过来。陈军不堪一击，节节败退。隋军很快便兵临首都南京城下，贺军从北门，韩军从南门攻破都城，城内文武百官各自逃命，只有尚书仆射袁宪等六位大臣还在本职坚守。而后主陈叔宝却领着十来个宫妃逃出，想钻入井中避难。而滑稽的是那位袁尚书还以为他要以身殉国呢，不断劝阻，而另一位夏侯舍人则干脆用身体把井口盖住，后主很费力气才把他拉开，抱着张丽华拽着井绳溜入井中。到了深夜才被隋兵搜出。隋兵垂绳索入井向上拉人时觉得太重了。可是拉上来一看却是一起拉上了两个人。此时大隋的太子晋王杨广已进入京城，下令将张丽华斩首，并于青溪中桥悬首示众。

陈国历五代帝王，就这样灰飞烟灭了。陈后主与他的母后柳氏、皇后、嫔妃、各位公主、王子、百官、宫女，尽数从南京押送长安。那些王子、大臣们多做了隋朝的小吏、县令一类的官职。宫女分别配入后宫、分给各将帅。多被送到东都洛阳。陈后主于52岁时死于洛阳。他的母后活到83岁也死于洛阳。她的妹妹成为了隋文帝的宣华夫人，成为皇后以下第一人。但却与杨广勾勾搭搭，是杨广的宫中内助。隋文帝病重时，与杨广同侍病榻，如厕时为杨广逼奸不从，为文帝所觉，想废掉杨广，却为杨素所阻。杨广杀死文帝，又逼她率诸妃与他缔同心结，当夜奸宿于宫中，一年后死去，年方29岁。杨广还专门为她写了一首《伤神赋》。宣华夫人死后，杨广又把陈后主的沈皇后弄到身边，每次出巡都要陪同一行。杨广被宇文化及害死江都之后，沈皇后从扬州下江南，回到了故乡会稽，不知所终。那个年代女人的命运不但受时势所左右，更受男人的摆布主宰，而沉浮生死多顺其自然，就是那些力搏天命的也少有好下场，这就是在那种制度下大多数红颜才女的必然命运吧，更何况那些苍头布衣人家的女儿们呢？

33、破镜诗（外一首）

[隋]乐昌公主

徐德言： 镜与人俱去，镜归人未归。
无复姮娥影，空留半月辉。

公　主： 今日何迁次，新官对旧官。
笑啼俱不敢，方验做人难。

【乐昌公主传】

破镜重圆的乐昌公主与杨素

乐昌公主是南朝陈后主陈叔宝的妹妹，陈宣帝的女儿。自幼习诗文，长大贤淑，端庄雅美，“才色冠绝”。但择婿不屑权门纨袴，自选江南才子时为陈太子舍人的徐德言为夫。婚后政余，夫妇诗词唱和，郎才女貌，又是帝室姻戚，世人无不艳羡无比。但个人的命运永远是与国家的命运连在一起的。命，永远缺少逆运转势的伟力。

东晋南北朝割据百余年后，由北朝的隋文帝杨坚逐步一统了天下。在隋文帝的大军攻打江南时，陈国很快被消灭，宗室被掠至隋都长安，乐昌公主自然在内。二人临别前都知道前途黯然未卜，但谁也不甘心就此了断情缘。徐德言将台前铜镜断为两半，两人各收一半，并在送与公主的半镜上题下了这首《破镜诗》，并说道：公主入长安，必入贵人之家；而我则生死不卜。相约公主到长安后，每年正月十五派人持半镜到街市上高价叫卖，自己如果有生存的可能，必去长安寻找，一切以镜合为信。二人依依不舍，洒泪而别，心中真是一番天昏地暗生离死别般的滋味翻转。

乐昌公主随亡陈宗室一起来到长安，被分配给越国公杨素府中使唤。杨素见其公主身份、才貌双绝，就纳为了妾妇。而陈德言已成国破家亡之人无处存身，只能怀揣半面铜镜，四处流亡。也有说他被关进牢房囚禁的。对于国破家亡的陈德言而言，支撑他于艰难竭蹶、颠沛流离中生存下来的唯一支柱，也只有那半面铜镜了。

与乐昌公主同入长安的还有一位姐妹宁远公主，成了隋文帝的宠妃宣华夫人；而乐昌公主则是隋朝权臣杨素的宠妾。这杨素也不是等闲之人，出身于北魏、北周名将世家，跟随同是北周名将重臣的杨坚取代了北周静帝，与杨坚共打天下。隋军灭陈时的统帅就是杨素。杨素率水军自长江顺流东下时，舳舻遮江，帆樯连云，杨素金甲戎装端坐大船之上，两岸军民竟视为江神临降。灭陈班师回朝，杨素便被升任副丞相，封为越国公。

杨素虽久历戎马，身兼将相，却是诗乡中人。早年戍守北方边地时曾有一首《出塞》诗，深为世人称道：

荒塞空千里，孤城绝四邻。
树寒偏易古，草衰恒不春。

其实此诗颇显小家子气，看不出什么大丈夫襟怀，但总非一般行武粗人可比。杨素每每散朝之后，军政暇余之时，二人总有诗词唱和之时。乐昌公主虽不为寂寞，但总是怀念江南故国，想望昔日故人，时时以半镜自揽，睹物思人，黯然泪落。大隋的越国公府虽然不逊于昔日的陈朝驸马府，但总有度日如年，一日三秋之感。

越公府中虽自见花开叶落，却不觉乌逐月飞；花烛帐里虽不乏诗侣情话，怎耐得参横斗转，转眼间已过了新春佳节，又是一年的元宵时节。虽然是每逢佳节倍思亲，但乐昌公主也只能是日日揣摩着那半面铜镜，正月十五一早，便派了府中的一位老苍头，携着那半面铜镜，千叮咛万嘱咐，一直看着老奴出得府门才回。

那位老苍头真个是拿着半面铜镜，专向市井人众处高声天价叫卖，直令人人咋舌摇头侧目而去。而这位乐昌公主在府中真是望眼欲穿又不敢多想，强挨到日落黄昏，见老苍头无精打采而归，心中自是一瓢凉水泼下，化做了两腮的珠泪纷纷。到了此际，公主心中已全无相见的奢望，却只惦挂起丈夫的生死存亡来了。人啊，也是希望越大，失望也深，而人又有退而求其次的本能。也正是这种种不同的欲念希望的存在，便搅得这芸芸众生日日不得安宁，更何况这国破家亡之人呢？可悲的是第二年的正月十五，老苍头依然是无所觅获而归。

乐昌公主此时已不再是失望，而是有些绝望。在那个年代兵荒马乱、交通塞绝，多少人家一朝分手便是终生永诀呢？所以世人又有言：“宁为太平之鸡犬，不为乱世之王侯。”而生于盛世之人又有几个知其所当乐呢？人的欲望总是落水思命，得命思财的水涨船高，正如西方的心理学家马斯洛所言：当人的一种欲望满足了 25% 以后，另一种更高的欲望便随之产生。好可怕的人之类，这个世界有这个类的存在，便永无宁日了；而人只要有欲念的存在，就要一生的劳苦奔竞了，认命吧！这是上帝把亚当、夏娃逐出伊甸园后，给定的人类命运。

天下事未必有情人终成眷属，但总有幸运女神惠顾那些个幸运之人。到了第三年的正月十五，尽管乐昌公主早已不抱希望了，但仍如约派老苍头去再辛苦一次。到了宿鸟啾啾归巢，府门华灯初上，满城烟花爆竹燃放的时候，老苍头一脸风尘色回来，把那包着半面铜镜的包袱还给了公主。乐昌公主心中早已是凉了半截。但接过包袱时，却觉得沉重了许多，心中那份惊喜竟如府外满天的烟花四射，不等太上老君的急急如律令，便将包袱摊开，只见两半铜镜叠在一起，拿起来一对合，裂缝处牙对牙齿对齿，竟然不差毫厘，且镜下压着一笺题写着那首诗的笺页。乐昌公主看着那一个个熟悉的笔迹字体，如见其人般地百感交集，竟然扑簌簌地两行泪下凝咽无语，直到越公府中的元宵夜宴开始时，乐昌公主竟全然忘却而足未出户。

这位越国公老杨素忙派人去请，回报却说公主身体不适而告免。越国公觉得有异，便唤使女来细问缘故。使女只知公主抱着破镜在流涕而不知就里。杨素是何等人？一听铜镜之说，便离开厅堂，亲往乐昌公主所居的别院去查看究竟。乐昌公主恒心下定而毫不隐瞒地和盘托出旧情物事，并跪求杨素开恩允准与前夫见上一面。

这杨素虽贵为国公丞相，但素来并不深妒。听完公主的泣诉之后，竟然同意了公主的要求。却说那位千里寻妻的徐德言在驿舍中，一个人回想着白日里在街头疯狂卖镜，与老苍头相遇对镜，又知公主已嫁与越国公为妾，心中已是毫无希望，甚至自知此行尚伏杀身之祸。但心中并无一毫畏惧，已是九死一生之人，这次无论如何要等到公主的回信才可定行止。这三年来经历了多少苦难？真个是冷冷清清凄凄惨惨切切，而一切只为这一天的到来，谈何容易？怎肯轻易离去。

第二天，徐德言正在犹疑彷徨之间，却见昨日的老苍头，引着两位官差模样的人来到驿舍相请。此时的徐德言何计生死祸福？已是只望见到公主一面，虽死不辞的了。

到了丞相府中，这位昔日的陈国驸马爷徐德言以亡国之臣的身份拜见了杨素。杨素见其风尘褴褛之态中仍掩不住一表人才的模样，心中顿生三分怜惜。毕竟是昔日的驸马爷，如此布衣芒鞋，衣衫不整，怎好与公主相见？便命人带去后堂洗浴更衣。一边备下酒席，请公主与徐驸马入席相见。杨素见二人难堪无言，便命公主即席赋诗一首。公主悲不自胜，不得辞托，便强忍泪水，随口吟了一首五言诗：

今日何迁次？新官对旧官。

哭啼俱不敢，方验做人难。

杨素闻言，便托故更衣，踱出了厅堂，于院中闲步思索，也是另有一番滋味在心头。多少年来，一国一国的平灭，不知造就了多少生死离愁。徐德言、乐昌公主互诉离情别绪，公主称无可再续前缘，望前夫再择佳偶；而徐德言则称见一面已了心愿，又有何期？再回江南后便遁入空门，于青灯古佛前了此一生。二人忍不住啼泣悲切之声，呜呜咽咽地传到了庭院之中。竟然让这位杀人无算、戎马半生的老丞相动了一片恻隐之心，允许他们破镜重圆。

二人在杨素的帮助下，回到了江南故园，并得到了地方发还徐家旧产，安居下来。可是这一番“破镜重圆”的故事却耸动了大江南北，蔚为传奇，惹得访客不断。二人便迁居到姑苏城中的绿杨源居中隐居起来。可是怎么隐居得了？江南自东晋以来，已是才子、墨客聚集之地，仍如鹊乌般闻风扑影而来。迫得二人乘了一艘客船，竟然以船为家，过上了水上云游的生涯而一任佳话在民间流传。

后来，两人闻知杨素寿终正寝，不久又被炀帝满门抄灭，只能于江湖之上水祭遥奠。后来又经历了唐灭隋的变迁，直到贞观十年，夫妻二人又共同生活了三十余年后才双双同时撒手人世尘寰，魂归离恨九天。虽然那两半铜镜已随葬黄泉，而“破镜重圆”的故事，却经由历代的文人骚客笔墨相传到如今。

34、遗命自感诗（三首）

[隋]侯夫人

庭绝王辇迹，芳草渐成窠。
隐隐闻箫鼓，君恩何处多。

欲泣不成泪，悲来反强歌。
庭花方烂漫，无计奈春何。

春荫正无际，独肯意如何？
不及闲花草，翻成雨露多。

【侯夫人传】

天下第一淫君隋炀帝与死乃一见的侯夫人

侯夫人，隋炀帝杨广的宫妃，身世不详。虽貌美绝色，但多年不得奉见炀帝，自杀身亡后，方得炀帝一见一叹“色如桃花”。

隋炀帝以种种阴谋手段，阳奉以正，而在政治上打败了其兄杨勇，得以替立为太子。得势后便原形毕露，杀父奸母而急不可待于国丧父忧之当夜，蹂躏后宫于数月，仍不嫌足，仍不断搜罗天下美女，充塞后宫，供其发泄兽性，建造了许多淫室、淫车、淫具。尤其对先王的宫妃、江南亡国的各宫女眷倍感兴趣，由宫监们向他推荐宫中美色而行幸享乐，整日只沉迷于女色之中，而不理国政。

上有所好，下必奉焉。内侍高昌见炀帝如此荒淫好色，便请人绘制了图纸，帮他建造了一座“迷楼”，有如弥诺斯迷宫一般，而豪华侈靡则远非其比。诏选良家美女数千充于迷楼之中，并造童女车、如意车。绘男女交合图十巨幅，悬挂楼阁之中。后又铸乌铜屏数十面，每屏高五尺宽三尺，磨成铜镜屏，置于他随时可性交玩乐的各种场所，有如凡尔赛宫的镜殿尚大大过之。而杨广则日溺其间，一入楼则常经月不出。任其铁打钢铸之身，终有不堪之时。

此时，有一内侍近臣王义，见杨广已近崩溃于酒色，便劝他道：“臣闻精气为人之聪明所在，所以能积实以内，必神清于外。陛下如此日夕不眠，数年声色无数，以有限之体而投无尽之色、无尽之欲中，自非长寿祈福之道。我听说从前有一野叟，整日只一个人旋舞于巨石之上，人问之为何独乐？他回答道：‘人生有三乐：其一，生于太平之世；其二，能得身体完备无所缺失；其三，长寿于此世。尔今我四体五官全备，已有80余岁，而又处于不见刀兵之时，又有何不乐呢？’陛下贵为帝王，所思自当远出于山中野叟之上，为臣不敢冒犯天颜，请自三思。”

没想到这位昏君非但没怪罪这位王义，思考了一夜，反而大加表扬，并命王义在后宫中选一静室，自己独居其中。这位王义心中暗想，真是天下明君啊！可是到了第三天，杨广跑了出来，并说道：“要是这样活法，就是活到一千岁一万岁又有何用？”便又回到后宫中去淫乱起来。但他哪里淫得过来啊？后宫女子已达两三万人。又忽传有一侯夫人悬梁自尽，便亲自去查看。却发现此女臂上掛一锦袋，袋中乃是一卷诗稿，除了前面的三首外，还有两首《观梅诗》：

砌雪无消日，捲帘时自颦。
庭梅对我有怜意，先露枝头一点春。

香清寒艳好，谁惜是天真？

玉梅谢后阳和至，散与群芳自在春。

又有《艳异编》所载《妆成诗》《遣意诗》《自伤诗》如下：

妆成多自惜，梦好却成悲。
不及杨花意，春来到处飞。

秘调扃仙丹，雕窗锁玉人。
毛君真可戮，不肯写昭君。

初入承明日，深深报未央。
长门七八载，无复见君王。
春寒入骨清，独卧愁空房。
飒履步庭下，幽怀空感伤。
平日新爱惜，自待聊非常。
色美反成弃，命薄何可量。
君恩实疏远，妾意徒彷徨。
家岂无骨肉，偏亲老北堂。
此身无羽翼，何计出高墙?
性命诚所重，弃割良可伤。
悬帛朱栋上，肝肠如沸汤。
引颈又自惜，若有丝牵肠。
毅然就死地，从此归冥乡。

杨广读罢其诗，自有所感伤。及视其尸则不禁叹道“此已死，颜色犹美如桃花”。但却不知悔咎自身，反而对掌管后宫的中使许廷辅说道：“朕向遣汝择后宫女入迷楼，你为什么把这么美的人弃在一边呢？”到了此时，面对人命关天，竟然仍想着淫欲之事，真真是淫魔昏君了，而且下令这位中使（宦官）许大人就地自尽。之后马上又从后宫中选出美女百人送入迷楼之中，供他一个一个地去“施恩”了。而且服用道士进献的大丹，三天三夜竟然把一百宫女尽数“施恩”一遍，以至他得了焦渴症，日饮百杯而仍渴不止，而大量用冰。乃至京师为之冰贵。直到死于江都后，李唐兵至，才把这座迷楼烧毁，把宫女放出。

35、双果合欢诗

[隋]吴绛仙

炀帝：旧曲歌桃叶，新妆艳落梅。
将身倚轻楫，知是渡江来。

绛仙：驿骑传双果，君王宠念深。
争知辞帝显，无复合欢心。

【吴绛仙传】

隋炀帝称秀色可餐女相如的殿角女吴绛仙

吴绛仙，隋宫中的“殿角女”，是宫中御用玉工万群之妻。隋炀帝驾幸江都时，自乘龙舟；萧妃所乘凤舟。一天，隋炀帝要到凤舟上看望萧妃，在凤舟前扶着一位“殿角女”的肩膀上船时，发现此女特别柔丽，与众大大不同，而且一双长长的蛾眉也十分好看。隋炀帝竟然站在那里看了很久而未移步。

回到龙舟后，问知其名为吴绛仙。便传召吴绛仙入船，想封她为宫妃。但吴绛仙称已嫁与万群为妻。这位淫王竟然由此作罢，只是把她提升到龙舟上的首席侍女，赠号为崆峒夫人，而不让她再去干那“殿脚女”的奴才活了。

那些宫女们以为吴绛仙是因为用螺子黛画了长娥眉才得宠的，竟然满宫中都画起长娥眉来，一天用去五斛螺子黛，以至宫中竟然供应不上那种“螺子黛”

了。因为这种娥绿色的螺子黛是从波斯国进口的，很昂贵，后来便用铜黛来滥竽充数，只有吴絳仙仍得以专用。隋炀帝经常是倚帘欣赏吴絳仙，久久不去。并对身边的侍者们说：“古人言秀色若可餐，如绛仙真可乐饥矣！”并吟诗一首《持楫》赐与吴绛仙：

旧曲歌桃叶，新妆艳落梅。

将身倚轻楫，知是渡江来。

而且还传令那些随船而行的殿脚女一千余人都来唱这支曲子。到了江都（扬州），住进了行宫中，有将官进贡了一对瓜州的合欢果，也就是一枝双果。隋炀帝便派小黄门专骑将这合欢果送到吴绛仙那里，吴绛仙便用红色的笺纸写了那首双果合欢诗。炀帝读诗后叹道：“绛仙真女相如，不独貌也。”

当时，越溪地方进贡了一种“耀光绫”，绫面光彩夺目，有绫纹突起，特别漂亮。传说越国人乘驾一种樵风舟，泛流石帆山下，收野茧缫丝，缫丝女梦见神人对她说：“禹穴三千年一开，你所得到的野茧，就是前朝诗人江淹诗集中所写的壁鱼所化。以此丝织衣，自生奇纹。”织女织成布后果然奇美无比。隋炀帝也把这种绫布专赐与吴絳仙一人，而其他人都得不到。

至于这位由殿角女而升任为崆峒夫人的吴绛仙的命运是何结局却不可得知。既然隋炀帝在江都为兵变所杀，那么这位如此受宠于隋炀帝的女人，似很难得全于变乱之中。

36、红拂歌

[唐]张出尘

滚滚征尘，重重离思，迢迢去程无际。
无奈茕茕燕西飞，伯劳东去，教人心折临歧。
只怕萧条虚乡绣户，难打发，门掩梨花夜雨时。

【张出尘传】

大唐战神李靖与风尘侠女红拂

红拂女，本名张出尘。初为南北朝时陈国的宫女，因其习惯于手执红色拂尘，又被称为红拂女。陈被隋灭掉后，陈的皇后被隋文帝封为自己的后妃，把乐昌公主与红拂等宫女便赐给了征陈主帅越国公杨素。这位越国公虽然妻妾成群、美女如云，但却十分宠幸这位宫女与乐昌公主。乐昌公主破镜重圆离府后，红拂女便更受宠幸了。但在越国公府中，红拂女的地位始终很低，不过一歌妓而已。虽然她并不甘于命运的播弄，虽然她已看透杨素强弩之末的无所作为，但她也只能寄寓于杨府，等候、寻找改变命运的机遇。而正在她等候、寻找的时候，有一位同是寻找者的后来的大唐开国元勋寻到了杨府。

一日，红拂女正在与杨素闲棋对弈，门人进来报称韩擒虎的外甥求见。这韩擒虎也是与杨素同殿称臣的大隋一代名将，只是已驾鹤西去。听说故人的子侄来投，不管如何总得一见。但心中先有了三分不快的阴云在寸起尺升，莫不是又来走后门求进取的无能之辈？所以对来人并不想给予礼遇，而是斜卧于坐椅上见他，这是相当无礼的。没想到此人非但不气馁，且正色说道：“如今天下豪杰并起，大乱在即，正是英雄有用武之地之时。大人身为朝中重臣，当以收罗豪杰为己任，似不太该以如此方式见客吧！”杨素闻此言如梦中惊醒一般，马上以礼相见，并致歉。但他哪里能想到此人正是唐代后来的军事家卫国公，图形凌烟阁的李靖呢？但古今有几人能识得英雄于未起时的草莽之中呢？松柏之苗与野草初生，虽已自是不同，但不识者自然视同。

这位李靖是西北雍州三原人士，名药师。本是魏、隋两朝名将之后，少年英武，胸藏机略，曾对亲友言称：“大丈夫若遇主逢时，必当立功立事，以取富贵。”而他的舅父历史上的名将韩擒虎在世时，与他谈论军事后，曾抚着他的背说道：“可与相论孙、吴之术者，惟斯人矣。”但那时他也只能做个小县吏。而此次来见杨素也无非如杨素所料：求取功名富贵而已。但两人交谈后却令杨素真的对他刮目相看，并拍着自己的椅子对他说道：“卿终当坐此。”意思是你将来一定会成为将相之材，会坐到我的位子上。因为杨素当时已是大隋的出将入相之人。但杨素并没有任用他。李靖也看出了此人并非大有可为之人，只是一个满足于权贵即得之享位者，便很失望地离去。但他并不虚此行，正所谓上帝从不予人以二，但必予其一。

就在李靖一个人冷冷清清地回到客栈的深夜，突然被一阵轻轻的敲门声从梦中惊醒。开门一见，却是化了装的红拂女来到了他的身边。原来李靖在与杨素交谈时，红拂女便认定了李靖是一个可以托付终身的英雄。在他告辞时，红拂便派了心腹之人跟踪探清了他的住址。到了深夜，一个人化装易服来投李靖。两个人便连夜一骑私奔出城。杨素虽然出于面子上的考虑，四处张榜悬捕，但并不认真。就在此前，不但允许他最宠爱的乐昌公主破镜重圆，而且还允许一批女妾歌妓从良或归家。所以对红拂私奔并不认真缉拿，更何况对李靖又是十分的欣赏。

李靖不久便又出任为大隋的地方小吏。他知道后来的唐高祖，当时的唐国公李渊有天下之志，便单骑奔赴江都告密，因道路不通而阻于长安。告密不成，但却被李渊知道了。所以，当李渊起兵后攻破长安时，把他捉住就要杀掉。李靖却毫不畏惧地大喊：“公起义兵，本为除暴安良，你难道不想成大事，而以私怨杀壮士吗？”李世民在一旁也替他向父亲求情，李渊也为他的言语所感，就放了他。而李世民则将他收入在自己的幕府中效力。

不久，李靖便积军功不断升职。但在攻打萧铣时，兵阻硖州，日久无功，高祖李渊密令硖州都督许绍将他斩首。许绍怜惜人才，为他请命，才得以逃此一劫。后来开州又有叛乱发生，李靖只率800士兵大破敌营，俘获五千余人，李渊大为嘉赏，并对众臣感叹道：“朕闻使功不如使过，李靖果展其策。”同时又致信李靖说：“既往不咎，旧事吾久忘之矣。勿忧富贵也。”不久，又升任他为行军总管，统帅三军。李靖不断取胜，平灭了一股股与李唐争天下的军事势力，以至高祖李渊评价道：“李靖是萧铣、辅公祏膏肓，古之名将韩、白、卫、霍岂能及也。”李渊所说的前二者为当时的著名农民义军领袖；后四者为秦汉名将韩信、白起、卫青、霍去病。

李世民继位为太宗，先后任李靖为刑部尚书、中书令、兵部尚书。李靖曾以三千轻骑孤军深入北方，大破突厥。突厥可汗仅以身免。李靖因功封代国公。唐太宗夸奖他：“卿以三千轻骑深入虏庭，克服定襄，威振北狄，古今所未有，足报往年渭水之役。”不久又以一万人大破颉利可汗，俘众十余万，把国土扩张到阴山北至于大漠。至此，唐朝初起之时曾对突厥称臣之耻得以尽雪。唐太宗高兴的不得了，便升任他为尚书右仆射，相当于副宰相之位。但李靖从不居功自傲，凡言事议政，“恂恂然似不能言。”

贞观八年，李靖以足疾上书请求退休，言词恳对，令唐太宗十分感动，竟派中书侍郎岑文本去李府传口谕：“朕观自古以来，身居富贵，能知止足者甚少。

不问愚智，莫能自知，才虽不堪，强欲居职，纵有疾病，犹自勉强。公能识达大体，深足可嘉。朕今非直成公雅志，欲以公为一代楷模。”然后下诏批准退休，但仍请他三两日入朝视政。这一年，他已 63 岁。

不久，北方的吐谷浑部族又来犯境，唐太宗又想起了李靖，但不忍心再令他出征，便对大臣们叹息道：“有李靖为帅就好了啊！”李靖知道后便找到宰相房玄龄主动请战。唐太宗大喜，便令自己的叔叔任城王李道宗并三位大都督、总管都归他指挥，经大小数十战，大破其国，平定了吐谷浑。

贞观十一年，李靖由代国公改封卫国公。贞观十四年，在李靖 69 岁时，红拂女张出尘在李靖身边去世，年尚不足 60 岁。又过 10 年，李靖在 79 岁时去世前，唐太宗称他“南平吴会，北清沙漠、西定慕容”。去世后图形凌烟阁。红拂女先后受封为代国公夫人，卫国公夫人。据说红拂女在杨素府中整理了大批兵书战策精华，又遇虬髯客张仲坚，结为兄妹，得其兵书传授，因而深通兵书战策，半生随李靖征战在侧，为他出了许多谋略。而后代文学家们则依此创作了《风尘三侠》的戏剧、故事广为流传。而前面那首诗便是这一类文学作品中，红拂女送别李靖出征的诗歌。

37、拟小山篇

[唐]徐贤妃

仰幽岩而流盼，抚桂枝以凝想。
将千龄兮此遇，荃何为兮独往。

【徐贤妃传】

以性命酬所爱的神童才女名妃徐惠

徐贤妃，唐太宗的妃子，名徐惠。是右散骑常侍徐坚的姑姑，父名徐厚德。家教开蒙甚早。此女生下来五个月便会说话，父亲在她很小时，便教他习诵《诗经》《楚辞》，四岁便开始学读《论语》。八岁时，写下了上面《拟小山篇》这样的骚体诗，连她的父亲都十分吃惊。尔后又遍涉经史，其少年才情满朝盛传。唐太宗闻名，便召入宫中纳为才人。因其才情高秉，不断地升为婕妤、充容。并上书给唐太宗，谏称：“守初保末，圣哲罕兼。是知业大者易骄，愿陛下难之；善始者难终，愿陛下易之。”“有道之君，以逸逸人；无道之君，以乐乐身”。虽人微但言并不因人而轻，很受太宗赏识。徐惠也很爱太宗。太宗去世后，徐惠思爱成病但却不肯医治，对亲人说：“我受恩深，宁愿早亡，以魂灵为陛下去守园寝。”年二十四岁便过早地结束了自己的一生。

据《纪事》所载：长安崇圣寺曾辟有“贤妃妆殿”，所纪之事为惠妃初入宫时，太宗召见，许久而不至，太宗大怒。但惠妃却送给太宗一首诗：

朝来临镜台，妆罢暂徘徊。

千金始一笑，一召讵能来？

意思是说：为了见陛下，我在梳妆台前认真打扮了一番，又在镜前看来看去，不就晚了一会儿吗？更何况千金才能买美女一笑，而我徐惠岂是那种只需招呼一次就能跑来的人吗？这样一幽默，反把太宗说乐了。足见徐惠的智慧通达，而不只会吟诗弄文、美丽漂亮。《全唐诗》还收录了徐惠的几首诗：

旧爱柏梁台，新宠昭阳殿。

守分辞芳辇，含情泣团扇。

一朝歌舞荣，夙夕诗书贱。

颓恩诚已矣，覆水难重荐。（《长门怨》）

秋风起函谷，劲气动河山。

偃松千岭上，杂雨二陵间。

低云愁广隰，落日惨重关。

此时飘紫气，应验真人还。（《秋风函谷关应诏》）

由来称独立，本自号倾城。

柳叶眉间发，桃花脸上生。

腕摇金钏响，步转玉环鸣。

纤腰宜宝袜，红衫艳织成。

悬知一顾重，别觉舞腰轻。（《赋得北方有佳人》）

那么，徐惠为什么称“贤妃”呢？这不是尊称，而是唐后宫的一个品级。

①自皇后以下，设贵妃、淑妃、德妃、贤妃各一人，合称“四妃”，是正一品的级别，四妃都可以称为夫人；②正二品的有昭仪、昭容、昭媛、修仪、修容、修媛、充仪、充容、充媛各一人，这九位合称为“九嫔”；③婕妤九人，为正三品；④美人九位，为正四品；⑤才人九位，正五品。以下又分宝林、御女、采女各27人，分别为六、七、八品。其余宫女则分署各司，基本上是管理御用服饰起居的侍女，而皇帝则可以随时任意选用。到了玄宗时代，则皇后以下只设三妃为一品；芳仪六人为二品；四美人为三品；七才人为四品；尚宫、尚仪、尚服各二人为五品。六品以下则各司随职典为序。

观徐贤妃的一生足证，对于一个女人而言，容貌美丑、才情高低，是关乎她们命运的重要因素，但最重要的是她们的智慧与德行。尤其是她《赋得北方有佳人》一诗，足见其心性，而那首回太宗的“镜台”诗则见其智慧、天真、通达。只是以性命而酬感恩，则是对生命的一种戕害，令人为之叹息。

38、离别难

[唐]武后宫人

此别难重陈，花飞复恋人。
来时梅覆雪，去日柳含春。
物候催行客，归途淑气新。
剡川今已远，魂梦暗相亲。

【武后宫人传】

“花飞复恋人”的武朝罪妇

武后宫人，姓名不详。生于武则天时代的浙江剡溪，为一乡美女，择乡中才俊少年为夫。丈夫后来得以仕途为官，此女只身在家中守候，虽然空闺难挨，但希望总有一天会鸾凤合鸣于一堂。想不到盼来盼去的并不是丈夫来接她的车马，却是朝中来拘捕她的衙役。

原来是丈夫在官场被他人诬陷入狱，妻子同时被判发配掖庭。这“掖庭”乃是后宫中杂役佣妇所居住的一个小角落中的房屋，所以称“掖庭”。后宫有时也统称掖庭。此妇入宫因为当时朝中武后执政，所以《全唐诗》称其为“武后宫人”。

丈夫在官所被捕入狱，自己却被只身发配到宫中去作劳役，心中自是悲苦无依。在发配赴京的路上，故乡剡溪的山水渐行渐远，不仅乡土难离，更怀念牵系狱中的丈夫，因而写下了这首诗。诗中既无呼天抢地之悲愤，又无怨天尤人之恨衍。一切是那么坦然，直有如常人的一次出门远游而已。但“花飞复恋人”、“魂梦暗相亲”却足以令人伤叹不已。

天下凡当途主宰者，掌刑狱之人，办案不可轻易判断，须知判一人而毁一家。虽有不照覆盆之下，难辨秋毫之末之时，但自古有罚疑从轻之法则。若天下人皆生害人于不实之心而达自己的私欲；办案者只图邀功或图讼者之利，那么人类便人非其类了。

39、宿鸟惊眠

[唐] 杨容华

宿鸟惊眠罢，房栊乘晓开。
凤钗金作缕，鸾镜玉为台。
妆似临池出，人疑月下来。
自怜终不见，欲去复徘徊。

【杨容华传】

好为新妆诗的杨炯之女侄

杨容华，初唐诗坛四杰杨炯之女侄，自幼善文，好为新妆诗，时人多有相传。诗载于《稗史》《全唐诗》。此诗即似新妆诗。首联点明时间地点，人为鸟啼唤醒，一大早便于房中打开梳妆台；颔联交代梳妆饰品为金缕凤钗，工具为玉台铜镜；颈联最妙，写梳妆后的人如出水芙蓉，嫦娥临凡，而又不明说，以“临池出”、“月下来”而指喻。尾联似有抱怨意，有道是女为悦己者容，可惜的是这么好的美人却不得夫见，想自己送上门去，又犹豫不定。

40、如意娘

[唐] 武则天

看朱成碧思纷纷，憔悴支离为忆君。
不信比来长下泪，开箱验取石榴裙。

【武则天传】

残忍无匹的一袭铁血“石榴裙”

武则天，山西并州文水人。父亲武士彟，隋朝大业末年的鹰扬府卫队的小队长，唐高祖的好朋友，随李氏起义军转战。唐太宗时代任工部尚书、荆州都督，封应国公。

武则天在十四岁时，被唐太宗立为自己的才人。此时长孙皇后已去世。她的母亲杨氏是其父的第二房夫人，生有她们姐妹三人。其姐嫁于贺兰氏，生子贺兰敏之并一女，寡居。她的大母生有武元庆、武元爽二子。她是三姐妹中的老二。她的母亲听说女儿要入宫便直落泪。可是这位十四岁的小姑娘却大言不惭地说道：“见天子怎么知道不是福分呢？又何必做如此儿女之态？”杨氏才止住哭泣。

武则天入宫，就得以临幸侍寝，并被唐太宗直接立为五品才人，很是宠爱，并赐给她一个“武媚娘”的称号。但这个媚娘却是个极不守妇道的小淫妇，在为太宗侍病期间，就与太宗的儿子，未来的高宗李治在东厢房同床而欢了。她不只是淫荡，而是要趁亮好找宿，要在太宗身后找一个靠山，找一个政治寄主。太宗一息奄奄，太子自该前来病榻前服侍，她也须不离左右，真是天赐良机。前夫未去便已为自己找到了新夫，这个小女子何止一个媚字，一个淫字了得？

不管怎样海誓山盟，毕竟有名份伦理所在，太宗虽去世，却已遗命他所临幸过的女人进入空门，不得留在宫中。于是，高宗便安排武媚娘到感业寺出家为尼，还安排了一批嫔御去陪她出家。感业寺虽然很近，但这高宗毕竟还有王皇后与萧淑妃在侧，也只能暂时如此以掩人耳目，守过三年国丧后便迎入宫中。适逢王皇后与萧淑妃争宠，便引武则天为帮手，立为昭仪，又号为宸妃。表面与王皇后百般逢迎，却心存阴毒。不久生下一女，武则天却精心设计，将此女捏死，用被盖好，却请高宗来一起看女儿，诬为王皇后所害。高宗因其总是与萧、武二妃争宠，便信以为真，把王皇后废掉，把萧淑妃也废掉，并把她们二人囚禁起来。立武则天为皇后。而把反对派长孙无忌、储遂良等罢官流放。人称武则天此时是“城寓深阻，柔屈不耻，以就大事”。而高宗却以为她能奉事自己。

高宗虽然废囚了王皇后、萧淑妃，心中自有不安。一位是结发夫妻，一位是不久前的宠妃，便前去看望。一见四壁森然，只有一送饭口可透气，心下恻然，便问道：“皇后、良娣无恙乎？”二人回答道：“我们已废弃为奴，何得此尊称？如果还念往日情分，便让我们来世见见天日。就把这里称为‘回心院’吧！”两个女人呜咽不止。高宗说：“朕就有处置。”他处置什么呀？此时的武则天已经把他治得老老实实，柳顺条杨了。高宗走后，武则天马上派人来，把两个女人各打二百杖，把她们的手、脚全剁下来，又把她们的臂与腿扣头捆上，窝成一团，塞入大酒瓮中，并说：“让这两个老妪骨醉数日、死苏其尸。”其残忍如此，几如汉高吕后故事。而萧淑妃死前则大骂：“愿阿武为鼠，吾作猫儿，生生扼其喉！”而武则天则做贼心虚且迷信，就此下令宫中，从此不许养猫。但仍日夜见二后妃披发沥血来向她索命，而屡换住处仍不可解，请法师作法驱邪也无效，所以武则天便很少在长安，多居于东都洛阳。后来，她又请道士入宫作法，李治知道后大怒，便想废掉她，去征求上官仪的意见。西台侍郎上官仪说她专横，不可为天下母。高宗李治便命草诏废武则天为庶人。

然而正在起草圣旨时，便有人飞报武则天。武则天马上跑到高宗面前又哭又闹，当然是用软刀子扎人加撒泼。弄得高宗无奈，便说："这是上官仪教我的。"武则天便命许敬宗罗织罪名把上官仪杀掉。从此，高宗不但废后不成，连大权都旁落于她，朝臣上书必称"二圣"。高宗每临朝，武则天必垂帘在侧，生杀予夺，均听武后责断是决。大封母家武氏一族。把她姐姐贺兰氏封为韩国夫人，把贺兰氏的女儿封为魏国夫人。没想到这个魏国夫人母女二人都被高宗看上了，日夜与其宣淫。武则天的卧榻之旁岂容她女酣睡？便用堇毒把魏国夫人害死，把她的女儿也害死，并嫁罪于从前不以礼待她们母女的从兄弟，又杀了一批她不喜欢的人。并借故把得罪过她们母女的两个异母哥哥全部流放到岭南死在那里。而以姐姐的儿子贺兰敏之为她母家的后嗣，赐姓武，封为周国公兰台令。

武则天为什么把武氏一族子孙灭绝，而取贺兰敏之为香火继承人呢？因为这个敏之，长得很英俊，但他并不是好东西，不但长期与他的姥姥也就是武则天的母亲杨氏通奸，而且入宫不久便强奸了准备立为太子妃的杨氏女；太平公主来到他们家，随行的侍女，被他逐个强奸。武则天忍无可忍便把他流放到了雷州，途中又派人用马缰把他勒死。贺兰敏之死后，无人继承她家香火，便又选了被她害死的异母兄长的儿子，赐名武承嗣来继嗣。

上元元年，高宗称天皇，她称天后。太子李弘向高宗说，萧淑妃所生的宣城公主姐妹已快四十岁了，还在软禁而未嫁，便直接请示父皇让两位公主出嫁。武则天知道后大怒，不但把二女随意分配给宫中卫队的武官，而且竟因此把太子，也是她的亲生子杀掉。高宗想让位于她，大臣们不许。不久，高宗害头疼病不治去世。中宗继位，武则天称皇太后。不久便废中宗为庐陵王，自己临朝，以睿宗继位，而事实上是将他软禁起来，仍由自己临朝亲政。英国公徐敬业、骆宾王起兵，发通告揭露她的丑行，她一笑而已，反称文章写得好，怪有司埋没了骆宾王这样的人才。

后来，武则天大屠李氏子女与功臣忠臣，改国号为周，自称圣神皇帝，立武氏七庙，以武姓为国姓。又引老情夫冯小宝（薛怀义）入宫，执国政，连武三思、武承嗣都要对他毕恭毕敬。并令其造大佛像，一个佛指甲里可容数十人，起建“天堂”来容纳这座大佛像，日役万夫，历时数年始成，耗国库数以万亿计。御使周矩想捕治薛怀义，却被武后当堂唤走。又画大佛像，光佛头就高有二百丈。而沈太医以阳具硕大而见幸于武后，薛怀义恼羞成怒，夜放火烧了装大佛像的天堂。火光如昼，暴风把大佛像撕裂为数百段。武后明称工匠失火，而暗中派人将薛怀义杀死。又于端门外造铜铁合铸的大柱高百余尺，称之为天枢。四面围铸铁山，上刻武后功德及万方各国名号。直把一个赫赫大唐弄得乌烟瘴气。

武则天不管怎样忙碌，但忘不了一个淫字。薛怀义死后，由太平公主推荐张昌宗侍寝禁中，张昌宗又推荐他的哥哥张易之比他更伟大，也入宫成为武后的男妓。兄称五郎，弟称六郎，同侍一位老太婆。而武老太婆仍不满足，又选了许多美壮少年住宫内供奉，供她玩乐。大臣朱敬则进谏称“志不可满，乐不可极”，并向她通报了内外传播的种种丑闻，她却说：“你不告诉我，还真不知道呢！”仍旧为所欲为，淫乱不堪。

后来，亲李氏的大臣张柬之、崔玄暐、敬晖、桓彦范、袁恕己等，会同一班武将诛杀了张氏兄弟，拥立太子来到武后所居的长生殿。武则天惊起忙问“乱者谁耶？”张柬之等称：“张昌宗等谋反，奉太子令已诛杀。”武则天看到了太子便说：“是你啊！小子既诛，请还东宫吧！”桓彦范却上前说道：“太子是不能回东宫的。先帝以爱子托陛下，如今太子年岁已长，久居东宫，天意人心皆思李氏，愿陛下传位太子。”82岁武则天不得已传位于太子，太子即位为中宗，自己被迁居到上阳宫，不到一年便死去。从十几岁开始，一直淫乱到八十多岁，也是古今奇丑奇闻。

武则天为李氏生了四子二女：长子李弘、次子李贤，三子李显，四子李旦；长女于婴孩时便为她害死，次女为太平公主。在中国历史上所有帝王中，没有比武则天更残忍的了。从她的亲生儿子开始，李唐后代、王公大臣，死在她手上的不知有多少人。

她的长子李弘为太子时，只因为向高宗建议将萧妃所生的两位公主嫁人，就被她所毒杀。立次子李贤为太子，就是章怀太子。李贤也害怕被这位魔鬼母亲杀掉，便做了一首《黄台瓜词》：

种瓜黄台下，瓜熟子离离。

一摘使瓜好，再摘使瓜稀。

三摘犹尚可，摘绝抱蔓归。

李贤并让乐工传唱此诗，希望武则天听到，有所感悟。但武则天还是诬称自己的亲子要造反，把他废掉，流放到四川巴州，逼令自杀。高宗去世由第三子李显即位，为中宗，但她听政两个月，便把中宗废掉，降为庐陵王，把他押送到湖北房县囚禁起来。又立四子李旦为睿宗。李旦小心翼翼地当了几年真正的儿皇帝，又被武则天废掉，自立为武周皇帝。这年她已 66 岁。一直统治到公元 705 年，到了 82 岁，才被迫辞位，不久死去。

唐高祖、唐太宗、唐高宗的子孙后代被她杀掉的就无法计算了。她的两个亲孙子李贤的两个儿子便是被她鞭打致死的。她还先后诛杀了李氏的亲党数百家，大臣数百家，光宰相被杀的就有二十几位。而“刺史、郎将以下，不可胜数”，几乎把忠于李唐王朝的政治、军事人才与亲党尽数肉体消灭。而且为她卖命的那些酷吏也被她全部杀掉来平息民愤。而且一兴冤狱，动辄就屠杀三、五百，五、七百人。就是这样一个奢靡无度、淫乱成性、残忍嗜杀、野心无边、灭绝天伦人性的人渣，竟然有一些无耻的文人史虫为了欺世盗名，还在为她唱赞歌，这些“屎学家”们真如古人所说无耻之耻为耻之极也。

这首《如意娘》见载于《全唐诗》，平心而论是一首相当不错的好诗，但很难会是她这种人能写得出的。但“开箱验取石榴裙”一句倒很适用于她。若打开历史的篇章，来审视那些著名的淫妇、荡妇，她似乎称得上是一袭最大的铁血“石榴裙”了。

41、彩书怨（外一首）

［唐］上官婉儿

叶下洞庭初，思君万里余。
露浓香被冷，月落锦屏虚。
欲奏江南曲，贪封蓟北书。
书中无别意，惆怅久离居。

剪彩花

密叶因裁出，新花逐翦舒。
攀条虽不谬，摘蕊讵知虚。
春到由来发，秋还未肯疏。
借问桃将李，相乱欲何如？

【上官婉儿传】

情色才女上官婉儿的追权逐势

上官婉儿，唐中宗的昭容夫人，河南陕县人。大唐初年的西台中书侍郎上官仪之孙女，其父上官庭芝。因上官仪得罪于武则天，父子同时被杀。正在襁褓中的上官婉儿便与年轻的母亲郑氏，一同被罚入掖庭。这个“掖庭”是个什么地方呢？是一个后宫女佣杂役居住之地，因在皇宫中的旁侧，所以称掖庭。

也有统称后宫为掖庭的。而古代朝廷处理犯官的女眷与亡国的宫妃、宫女，往往称“配入”或“没入”掖庭。这些人虽然都是宫奴，但她们的命运却大大的不同。有的可以成为皇帝的宠妃，有的只能一辈子当一个各色杂役的妇奴。

上官婉儿在掖庭中长大，不但出落为大唐著名的才女，而且入宫后又十分受太子李贤的赏识，又被武则天发现，竟然一跃成为杀父杀祖仇人武则天的贴身助手，后来又成为唐中宗李显的昭容夫人，且为中宗专掌制命，两朝参与决策。她的母亲郑氏也因女而被封为沛国夫人。而到了中宗去世后，韦后为乱，想当武则天，唐玄宗平乱，把上官婉儿杀掉。这也纯粹是历史上一道偶然也必然的女性命运传奇。下面来简述一下这位与武则天、唐中宗、睿宗命运相关的政治才女，不甘于寂寞，不甘于命运的女性，是如何在大唐宫中这部绞肉机中沉浮起落，而终被绞下了头颅的。

一个人的命运，有时与家门的历史是割不断的。她的祖父上官仪的命运就十分坎坷，他的父亲上官弘本是隋炀帝时代设在江都离宫的副留守。炀帝被宇文氏杀于江都时，上官弘也被杀。上官仪此时才两岁大一点，被父亲的好友们保护起来，养大到七、八岁时，便将他送入江都城外的寺庙中，当了小和尚。但这个小孩子生于仕宦之家，血脉中流动的自是官人家的血液，自幼便十分聪明，抚养他的人也教他识字，因而十分爱读书。在庙中不但研读佛经，而且广读经史，在庙里有的是时间，读书之余，夜撰诗文，积十数年之功，竟然于青灯古佛旁成就了一代才子，闻名江都。人的命运无非是天人之间。不管命运怎样乖舛，人一旦有了学问，一切便自是不同。

唐太宗贞观年间，杨仁恭来江都出任都督。听说这位和尚很有才学，便不断与其往来，因其参悟佛、俗两道，学问便与专攻经史的儒生不同。为此，杨仁恭这位大都督竟然待这位小和尚为上宾，并力劝他还俗入仕，博取功名，为国效力。于是上官仪蓄发还俗，考上了进士，此时才二十余岁，名闻朝野，上达天听。唐太宗李世民是最爱惜人才的帝王，便授于如此年轻之人为弘文馆直学士，这是很罕见的。这个弘文馆是唐初掌管图书、教授生徒、参与国家礼仪制定的部门。不久又升任秘书郎，成为皇帝的大秘书。唐太宗的诗文讲稿，都要经上官仪润色定稿。每次大宴都要有上官仪相陪，是真正的御用诗人、文书，可谓宠信一时。唐高宗李治即位，对上官仪的宠信不减前朝，且升任三品西台中书侍郎，成为参议朝政的重臣。相当于副部长级的国家办公厅副主任。

上官仪受李世民父子两代如此恩宠，与他的诗才有极大关系。唐诗有如此高的成就，应当推首功于李世民父子对诗的偏爱与倡导。诗，不但是大唐王朝的一种文明，更是他们生活中的一种奢侈品。帝王、皇子、宫妃，少有不写诗的。即使是胸无点墨之辈，也一定要请人捉刀弄出几首诗来才有面子。中唐的宋氏五姐妹因善诗文，便一齐被全部召入宫中为妾妃，兼御用写手。无论官宴、私宴，每宴必诗、酒唱和；凡有游乐、赏玩之时，必有君臣奉和、应制献诗之作。所以，唐诗中有许多垃圾之作。上有所好，下必甚焉，各种教坊、营妓是唐朝的一大盛事，且一直影响到两宋，而至明、清方稍逊风骚。学子、士人、官僚的狎妓宿娼，非但不以为耻，而且似乎是一种风雅时尚。晚唐大名鼎鼎的诗人、官僚杜牧就从不讳言自己的种种丑行。而当初的上官仪几乎就是两代帝王的男侍酒、侍诗之人，尤其他善写“绮错婉媚”的南朝齐梁艳体诗，所以并没什么名作流传，但却十分受深爱此道的李氏父子喜欢。不只拿破仑说他只喜欢结交奉承他的人，中国的历代帝王身边哪一个能少得了此种人物？而上官仪与上官婉儿的命运却是那样地维系在了武则天一个人的身上。

唐高宗李治后来与武则天发生了矛盾。武后不但把李治最喜欢的王、萧两位废后妃断足，用酒腌死，而且又引道士入宫禳灾，让李治盛怒之下令上官仪起草废掉武则天的诏书。当受到武则天的质问时，李治竟说是上官仪教他的。不久，武则天便指使人诬告上官仪与太子共同谋反，而父子被杀，儿子的妻女没入宫掖，成为了宫奴。上官婉儿此时还不满一岁。

上官婉儿的母亲郑氏虽然成了宫奴，并不放弃对女儿的培养教育。郑氏本出自九卿家门，也是书香显宦门第，自幼饱读诗书。上官婉儿在母亲的亲教下，养成一手好诗文。而且让这位命途一落千丈的母亲，在这位聪明伶俐的女儿身上，看到了一丝希望。

在她12岁那年，掖庭中官（太监）发现了她的才色，便把她推荐给太子李贤为小宫女，郑氏随着女儿走出了令她窒息了十余年的掖庭阴暗小厢房，进入了东宫，仿佛重见天日一般。而上官婉儿虽小，但到了12岁的光景，对于自己的身世缘由也早已深知，因而早在心中培植起仇恨的萌芽。所以见到太子李贤，弹奏的曲子竟是一曲《广陵怨》。到了十四岁那年，又写下了前面那首《彩书怨》一诗。太子李贤读后，因为早知她的身世，所以十分怜惜她，并不以为怪。可是不久便为武后在太子书房中读到。当她知道这诗的作者竟是上官仪的女儿，又恰恰才14岁，令她十分震惊，想起了上官仪之死，想起她自己也是14岁召入唐太宗身边的许多往事，便马上召见这位仇人的小女，并让她步《彩书怨》原韵，即席赋一首诗，显然有考查一下她才思的想法。可是，上官婉儿不假思索挥笔便写下了前面那首《剪彩花》。但据《全唐诗》所载，此诗是武则天当朝宴会时，以一支剪彩花为题，令群臣共赋的作品。

武则天见前诗有一“怨”字，后诗又有“借问桃将李，相乱欲如何”，又联想到她的身世，两首诗显然都是对她有怨恨之心，又有攻击她桃李代李氏天下之嫌，便老大不悦地质问她这是何意？而上官女却毫无惧色地答道：“古人言‘诗无达诂’，陛下如果说我是有所影射，小女自不敢分辩。”武则天便更直接地问道：“我杀了你祖父亲，你是否与我有不共戴天之仇啊？”上官女仍不卑不亢地答道：“陛下若认为如此，奴婢也不敢说不是。”若是常人，只要把这两诗一答中的三取其一，都可以招致杀身之祸。但偏偏遇到了这个也是14岁小女时，便敢向唐太宗讨要铁鞭、铁挝、匕首，想去制服谁也无法驯服的狮子马的武则天。武后不但欣赏她的三分才情，更欣赏她的十分胆色。所以，不但没有加罪于她，而是马上将她召到自己的身边，当成了贴身的侍女。她的入宫情节，正史所载稍有所不同，不一一订正。武则天作为一个桃李代他人天下的女皇，身边需要此等货色，更有自信可以驯服她为己所用，而不仅仅是喜欢。人生的特殊际遇其实十分简单。说得文明一点是“同气相求”，说得粗野一点是“臭味相投”。有道是人以类聚，物以群分，海岸有逐臭之夫，鲍肆有闻腥之徒。需要，这两个没有一点文采的字，不知道决定了多少人特殊的际遇与命运。但武则天对于上官婉儿，并不是一颗高照的福星，虽然此时已站在了她命途的拐点上。

这个武则天是古往今来不惜食子的第一毒妇。先是不惜害死自己的亲生女儿于襁褓之中，而嫁祸于王皇后，从而得立皇后之位；又杀死自己的亲生儿子李弘，又下药毒死了与高宗通奸并宿的她的亲姐姐韩国夫人与女儿魏国夫人，以确保自己专宠后宫；立太子贤为太子后，因其年长不听使唤，且又害死了她的情夫明崇俨，因此便又废掉他，流放巴州，终被害死。而立第三子李显为太子。高宗去世后，李显便即位为唐中宗。

中宗继位后，武则天则变成了皇太后，却从此虽有中宗之位，竟形同木主牌位，一切权力统归武则天，中宗一切都听从武则天的。但在立皇后一事上却固持己见，立了韦氏为皇后。再加上首辅顾命大臣裴炎的暗中向武后告密进谄，这位太后便要废帝了。

公元 684 年 2 月 5 日，武则天赫然临朝，中宗李显还没等坐到宝座上，便被宣布废为庐陵王，被扶下了金銮殿。李显问：“我有何罪？”他的母后说：“你想把天下送给韦氏还不是罪吗？”这个懦弱无能的中宗就这样被废掉并禁闭起来。而武后的小儿子李旦又成了皇帝，就是历史上的唐睿宗。但这个睿宗虽名为皇帝，却不得上正殿，正殿由武则天亲自临朝称制，而皇帝却被赶到别宫中去坐殿，不得与闻国政。显然已是公然篡权政变了。所以便有了历史上著名的英国公徐敬业“匡复”起事，自扬州起兵讨伐武则天。而此事却把上官婉儿牵扯进来，至少是事出有因。论罪当死，但武则天仍旧爱其才情，便免死处以黥刑。

所谓黥刑，就是在罪犯脸上刺以青字。但却令人在上官婉儿的额间刺以一朵硃砂梅花记，真真是法外施恩了。也有传闻是因为上官婉儿后来与张昌宗鬼混私尝禁脔，被武后遇见，刺了一匕首而留下的疤痕，而妆饰为一朵梅花。人还是要学好，一有坏名，便什么丑事都会附丽于身。正所谓水就湿而火就燥吧。

公元690年，“武周革命”发生，武则天公然政变，自己称帝，国号为武周。仍然十分亲信上官婉儿。上官婉儿一直服侍武则天到去世的病榻，亲眼见武后合目而去。但这个小女子却是典型的机会主义者，在中宗李显复辟的事上也起到了一定的作用。这位中宗复辟后却又信任武三思，因为武三思既是他七公主的公爹，又是韦后的情夫，更与上官婉儿有奸情，所以这几个女人都说他的好话，便让中宗更信任他。凡是向中宗披露她们奸情的朝臣，直到宰相却都被中宗一一杀死，一切听任韦后胡为。甚至允许武三思与韦后公然对坐弈棋嬉笑，他坐在一边帮着数筹码。

而上官婉儿则成了中宗的昭容小妾，十分得中宗宠幸。她也便利用自己的诗才一讨中宗的欢心，二结天下诗人才子，名声大噪。此时她也刚刚三十几岁，俨然成了诗坛的评判大师。有一次唐中宗在昆明池游乐，令臣下士子诗人各赋一诗，由上官婉儿从中评选出一首，由唐中宗亲自翻成新曲。上官婉儿坐台上，人人把匿名的诗作呈上，交由上官女。这位上官女一目了然，行云流水般的阅卷，不才之作纷纷抛下，如同雪片飞扬；台下众人则如夺食乞丐，争相把自己的作品收起，以免露丑。到最后剩下两篇，恰恰是沈佺期与宋之问的两篇；而两篇中又留下一篇则是沈佺期的。两篇中各有评语。众人读罢，无不佩服。尽管她有诗才，可惜却无好诗留下，都是些奉命应制之作，无非声色犬马，酒席游乐、浮艳无聊之作，所以不做引录。

武三思用计除掉了逼武后退位、扶立中宗的以张柬之为首的“五王”后，一切权力又重操于武氏手中。但却激怒了中宗的太子李重俊起兵杀入武三思府中，刺杀了武氏父子与武家一族。又把登上玄武门楼的中宗与大小老婆韦后与上官婉儿围住，指名要杀上官婉儿，因为这位皇后与这位二夫人昭容上官婉儿都与武三思私通。而且上官婉儿又与吏部侍郎崔湜私通，淫乱宫闱。后世有人为上官婉儿鸣冤喊屈，认为是野史诬蔑。而史实他人又知多少？唐朝那么淫乱，但为什么无论正史、野史、传闻，而无一毫可涉长孙皇后绯闻的呢？上官婉儿在武则天手下调教数十年，肯定不是什么贞节之女，这是铁定的，而且她在草诏各类诏书中都扬武抑李，因而太子李重俊恨死她了也是自然。而且中宗有个女儿安乐公主被娇惯得不得了。她要干什么，自己草诏不让皇帝老爸看什么内容，也要给她加印。后来竟公然要中宗立她为“皇太女”，直接说要像武则天一样继承皇位。而上官婉儿又依附于安乐公主，所以，虽然李重俊的举事被镇压下去了，但到后来上官婉儿终被唐玄宗李隆基杀死也是必然，没必要为她喊冤叫屈。正史上所载，就记录了她曾劝韦皇后“行则天故事”。这种淫乱而野心勃勃，又醉心于权力的女人，没一个会有好下场的。

韦皇后在上官婉儿的劝说下，终于野心膨胀，毒死了中宗，且秘不发丧，想自登帝位，而且想杀死对她有政治威胁的中宗之弟相王李旦。上官婉儿又投靠同样有政治野心的太平公主，共同拟了一个中宗的遗诏，立温王李重茂为皇帝，令李旦辅政。韦后虽然不得称帝，但李重茂才 16 岁，韦后便以太后身份称制专政，自己亲自临朝。大造“宜革唐命”的舆论，准备废唐自立。把李旦明升为太子太师，但却罢免了他辅政的职位，令自己弟弟韦温总掌内外兵马。眼看韦氏篡国马到成功，水到渠成，但却杀出了一位李隆基。

这位李隆基便是后来的唐玄宗，是相王李旦的第三子，封为临淄王，出任潞州别驾。后应诏入朝，留职京城。李隆基见韦后行状，知其必有大变，便于暗中不断结识羽林军将领，以期为用。李隆基从宫内知晓了韦后的阴谋后，便与姑姑太平公主、有关内监、大臣起兵，杀了韦后、安乐公主这两位野心勃勃的女人。上官婉儿在宫中闻知有变，便携带着在宫中起草的有利于李唐王朝的文书稿，带着宫女出来献忠心。当她求人把这些送给李隆基看时，这位正处英雄年代的大唐小王爷却冷笑道“骗人的小儿戏而已。此人今日不除，后患无穷。”便立命人去取上官婉儿的首级。不到一个时辰，手下便将上官婉儿血淋淋的人头送到了李隆基的面前。于是相王李旦便被立为唐睿宗，而李隆基被立为太子，成了后来的唐玄宗。

上官婉儿生于公元664年，死于710年，时年46岁，也不算少亡。女人一旦涉足政治又有野心，没有不身败名裂者。虽然如此，上官婉儿的命运还是令人为之叹息的，人生未必如此，人生何须如此？而处于天、人、势之间的一个小女子无论如何，又谈何容易？任何人所为，无非为了生存得更好，而这好与不好，又因了所选的道路不同，作为不同而有所不同吧！

42、明月夜留别

[唐]李　冶

离人无语月无声，明月有光月有情。
别后相思人似月，云间水上到层城。

【李冶传】

浪得“豪”名的女冠诗人与大唐二帝的恩怨

李冶，字季兰。浙江乌程（吴兴）女道士，中唐时代著名的女冠诗人。但大体为歌妓一类。公元750年前后，被唐玄宗慕名召入宫中，住了一个多月后，给了她很多赏赐，便打发她回归山门。到了唐德宗年间竟被赐死。人以名显，名以才至，而人终死于一个名字。所以人言名随谤至，水涨船高。但船到了高不起来时，便被水所吞没了。徒慕无益之名并非好事。但名心的强大驱动，实非一般人所能排拒得了的，所以便有许多为名所累而死的事发生。

李冶的诗，在诗坛上很受好评，诗韵清而不浮，丽而不艳，有“女中诗豪”之称，尤以五言诗见长，有关唐代才人的典籍述著，咸有不提及李冶的。她的五言《相思怨》也很有名：

人道海水深，不抵相思半。
海水尚有涯，相思渺无畔。

携琴上酒楼，楼虚月华满。

弹若相思曲，絃肠一时断。

一个女道士，与中唐诸多著名诗人多有往来，多有应酬唱和之作。但观其诗则多属清浅无味之作，不知怎称得“诗豪”二字。是以天下之名皆不可慕，百闻不如一见，才得其实。尤其是那些骚人墨客，他们的真正价值所在，不过只有他们的作品可证。

43、答张生（外二首）

［唐］崔莺莺

待月西厢下，迎风户半开。
拂墙花影动，疑是玉人来。

寄诗

自从消瘦减容光，万转千回懒下床。
不为傍人羞不起，为郎憔悴却羞郎。

告绝诗

弃置今何道，当时却自亲。
还将旧来意，怜取眼前人。

【崔莺莺传】

崔莺莺与元稹的恩怨真伪

崔莺莺，唐传奇小说中人物，且史有其人。《全唐诗》载：崔在唐贞元年间随母亲郑氏寓居于蒲东佛寺。有张生者，与之赠诗互答，情好甚昵。但也有传称张生即元微之，对崔始乱终弃。第二首诗就有版本拟题为《绝微之》，这个微之就是唐代诗人元稹，与薛涛交好数年而绝的那位。唐代的那些诗人很少有干干净净的人。至今人们仍说文人无行，是很客气的了。

冯梦龙就认定张生便是元稹，而且崔与元是姑表亲。“因元与张姓同所出”，因而借张称元。并在《莺莺传》中写道：

张生性温茂，美风容，却非礼不入，从不入俗流，所以到二十三岁还未娶妻。而且他还有自己的一套理论：像登徒子那种人是一个淫徒，而称不上是好色者。自己才是真正的好色者。我不遇到合适的是不会娶的。

后来他游历到蒲地，蒲城之东有普救寺，便在那里寓居下来。适逢一位崔寡妇归长安，路过蒲东，也投宿于此寺。这位寡妇的娘家姓郑，张生的母亲也姓郑，崔氏当是他的远枝姨母。正赶上蒲城兵乱，崔氏财多、奴多，怕被掠劫，张生与蒲城将官为友，便派人保护，才躲过兵劫。崔氏便宴请张生，请女儿相见。女儿不肯，崔氏大怒，年方十七岁的女儿才勉强出见。张生为其美貌而惊叹，但崔女既不整妆也不搭理他。他与崔女主动对词，崔女也不应。但张生却一见钟情，便私下收买她的丫环红娘，并对她说他爱上了崔女，请她帮忙，竟然把红娘吓跑了。后来红娘终于肯帮忙了。

张生与崔女先是诗词往来，后来便夜里私会同寝于寺庙的西厢房中。这也正是《西厢记》的由来。

过了月余，张生回长安了。二人分别没几个月张生又回来住了一个月。但崔莺莺却不似此前那般与他唱和，只是诗、琴自娱而已。张生将要回去的那个晚上，坐在崔的身边，只是叹气，什么也不再说。崔莺莺知道分手的时候到了，便十分坦然地对张生说道：“始乱之，终弃之，这是很正常的，我不敢有恨于你。既然是你始乱，便由你来终之，这是你的德惠了。就是终身之誓，不也有终结的时候吗？何必耿耿于心，深感于分手呢？你既然很不快活，我也没什么办法来安慰你。你知道我是会弹琴的，但以前总是害羞，所以不好意思在你面前弹。今天你要走了，我就给你弹一次吧！”

崔莺莺拂琴为张生弹了一支《霓裳羽衣曲》，把周围的人都弹得落泪了。而崔的琴声也乱了，已不成曲子了。便停手流泪不止，转身回到了家母的住所。

张生第二天早上也便回长安去了。

第二年张生考举不中，便留在京城。致书一封，寄赠女妆脂粉类数件；莺莺复一信，赠张生一支玉环，一缕丝、文竹、茶等物为念。后来，两人各有嫁娶，曲终人散。但却惹得当时诗人写下了许多诗章，后来便又由传奇演绎出了不知多少种《西厢记》与各地方戏曲剧种，一直流传到今。但却以大团圆结局，反而不如传奇悲剧感人，变成了一出闹剧、喜剧。

前面的三首诗，第一首是当时初恋相约候人诗；第二首是别后相思诗；第三首则是绝交诗。三首诗一以贯之了两个人的爱情悲剧全程。

44、一斛珠·答唐明皇

[唐]梅　妃

柳叶双眉久不描，残妆和泪污红绡。
长门自是无梳洗，何必珍珠慰寂寥。

【江采萍传】

宿命：枉死梅下的唐玄宗梅妃

梅妃，姓江，名采萍。福建莆田人。江南名医世家，父亲江仲逊也是名闻于世的良医。家境很优裕，梅妃从小就受到良好的教育，具有较高的文学艺术修养；再加之身材修长、容貌亮丽端庄，自是一派气度不凡的大家闺秀气象。

开元年间，高力士出使东南，为唐明皇拣选民间美女，以充后宫，一眼便看中了这位小姑娘大美女。因为她酷爱梅花，所以，唐明皇就封她为梅妃。

这位梅妃一入宫，便以大家闺秀的端庄气质才情，小家碧玉的清纯天真美丽，很快在大唐两京六宫四万粉黛中，一举夺冠。直令唐明皇目中眼空无物，身边旁若无人，只有一个梅妃了。而梅妃在自己的屋边栽上了几株梅花，唐明皇便亲笔大书“梅亭”二字，制匾高悬。到了梅开时节，不顾天寒夜冷，这位贵妃也要顾恋这梅花直到入夜时分。唐明皇便直称其为“梅妃”。后来，杨贵妃入宫，二人如同水火。梅妃当面称杨为“肥婢”，杨则对明皇称她为“梅精”。

但梅妃终被拥有家族与内宫势力的杨贵妃排挤出宫，并迁居于上阳东宫，而正宫中却独为杨氏姐妹所垄断。以至唐明皇偷偷迎来梅妃过夜，也被杨贵妃追踪而至，大闹宫寝，不依不饶。

唐明皇一怒之下，把杨贵妃赶回了娘家，但他离不开这位“肥婢”，所以终至把“梅精”放到了一旁。没过多久，便又把杨接回宫中。唐明皇不是不爱梅妃，只是为杨所不容，鱼熊不可兼得而已。曾经派人暗中送给梅妃一斛珍珠，以示珍重不忘，但梅妃并不接受，只是写了上面那首“一斛珠”为报，这就是后来的“一斛珠”词牌子的由来出典。

在明代安徽新安汪氏所撰《列女传》的《江采萍传》中，汪氏评赞道：其所以称采萍，因萍草之洁可采之奉祭先祖；其所以称梅，因梅花为清者，果可以和羹。因而其父以萍为其命名；其君以梅而称其妃。岂是与睡未足之海棠同类而共称之？可惜的是雅终不可胜淫，被一对淫荡男女终于排挤出宫。也有说她被迁居到东都洛阳的。

梅妃并不甘心命运的摆布，但她仍旧也只能把希望寄托在唐明皇身上，因而在被打入冷宫后，仍以千金为代价，想托高力士请大文人代写一篇有如司马相如代陈皇后所写的《长门赋》一样的文章，以挽回冷宫命运。但已完全投靠杨氏的高力士却说找不到人。什么叫势利？这位梅妃当年是他带入宫中的，此时竟如此无情。于是，梅妃便自己写了一篇《楼东赋》：

玉鉴尘生，凤奁香殄。
懒蝉鬓之巧梳，闲缕衣之轻练。
苦寂寞于蕙宫，但凝思乎兰殿。
信标落之梅花，隔长门而不见。
况乃花心飏恨，柳眼弄愁。
暖风习习，春鸟啾啾。

楼上黄昏兮，听风吹而回首；

碧云日暮兮，对素月而凝眸。

温尔不到，忆拾翠之旧游；

长门深闭，嗟青鸾之信修。

太液清波，水光荡浮；

笙歌赏燕，陪从宸旒。

奏舞鸾之妙曲，乘画鹢之仙舟。

誓盟山海，日月无休。

何夺我之爱幸，斥我乎深宫。

欲相如之奏赋，奈世才之不工。

屡愁吟之未尽，已响动乎之疎钟。

空长叹而掩袂，踌躇步于楼东。

唐明皇读此赋，自是一番伤心无奈。而杨贵妃听说后，便吵嚷着说她诗中不满皇上，罪该赐死。而唐明皇却没搭理她自己却先死于马嵬坡前。梅妃则在乱中失踪，人不知其所往。唐明皇乱后回京，没有了杨贵妃，便到处找梅妃，甚至悬赏有找到的，官升两级，赏钱百万，但也仍无下落。有太监见唐明皇思妃心切，寻妃苦极，便献上一幅昔日的梅妃写真画像。唐明皇看了，不胜伤感之余说道："很像，但不活耳。"便提笔在画上题了一首诗：

忆昔娇妃在紫宸，铅华不御得天真。

霜绡虽似当时然，争奈娇波不顾人。

玄宗此时已无比老迈，已做了五十年太平天子，一朝战乱，二宠妃迭丧，社稷播迁，儿子自行乘乱为帝，他成了太上皇，心中怎能不凄惶惨绝？题诗时未免是两行泣下。命人将诗、像同刻于石，立于宫中。后来终于在太液池旁的梅花丛中发掘而得梅妃尸骨，身有刀痕在望，显然为乱兵所杀，为有心人深葬于此，但变乱之中也仅能以锦褥裹体，盛于酒槽为棺之内而已。唐明皇自制诔文，按皇妃礼改葬。冯梦龙评道：晚年的唐明皇“穷独而活，天下哀之”，“以其所不爱，及其所爱。盖天所以酬之也。报复之理，毫发不差。是岂特两女子之罪哉！”

45、伴张云容歌

[唐] 杨贵妃

罗袖动香香不已，红蕖袅袅秋烟里。
轻云岭上乍摇风，嫩柳池边初拂水。

【杨玉环传】

夺儿妇为妻的唐玄宗与“肥婢”杨玉环

前面这首诗是杨玉环为她的乐徒舞女张云容所亲撰的一首歌词，并为之谱曲翻唱伴舞于大唐赫赫有名的开元中兴盛世之主李隆基尊前。这位以四大古典美女之一而著称于世，以与公爹一段乱伦浪漫而颠倒了天下骚人墨客的杨玉环，此时正忘情于歌舞之中，却哪里会想到亲自上演了一场“马嵬坡前”？

杨玉环，祖籍山西永济。本人在大唐开元七年，公元 719 年六月初一出生于四川成都。父亲杨玄琰时任蜀州司户。两位叔父均为朝官。她在成都度过了童年，10 岁父亡，寄养在洛阳的三叔杨玄璬家，以父女相称，受到良好的官员子女的教育，很有文化教养，尤其是长于歌舞乐章。随着年龄的增长，不仅越长越漂亮，而且身材高高相当丰满，十分符合唐人以丰腴为美的审美标准，就连唐朝的马都如此，在古典画册中，你一看到那种短尾巴，滚瓜溜圆，膘肥体壮的骏马图，一定是唐马。一个女孩既面容姣好白皙，又身材高挑丰润，还能歌善舞，长于音乐，自然很快就名声远扬。但却被梅妃称为“肥婢”。后来，唐玄宗的女儿咸宜公主出嫁时，便被选为伴娘陪从，玄宗的儿子寿王李瑁一见钟情，便娶为王妃。这一年她才 16 岁。

在她 18 岁那年，唐玄宗宠爱的武惠妃，也是咸宜公主与寿王的亲生母亲暴病亡故。唐玄宗便想夺子之妻为已有，因为在他眼中这个儿媳太美了，美到让他不能自已。心腹太监高力士看出了眉眼，便对玄宗说寿王妃很像她的婆母啊！劝玄宗召寿王妃入宫相陪。唐玄宗自然不会反对，但终归是儿子的女人，怎好开口？

过了三年，唐玄宗去骊山温泉行宫休养玩乐，早已无法按捺对儿媳垂涎之心的唐玄宗，便派自己的妹妹玉真公主去寿王府，请杨玉环同行陪驾前往骊山，却让寿王留守京师。几年来寿王对老皇上的心思，早已有所觉察，没想到厄运终于来临，行前竟忍不住抱着杨玉环放声大哭。而他老爸唐玄宗却在骊山温泉宫与儿媳妇度过了日夜不舍的18天。非但毫不避人耳目，竟无耻地对高力士说:“朕得玉环如至宝，实是平生第一快事。”而此等乱伦之事竟然被历代的一些骚人墨客臭文人称为什么“催人泪下的爱情故事”，这些人如果一旦有个好儿媳妇，肯定是很危险了。

尽管唐玄宗贵为天子，而且在上骊山的第一夜，两个人已海誓山盟，但毕竟面对的是自己的儿媳妇。虽然事实上已成了他的媳妇，但还不敢公娶。于是，一方面安排她与儿子离婚，自行出家为女道士。他的祖父李治娶他的太奶奶武则天就用此法啊？祖传秘方灵验，但唐玄宗怎肯一日不见儿媳妇？于是便让她住在二人可以通过暗道自由往来的大明宫中；一方面为寿王又选了一个王妃。两个人明分暗合地度过了一年，便又以去骊山巡幸为名，跑到温泉宫去度“密月”了。这次密月后两个人已难分难舍，回来后就干脆把杨玉环接到了皇宫中居住，两个人脸儿一大，也没什么耻感，本来就是一家人吗，有什么不好面对？而且公然称为“太真妃”了。从此这位天子爷把朝政大事都交与口蜜腹剑的宰相李林甫处理，而自己整日里与这位太真妃淫逸玩乐。

杨玉环的唯一长处是有音乐天分，唐玄宗也酷爱音乐。杨玉环为唐玄宗培养了不少的歌舞妓，其中有一位叫张云容的尤其拔萃。唐玄宗与杨玉环游幸绣岭宫时，让张云容献舞，而杨玉环看着看着便心热技痒，即席写了一首歌词，并制曲教唱，自己也下场与张云容一起舞了起来。这首歌词就是前面这一首，已收入《全唐诗》中。

唐玄宗就这样与杨贵妃不明不白地做了五年多的事实夫妻。一直到公元745年，才正式下诏册封她为贵妃，于是这个女人的头上除了寿王妃、太真道人、太真妃以外，又多了一个杨贵妃的头衔。

白居易在《长恨歌》中写杨贵妃的宠遇时写道："春宵苦短日高起，从此君王不早朝。承欢侍宴无闲暇，春从春游夜专夜。后宫佳丽三千人，三千宠爱在一身"。而李白在来长安时，唐玄宗与杨贵妃宫中赏牡丹，命李白写了三首《清平调》来赞美杨玉环：

云想衣裳花想容，春风拂槛露华浓。
若非群玉山头见，会向瑶台月下逢。

一枝红艳露凝香，云雨巫山枉断肠。
借问汉宫谁得似？可怜飞燕倚新妆。

名花倾国两相欢，长得君王带笑看。
解得春风无限恨，沉香亭北倚阑干。

唐玄宗听罢，高兴得不得了，马上命李龟年谱曲，自己亲横玉笛为之演奏。岂不知这李白哪是恭维杨玉环这等人的主呢？这三首诗中早已塞入了十面埋伏。第一首的首联中的"露华浓"——再浓不过是一场"露水缘"；第二联中的“瑶台月下逢”——死了升天去相见吧，后人便真绘出了唐玄宗登月宫的画儿；第二首的“云雨巫山”把她比做了巫山神女，那神女是个什么玩意？是个向人自荐枕席的荡妇；下一句的“飞燕”——赵飞燕称为掌上飞人，自有“环肥燕瘦”之称，两个人根本不相干，把她比作赵飞燕就是骂她和赵飞燕姐妹一样淫荡，与赵飞燕姐妹本没什么区别；第三首的“名花倾国”——真的是让她给“倾国”了，安史之乱，虽不能把账都记到她的身上，但与她无法脱却干系；“无限恨”——白居易的《长恨歌》真是说尽了这种此恨绵绵无绝期的“无限恨”了。而唐明皇自蜀中逃难归来，也只能是独自一人去“沉香亭北倚阑干”靠边站了。李白这三首诗似乎道尽了唐玄宗与杨玉环的丑行与归宿。称得上是一流高手的“春秋诗法”，唐玄宗与杨贵妃这一对蠢货，却以为是赞美，真真是愚不可及了。

杜牧的那首《过华清宫绝句》则进一步反映出了唐玄宗对杨贵妃宠幸到了何种地步：

长安回望绣成堆，山顶千门次第开。
一骑红尘妃子笑，无人知是荔枝来。

杨贵妃一人得道，杨氏全家鸡犬升天。她的三个姐姐，两个哥哥都贵如王侯，甚至有称他们为杨门“五侯”——五家随玄宗一起出行时，每家的车马仆人随从各着一种服色，极为奢华。而且她的一个远房兄弟杨国忠，竟然由一个无赖直升到近于宰相的位置。这个杨国忠竟然和她的三姐姐私通；她的这个姐姐虢国夫人与唐玄宗也是不是夫妻胜似夫妻。公元 749 年冬，唐玄宗与杨贵妃去骊山华清宫，杨氏三姐妹全都去陪住了三个月。杨贵妃为了与她的亲姐姐虢国夫人争风吃醋，竟不惜与唐玄宗大吵大闹，曾一度被赶回了杨家。后来又与安禄山弄出了那么多不堪入目的丑闻，而唐玄宗还以为乐事，所以史家有“汉乌龟唐王八”的说法来称谓汉唐两朝的皇帝，一点都不过分。

多行不义必自毙，终于酿成安史之乱。马嵬坡前，哗变的将士当着唐玄宗的面把年仅 38 岁的杨玉环勒死；唐玄宗归来被夺权退位，名为太上皇，实同幽禁，五年之后病死宫中，享年 78 岁。自古有言英雄难过美人关，想当年，剪除韦后一党宫乱的相王之子李隆基何等英雄气概；即位称帝的唐玄宗又是何等的励精图治、雄才大略；遭际了杨玉环兄弟姐妹与安禄山的唐明皇又是何等的糜烂昏庸；晚年的太上皇又是何等的张张皇皇。而马嵬坡前的杨玉环又是何等的凄凄惨惨？姑且不论是红颜祸水，还是祸及红颜，只是以色干宠干政染指权力的女人没有一个好下场；沉溺女色的男人没有一个是好结局。这却是古今中外颠扑不破的定理铁律。有姿有色的女人，有权有钱的男人真当慎之又慎、谨之又谨，马嵬坡前的杨玉环、李隆基前车可鉴。

46、题虚池驿

[唐] 宜芬公主

出嫁辞乡国，由来此别难。
圣恩愁远道，行路泣相看。
沙塞容颜尽，边隅粉黛残。
妾心何所断，他日望长安。

【豆卢女传】

李代桃僵的和亲“公主”豆卢氏女

宜芬公主，大唐名门望族豆卢氏女，豆卢钦望为武则天时代的宰相之一。本姓豆卢，有才色。唐玄宗天宝四年，北方少数民族奚霫国国主去世，安禄山提议立其国在长安为人质的儿子为国主。唐朝为了笼络这个部族，便以豆卢氏女封为宜芬公主为婚配，送往北方和亲。宫使护送前往，途中经虚池驿栈，宜芬公主在驿栈的屏风上题下了这首告别诗。

自汉以降，中原一统王朝很难平服、消灭北方与西北的游牧少数民族，深受其军事力量的侵扰危害，因而多一代代采取和亲政策。那些少数民族部落的头领们专要皇室公主和亲，而那些帝王们少有能舍得把亲生女送入边地异族的，所以便多在王室成员中选一旁支女儿，封为公主，送去和亲。唐玄宗年间的这位宜芬公主就是这样一种李代桃僵，或者说是豆代李僵的命运。在自己被送往北方的途中，一路的泪水不干，夜宿于中途客栈中题在屏风上的这首小诗，至少体现了此女的真实心境。

后世的文人史家们，可别再去杜撰一些什么赞美她们爱国情怀的东西了。离家门嫁人的本身就是一件骨肉相拆的事，够痛苦了，但毕竟有一场新婚喜乐等在后面。而嫁出朝门，举目无亲，四望萧萧，几如一场生离死别，原本就是一场生命的悲剧，又有何可赞？别拿别人家的女儿不当女儿好不？

47、返俗谣

[唐]薛　瑶

化云心兮思淑贞，洞寂灭兮不见人。
瑶草芳兮思氛氲，将奈何兮青春？

【薛瑶传】

威服突厥的大唐名将郭元振知遇女尼

薛瑶，唐武则天时代东明国人，是左武卫将军薛承冲之女。貌美工诗，十五岁落发为尼。在观中苦行六年，作此诗，遂蓄发还俗。后知遇当时威服北边的名将郭元振，被收为妾。不知所终。

郭元振，魏州贵乡人，进士出身，初任通泉县尉，任侠使气，所行异于常人。武则天闻名召见会谈以为奇人，派他出使吐蕃，又令他总督西北军事，平定吐蕃、突厥，多积功，为一代开疆拓土千里之将帅，善恩威并用，在凉州任都督五年，西北大治，“夷夏畏慕，令行禁止，牛羊被野，路不拾遗。”政绩斐然，名闻朝野。

郭元振丰神佳秀，身材壮伟，冰天雪地中与突厥首领谈判，终日不曾移足半步，而突厥首领竟在会谈结束时冻死。首领之子归罪于郭元振，便想起兵杀死他以报父仇。部下劝郭元振速离突厥，郭元振则泰然不动，以一片真诚痛吊突厥首领之丧，令其子感动而归服。后因朝中宗楚客等奸臣当道，郭元振也小有磨难。到了唐玄宗、睿宗时代，一直官至当朝参知政事，相当于宰相之位，封代国公、持节朔方大总管。后因军容不整被流放，中途重新启用，为饶州司马，去世于上任途中。追赠太子少保。

观薛瑶的这首小诗，似乎能读得出一位青春少女于空寂中无奈的心绪。出身于将门之家，天生秀美之容颜，又喜欢文学，富有诗才情怀，却于二八芳龄舍身遁入空门，处与世隔绝之中，怎耐得个中的孤独清苦？观大唐所盛行的那些女冠诗人，哪个能做到出世的境界而不入红尘之中？更何况一小小才情少女。一句“将奈何兮青春”，便毅然脱却僧衣逸出空门而蓄发还俗，且得知遇于大唐一代名将郭元振，终不负一生所托，也自是一番人生正果。

青春女子可千万别效行那些欺世盗名者的行径，误入空门而毁却自己的一生。把那些演戏给人看的事当成真的而去效仿，真真是愚不可及的事，又有哪一个可得善终？平平淡淡正正常常才是真人生，所有的歪门邪道、僧尼神佛路径之中，何曾有过正人所行？

48、燕子楼诗（五首）

[唐] 关盼盼

楼上残灯伴晓霜，独眠人起合欢床。
相思一夜知多少，地角天涯不是长。

北邙松柏锁愁烟，燕子楼中思悄然。
自埋剑履歌尘散，红袖香消二十年。

适看鸿雁岳阳回，又睹玄禽逼社来。
瑶瑟玉箫无意绪，任从蛛网任从灰。

自守空楼敛恨眉，形同春后牡丹枝。
舍人不会人深意，讶道泉台不去随。

儿童不识冲天物，漫把青泥污雪毫。（句）

【关盼盼传】

生死颠迷五朝文人的徐州名妓关盼盼

关盼盼，徐州武宁人，生于大唐十二帝唐宪宗年间。为一方名妓，以貌美才艺琴歌而声名远播。此处所录前三首诗，为关盼盼录呈白居易的诗；第四首是答白居易的诗；第五首的诗句是《全唐诗》中所载的一联句子，似为咏仙鹤的诗句。关盼盼后遇当时节制徐州的张建封，便成为了她一生厮守的主人。

张建封，字本立，南阳人士。祖父为县令，父为豪侠之士，名张阶。张建封少年便有父、祖遗风，又雅好文学，健谈善论，慷慨负气，以功名为己任。但早年游历于各地方将帅之间，均不得重用，便屡屡更换门庭。

在代宗大历十年间，在好友河东节度使马燧的荐举下，始入仕途为判官。宰相杨炎很看重他，但当政的奸臣卢杞却很讨厌他。后来李希烈叛乱，卢杞便派他到寿州前线任刺史，本想借叛军之势除掉他，却反成就了他的功名，以平叛军功升为御史中丞、大夫等职。贞元四年，由于徐州为南北交通要地，而几任刺史均不能守，便派张建封任徐州刺史，后又升任礼部尚书。在德宗年间又升任为相当于副丞相的右仆射之职。

在徐州任刺史期间，适逢白乐天自长安出使兖州，路过徐州，顺路拜会张建封。张设宴款待，自少不得歌伎陪酒，于席间得识关盼盼，张邀白乐天为她作诗一首：

凤拨金钿砌，檀槽后带垂。
醉娇无气力，风袅牡丹枝。

关盼盼由此而与白乐天相识。宴后，白乐天自赴兖州公差去了，而张建封从此则把关盼盼纳入笼中，专宠起来。并在府衙中专辟一地，建一规模壮观的燕子楼，成为二人独享的世界。这张建封虽为军、政大员，却颇善诗文雅歌。《全唐诗》载有他的两首诗，很有一些味道：如描写端午节江上龙舟竞赛的《竞渡歌》中“吾今细观竞渡儿，何殊当路权相持。不思得岸各相去，会到摧车折楫时”；还有一首是写给当时在他幕下大文豪韩愈的《打球歌》中“凡情莫辨捷中能，拙目翻惊巧时失。”这些诗句都从竞渡、马球等活动中总结出一些官场、人生的哲理来。他先后有二百多篇诗作，但只流传这两篇。而且他的帐下还收罗了韩愈等一批当时有名的文士诗人。张建封既有此雅兴，又得关盼盼这样一位才女在侧，自是少不得日日歌咏唱对。如冯梦龙所述：“与关盼盼饮宴，交整玉觯，共理笙簧。灿锦相偎，鸾衾共展。绮窗唱和，指花月为题；绣阁论情，对松筠为誓。”而张建封并不以此废政，亦是难得一良臣。

彩云易散，月不常圆。境迁景逝，时过花残。关盼盼与张建封过了整十年的神女生涯后，张建封在66岁那年，因病去世。虽然他的儿子张愔又统治了徐州七年，但张愔在七年后也病逝徐州。张氏家人四处零落，徐州城中，只剩下关盼盼只身一人，空守着冷冷清清的燕子楼，恋着故地故人而未离去。在楼中闭门谢客十余年人不得见，一个人在对张建封尽那份“守缘”，以报其一生知遇之恩。每思故人，便赋诗一首以寄情怀，积有三百余篇，集为《燕子楼集》，惜不得传。而所传几首，赖有《全唐诗》所载，其中三篇自有白居易传承之功。

关盼盼燕子楼中翻拣着往日的诗篇，自思此情此意，谁能得知呢？想起了白居易，便于诗笺中拣选出前面的三首诗，派人送与白居易。白居易十分赏识这几首诗，便步其原韵奉和了三首：

钿晕罗衫色似烟，一回看着一潸然。
自从不舞霓裳曲，叠在空箱二十年。

今朝有客洛阳回，曾到尚书冢上来。
见说白杨堪作柱，争教红粉不成灰？

满帘明月满庭霜，被冷香销拂卧床。
燕子楼前清夜雨，秋来只为一人长。

白居易挥毫草就和诗三章，稍稍思索，又提笔在笺尾写下几行小字封好，便交与来人送给关盼盼。这关盼盼自不该把诗送与白居易，这白居易也不该狗咬耗子多事。只这一封书信真的顿使“红粉成灰”了。

关盼盼拆开信封细读，心中暗自赞叹好诗，却忽见笺尾另有补字。仔细一看也是一首诗。只是不读还罢，一读顿如万丈高楼失脚，船漏江心狂涛，竟至以手拊额，几欲晕倒，原来诗中却是一片无情地讥讽之词：

黄金不惜买蛾眉，拣得如花只一枝。

歌舞教成心力尽，一朝身死不相随。

关盼盼双目流泪，对身边的侍女说：我何尝不想当日便随张公而去？只恐人言张公有随死之妾，使尚书有好色之名，玷公一世清德。所以苟活至今。言罢便提笔奉和一首，留与白舍人后看。从此一病不起，又不肯饮食，挨延了月余时光，一缕芳魂渺渺追随张建封去了洛阳城外的北邙山中。

这段恩怨无以考证是故事，是史实，更有说关的诗本是张仲素写的，送给白居易看，白便和了三首诗。但关盼盼为张建封独守空楼，既未再嫁，也未招蜂引蝶，却为所有文献所共识。而白居易是否有此等恶行也并不关重要。而这白居易虽诗传千古，名烁当代，但他的为人也不比杜牧一流好到哪去。

白居易，字乐天，山西太原人。历代官宦之家子弟。进士及第，初为小吏，后为言官闲职左拾遗，为翰林学士。很得宪宗赏识。到了穆宗年间则先后为朝官，杭州、苏州刺史等职。家中多养妓女，正史称其一直到68岁，得了中风，“乃放诸妓女樊、蛮等”。而樊素与小蛮二妓为其宠者，曾有“樱桃樊素口，杨柳小蛮腰”诗句赞二女。又有“一树春风万万枝，嫩于金色软于丝”句专赞小蛮。又有紫绢、红绡、菱角、谷儿等家妓名见其诗中。

关盼盼虽为张建封一死，但故事远未百了。关盼盼死后，燕子楼便收归官府，改为府衙花园。而徐州主官不知换了几任，过了几多春秋。到了宋初年间，吴越王的后人钱易，名希白者，在宋朝官居中书舍人，外放到徐州任节度使。政余闲暇之时，便到燕子楼所在的官府花园散步，举目看见楼上“燕子楼”三个大字，方知此处即张建封宠关盼盼处，甚为关盼盼的命运慨叹，便命苍头奉笔墨题长诗一首于素屏之上，其中有句：

清楼十二横霄汉，低下珠帘锁双燕。
娇魂媚魄不可寻，尽把阑干空倚遍。

这位钱大人题罢此诗便于楼中一梦而见关盼盼，赠其诗一首称：

人去楼空事已深，至今惆怅乐天吟。
非君诗法高题起，谁慰黄泉一片心。

钱希白醒来于案上又为关盼盼写了一首《西江月》，词刚填完，便闻窗外有人击掌而歌此词。钱希白惊异万分，出门却见关盼盼身影没入竹阴之中。显然是这位钱大人想入非非出现了神经幻觉，或是冯梦龙的文学笔法吧！钱希白之后，又有大名鼎鼎的大诗人词家苏东坡，曾经来此夜登燕子楼，梦到关盼盼，并为此而赋一词：

天涯倦客，山中归路，望断故园心眼。
燕子楼空，佳人何在，空锁楼中燕。
古今如梦，何曾梦觉？但有旧愁新怨。
异时对南楼夜景，为徐浩叹！

往事越千年，从长安到汴京，谁见了唐宗宋祖风采；从大都到南京，从新京到北京，谁见了元明皇清铁骑连弩的英雄？但，关盼盼这样一个出身如此卑微的风尘女子，却不知颠倒了唐宋元明清五朝千年来的多少文人墨客，为我们留下了多少关于她的传说、故事、戏剧、诗篇。且有白居易、张建封、钱希白、苏东坡、冯梦龙……有这么多高居于官场、文坛上头角峥嵘的两栖动物一朝朝一代代的领衔追捧、牵梦，关盼盼一生虽然是悲苦远大于欢乐，也自有所值了。

“儿童不识冲天物，漫把青泥污雪毫。”关盼盼正如她生前自联之语，不管社会他人怎样向她洁白的羽毛上涂泥泼水投秽，虽少不得委曲身家，但谁又能阻止她灵魂的洁白翼展，在女性历史的天空上振翅飞翔呢？

49、送人诗

[唐] 徐月英

惆怅人间万事违，两人同去一人归。
生憎平望亭中水，忽照鸳鸯双背飞。

【徐月英传】

“常羡荆钗与布裙”的江淮名妓

徐月英，江淮名妓，出身十分悲苦。古人讲女子“三从四德”，在家从父、从兄，出嫁从夫。但此女从小父兄俱亡，出嫁又失去丈夫（早亡或离异）。不得已流落风尘，没入金陵营妓籍中。因其善诗文，于青楼、官场、酒宴应酬中，结识了许多弄文的风流游客。自己也曾著有诗集而不得流传。其诗作仅散见于《青楼韵语》与有关文献中。

开篇那首诗，显然是失去丈夫时所作，“两人同去一人归”。坠入风尘后，虽于笙歌酒宴中醉死梦生，日日得过且过，但却时时怀念、想往平民家的正常生活。夜深人静时，常常想起与父、母、丈夫在一起生活的情景，又回想起流离失所寄寓尘寰应酬过客的悲苦，禁不住双泪暗流，提笔于灯下写下一首《叙怀》诗来：

为失三从泣泪频，此身何用处人伦？
虽然日逐笙歌乐，常羡荆钗与布裙。

此诗不但在青楼风尘女诗中堪称一流，就是在全唐诗中也是饶有品位的一首。诗品虽佳，而人品不堪处却是缺少一点恻忍之心。和她交好的一位金陵徐公与一伙人追捧同是营妓中的一位女子。此女不幸病死被火化，徐月英也参加了此女的送葬，但却对徐公十分苛薄地说道：“此娘平生风流，死了亦带焰而去。”只观此一语，便知这个徐月英绝非善良之辈。同是风尘沦落人，人都死了，又何必如此苛薄呢？

50、雨中看牡丹（外一首）

［唐］窦梁宾

东风未放晓泥干，红药花开不耐寒。
待得天晴花已老，不如携手雨中看。

喜卢郎及第

晚妆初罢眼初瞤，小玉惊人踏破裙。
手把红笺书一纸，上头名字有郎君。

【窦梁宾传】

诗语惊人的卢东表小侍女

窦梁宾，夷门人。《全唐诗》称其为大唐才子卢东表的女侍儿。大唐诗才真是多如地涌春笋、鸿背秋毳，连一个小侍女都写得此等好诗，而何况那些耗半生之力蹭蹬科举之辈呢？前一首诗写得很有哲理味儿，“待得天晴花已老，不如携手雨中看”，此意何止于男女情场之中，于事业场中又何尝不是如此？哪有万事俱备的时候？而后一首诗则活灵活现地写出了一个小侍儿因为主人进士及第的欢喜天真之情态，手拿着报喜的红帖子，看见上面写着主人的名字，惊喜得急奔而忘记提衣，撒脚就跑，把裙子都踩破了。

都说读会唐诗三百首，不会吟诗也会绺。一个小侍女都会吟得如此好诗，足见大唐诗盛气象之一斑。

51、江南遇故人赠诗

[唐]茂　英

忆昔当初过柳楼，茂英年小尚娇羞。
隔窗未省闻高语，对镜曾窥学士头。
一别中原具老大，重来南国见风流。
弹弦酌酒话前事，零落碧云生暮愁。

【茂英传】

举人智萌节度使拔故知乡妓脱风尘

茂英，本为洛阳人氏，从小便入于乐妓行，早年曾知遇洛中某举人。数年之后于江南席间偶遇举人，便赋与此诗以述原由。此举人便用心思去拜见结交当地的节度使，两个人竟成为好朋友。举人在此流连数月，便要告辞。节度使赠予厚金，并约定为其饯行。在饯行前，举人便在暗中嘱人送于节度使一首诗称：

少拂花枝小下筹，须防女伴妒风流。
座中若打占相令，除且尚书莫点头。

节度使见此诗，丈二和尚摸不着头脑，便当成等闲而观之。而举人暗中却将此词制成教坊曲，教会茂英弹唱。并告诉茂英在节度使的饯行席间侍酒时，一定要唱这首曲子。到了为举人饯行那天，茂女果然按举人的吩咐，在席间唱了这支曲子。节度使这才恍然大悟，马上派人把茂英送还给举人。并为其脱却了官妓乐籍，得以自由之身随举人而去，从此跳出悲苦风尘。

茂女前面的那首诗写得很有画面感，而且叙事脉络十分清晰。大意是：想当年我在洛阳酒楼卖唱时，遇见了你。当时我还是一个很害羞的小孩子，你也还是一个年轻人。我既不敢多说话，也不敢多看你。所以唱完曲子就退到了外间。但还是隔着窗户认真听着你的高谈阔论，在墙上的镜子中不断地偷看你。心中十分仰慕，从来就没有忘记你。从那以后，我就流落到了江南，想不到多年后在这里我们又相见了。而今我们都已经长大了。你更加风流英俊了。我们能在这里琴歌小酌共话往事真是很有缘。但一想到自己有如天上的游云一样飘荡着，就像孤鸟到了日暮黄昏时，飞来飞去无枝可依的那般发愁。

52、寄情词

[唐] 戎昱妓

好去春风湖上亭，柳条藤蔓系人情。
黄莺久住浑相恋，欲别频啼四五声。

【戎昱妓传】

为唐宪宗称道的刺史戎昱救情妓

唐代晋公韩滉镇守浙西时，戎昱为辖下刺史。戎昱与郡内一酒肆卖唱的著名歌女情深意厚，而不得相纳于内。后来，浙西乐府的主管知此女之才，便以韩滉的名义将其召入乐府，籍为官妓。韩是戎昱的顶头上司，戎昱不敢私留此女，便为她写了一首歌词，便是此诗。并叮嘱她，见到韩滉如让你唱歌，一定要先唱这首词。然后，马上把这首词献给了韩滉，说是自己的新作。

这一天，韩滉设宴款待部下官吏，戎昱也在座。乐府便派此女侍宴为歌，以助酒兴。韩滉举杯祝酒后，此女便唱了这首词。词曲一终，韩滉便对身边的戎昱说："此曲不是戎使君的'寄情词'吗？怎么这么快就传到了教坊之间？"戎昱马上离席揖躬谢罪，为之泣诉二人之情。韩滉闻言声色不悦，令此女退下更衣待命。但却把乐府主管叫来斥道："戎使君乃浙西名士，即留情于此女，乐府怎能不知？反而令其入籍侍宴，你这存心是掠他人之美而成我之过也。"言罢命人将乐官打了十大板子。并命人赠与此女百匹缣，让戎昱将此女携归。

这段成人之美的佳话见载于《稗史》。这位韩滉本是玄宗朝中名相韩休的儿子，为德宗年间的名臣；戎昱也是当时大有德名、才名的名臣。二人都是大唐青史有名的人物。

冯梦龙的《太平广记钞》亦有“戎昱”一章：唐宪宗年间，诸臣议以和亲阻北狄入侵。宪宗不以为然，便咏一首诗云：

山上青松陌上尘，云泥岂合得相亲。
世路尽嫌良马瘦，唯君不弃卧龙贫。
千金未必能移性，一诺从来许杀身。
莫道书生无感激，寸心还是报恩人。

此诗便是戎昱之诗，初时因京兆尹李銮想嫁女于他，但嫌其姓氏太偏，便逼其改姓，而戎昱坚辞不从。宪宗随口又吟了他的一首咏史《和番》诗：

汉家青史内，计拙是和亲。
社稷依明主，安危托夫人。
岂能将玉貌，便欲静胡尘？
地下千年骨，谁为辅佐臣？

唐宪宗吟罢此诗又说道：“此人若在，便令其任郎州刺史，武陵、桃源，足称诗人之兴咏。而和亲之计，何其懦也？”遂罢合亲之议。

戎昱为唐代荆南人士，进士及第。卫伯玉镇守荆南时，召为从事。建中年间先后任辰州、虔州刺史。有诗集五卷，《全唐诗》收一卷，一百三十余首。兹录两首短诗共赏：

秋日感怀

洛阳歧路信悠悠，无事辞家两度秋。
日下未驰千里足，天涯徒泛五湖舟。
荷衣半浸缘乡泪，玉貌潜销是客愁。
说向长安亲与故，谁怜岁晚尚淹留。

湖南春日二首

自怜春日客长沙，江上无人转忆家。
光景却添乡思苦，檐前数片落梅花。

53、绝命诗

[唐]欧阳詹妻

自从别后减容光，半是思郎半恨郎。
欲识旧时云髻样，为奴开取镂金箱。

【欧阳妻传】

欧阳途遇太原歌妓生死情缘

欧阳詹，福建泉州晋江人氏，天纵浩汗，少年时便长于诗文。于贞元元年，方二十几岁便进士及第，入京就职途中游于太原，在乐籍中得一情投意合，才堪佳配的歌女，许以为妻。入京前，在太原城中将此女与其妹安置下来。因急于如期赴京，不得不匆匆而别。此女送至城外，二人洒泪而别。欧阳詹于途中赠诗一首寄与其妻：

驱马渐觉远，回头长路尘。
高城已不见，况复城中人。
去意即未甘，居情谅多辛。
五原东北晋，千里西南秦。
一履不出门，一车无停轮。
流萍与系匏，早晚期相亲。

欧阳詹到了京城，被任职为国子监四门助教，每日读书教学，不觉已是一年。而太原城中的那位歌女因相思而得重病不起，死前以剪断发，放入一镂金匣中，并写下一首绝命诗，交给她的妹妹说：“欧阳先生一定会派人来接我。来时，便把此匣与此诗一并交与来人送给欧阳先生。”

果然不久便有京中人来到，其妹便将其姐留下的匣与信送交来人。来人回京向欧阳詹交差。欧阳詹开匣阅诗，竟然一痛大病不起，旬日而亡。也是一段未了而了之情，传于《稗史》至今。《全唐诗》收欧诗一卷80余首，其中便有这首《初发太原，途中寄太原所思》。

男女之情，命无先定而缘不可轻。欧阳长成二十年间心未有所属，偶过太原，便一见钟情于一未字歌女，这就是一种“遇缘”；中途小住便成夫妻而又匆匆分手，这就是一种“露水缘”；而为了一个情字，妻亡于先而夫踵其后，这就是一种“生死缘”。

54、逐妇吟

[唐]慎　氏

当时心事已相关，雨散云飞一饷间。
只是孤帆从此去，不堪重上望夫山。

【慎氏传】

“不堪重上望夫山”的浙江诗女

慎氏，浙江北陵儒家之女，贤淑而有诗才。蕲春官人严灌夫游于此地，与慎氏得遇交好，遂成姻缘。婚后十余年而未有子息。严灌夫便借口他事命慎氏归娘家。慎氏慨然登舟而别。亲友无不流泪相送。慎氏于是临别写此诗转送其夫。严灌夫读此诗，深为感动心伤，便顿改初衷，夫妇和好如初，相偕百年。

夫妻之间的豁达大度比什么都重要。真正的爱一个人就是让其顺心如意。慎氏无子，自合“七出”之俗成，而并非必出。但其夫一有此意，慎氏毫不计较，一纸留下真情，便慨然登舟而去，真有巾帼丈夫汉气。一纸虽轻，而情义无价，好男人自知珍惜，而何忍令所爱者“重上望夫山”？世间男女事，本来不得一丝勉强。越抓得紧的，便让你越早越彻底地失去；若该是你圈中的羊，用鞭子挥都赶不走。当留的赶不走，又何须死看死守？该走的留不住，又何须死不放手？即使相忘于江湖之上，不也胜似在一个屋檐下的互相伤害吗？世人多信奉该出手时就出手，而该放手时便放手，也许更是一种人生的大智慧。

55、临终邀挽歌

[唐] 颜令宾

气余三五喘，花剩两三枝。
话别一樽酒，相邀无后期。

【颜令宾传】

自邀挽歌的长安南曲歌妓

颜令宾，唐代长安城中专唱南曲的歌妓。《全唐诗》中载其诗一首，即前诗，原题名《临终召客》，似大不类，却有污损之嫌，因改为“邀挽”。也有题其名为《病中见落花》者。

颜令宾举止风流，于长安城中以专唱南曲而闻名。而且长于笔墨词曲之间。凡见到举人才子，便奉以笔墨，乞求一诗一词，常积满箱诗笺。后来病重，逢暮春时光，侍儿扶坐阶前见落花而悲命途，叹吟了上边的四句小诗。并教会周围的儿童吟诵，写在纸上，让他们持着诗笺四处去代她邀集来一些文人举子，设宴款待欢饮至晚。席终前满面流泪对众人说：“我将不久于人世，如不嫌弃，请各制挽辞送我。”

众人又有何言？凡能诗者都各写一首挽诗相赠，而当面生挽他人，尤其是面对一病女，怎是一件快乐之事？

在颜令宾去世时，有一位叫刘驰驰的姐妹，长于曲词，便于颜令宾生前自邀的这些挽诗中选成一支挽歌曲子，教会送葬的人们传唱，竟然成为流行于长安的一首挽歌。《全唐诗》载其全词如下：

昨日寻仙子，輀车忽在门。人生须至此，天道竟难论。
客至皆连袂，谁来为鼓盆。不堪襟袖上，犹印旧眉痕。
残春扶病饮，此夕最堪伤。梦幻一朝毕，风花几日狂。
孤鸾徒照镜，独燕懒归梁。厚意哪能展，含酸奠一觞。
浪意何堪念，多情亦可悲。骏奔皆露胆，麏至尽齐眉。
花坠有开日，月沉无出期。宁言掩丘后，宿草便离离。
奄忽哪如此，夭桃色正春。捧心还动我，掩面复何人。
岱岳谁为道，逝川宁问津？临丧宁有主，宋玉在西邻。

大千世界，人人以自己的方式走过一生，本无所谓好坏，无所须忧伤。但颜令宾这位一千余年前的歌女的方式，却实堪悼伤于缄默而无言。人这一生绝不可为挣扎于生存线上而贫苦地活着，而生存于弱势群体之上的人们，则当有人饥己饥，人溺己溺，而不吝援之以手、援之以道、援之以心、援之以实际的良知，这是造物赋于你最高尚的一种权利，切莫轻易抛却。

56、寄　人

[唐]刘　氏

良人的的有奇才，何事年年被放回。
如今妾面羞君面，君到来时近夜来。

【刘氏传】

问夫“今夜醉眠何处楼”的尚书杜羔妻

刘氏是唐代秀才诗人杜羔的妻子，也很爱写诗。杜羔多次赴长安考举人都是落第而归。最后一次考举，他也觉得没希望，便中途返回。快到家时，他忽然收到夫人送来的信，信中是一首诗，对他说道：我的丈夫的确很有奇才，为什么年年都铩羽而归呢？这次我都很不好意思看见你还是落第而归，也怕你不好意思见我。如果你一定要回来，最好是在快要天黑互相看不见脸时再回来。杜羔读后，满心惭愧，便马上折回参加考试，竟然考中了举人。刘氏便又寄给了他一首诗：

长安此去无多地，郁郁葱葱佳气浮。
良人得意正年少，今夜醉眠何处楼？

杜羔，洹水人。唐贞元初年进士及第。后历任振武军节度使，工部尚书等职。

在尚书位上退休致仕。

杜羔妻有注为刘氏者，有注为赵氏者。《全唐诗》计收其四首，并附一首代夫赠诗。第一首便是本诗，名为《夫下第》。观其诗，知其人，此刘氏也不是贤妻之流，终不过小女人心性。丈夫未得第时，毫无包容仁厚之心；丈夫得第后，又怀疑他“醉眠何处楼”？这种女人，终不过自找苦吃而已。

57、夫妻生死联诗

[唐]杨　女

春尽花随尽，其如自是花。（妻）
从来说花意，不过此容华。（夫）
明月易亏轮，好花难恋春。（妻）
常将花月恨，并做可怜人。（夫）

【杨女传】

越溪杨女与谢生的生死诗缘

杨氏女，唐代越溪人。少有才貌，虽不迷恋于诗，却颇爱诗。凡有来求婚者，必以诗对。因而许多求婚人家都知难而退或铩羽而归。适逢一位谢生自来登门求婚，且愿以诗对。

杨女之父便把女儿的两句诗送给谢生，谢生一见诗笺写的两句是：“珠帘半床月，青竹满林风”，便信笔续上了“何事今宵景，无人解语同。”

杨父把谢生的续诗送给杨女看时，没想到女儿竟欣然说道：“天生是我夫也。”杨父终于去了一块心病，为女儿能得如意之夫而欣喜万分。因而，二人得以很快成婚。夫妻二人相濡以沫，夫唱妇随；谢生怜香惜玉，而杨女则举案齐眉，二人自是甘之如饴。倏忽间，夫妻厮守了七年之久，却似流水飞云，浑然不觉。

一日，杨女忽然写了两句诗："春尽花随尽，其如自是花"，便是开头那两句，送给了谢生。谢生一看就说不好，你怎么写这么两句诗呢？在杨女的娇求下，谢生只得勉强赓和跟对下去。等到谢生对完"常将花月恨，并做可怜人"这一联时，杨女竟然枕在谢生的腿上，如熟睡般溘然长逝。

命耶？缘耶？恨耶？福耶？

58、三红诗（三首）

[唐] 王福娘

苦把文章邀劝人，吟看好个语言新。
虽然不及相如赋，也值黄金一二斤。（题红墙诗）

日日悲伤未有图，懒将心事话凡夫。
非同覆水应收得，只问仙郎有意无。（题红笺诗）

久赋恩情欲托身，已将心事再三陈。
泥莲既没移栽分，今日分离莫恨人。（题红巾诗）

【王福娘传】

空将“心事再三陈”的长安曲妓

王福娘，字宜之。唐代解梁人，以卖唱为生的长安“北里前曲妓”。与一位叫孙棨的诗人相与，互有诗赠答。《全唐诗》收其三首，各有题名。因第一首题红墙之上；第二首题红笺之上；第三首题红巾之上，因而，在这里把三首诗统编为“三红诗”。

唐朝是一个遍地是诗人的时代。这位王福娘因是唱曲儿的歌妓，自然也会吟诗。与当地的小诗人或大户人家子弟孙棨交好。因而孙便在她居室窗左的红墙上题了许多诗。福娘见后面还有一小块地方没题满，就自己提笔补满，这就是第一首诗原题《题孙棨诗后》。主要是称赞孙诗虽赶不上司马相如的，但语言很新，也值个一斤二斤黄金（铜）的。对孙诗的这种评价虽然令人忍俊不禁，但却看出了这位福娘是一个快人快语、天真活泼、直截了当的人。

第二首诗原题为《问棨》。两个人交好了许久，王福娘以为这就是爱情，便很想嫁给孙棨。便直接写诗问孙是否有此心？诗中看得出，福娘提出这个问题是很痛苦的。不提这个问题她很痛苦，提到这个问题也很痛苦，因为答案只有一个，要么是结合，要么就分手。而她无法给出答案，只有听凭孙的裁判。她一提出这个问题，就等于把自己送上了裁判所一样。然而，裁决的下达却是很残酷的。孙棨给他的答复是：

韶华如何有远图？未能相为信非夫。

泥中莲子虽无染，移入家园未得无。

王福娘收到这首诗后十分痛苦，便不再与孙往来。孙也自觉无趣。两个人便淡了下来。王福娘心中痛苦，便找出孙以前送给她的一方红巾，不惜染墨其上，写下了一首诗，准备给孙，算是了结。可是这位孙棨却不再来了。便嘱咐她的妹妹小福，如见孙棨再来，就把这方红巾扔给他。

这孙棨跑到东都洛阳转了一遭，但心中还是怀念福娘，便又回到长安，却无颜再去见福娘。一个人在晚上去街头闲逛，忽听附近有丝竹悠扬入耳，便循声而去，却见是福娘在那里卖唱。孙棨一个人在远处看了一回，便无情无绪回转家中，一个夜晚也没有睡好。很有一种剪不断，理还乱的滋味。第二天一早就爬起来，来到了福娘所住的北里，去拜访福娘。可是门开处，出来的却是她的妹妹小福，一句话都没说，只把一团红巾抛在他的怀里，呼地一声把门永远地关上。孙棨认得这红巾，打开一看却是一首诗题在上面，读罢也只得怏怏而去。

这三首诗连贯起来，便完整勾勒了一个歌妓的命运归宿。一旦进入那个行当，想再跳出来，势比登天还难。那些文人墨客、官场中的下脚料般的臭男人，没有人拒绝把歌妓们当成下酒的小菜一碟、正餐后的茶点水果来享用，但却绝无把她们带入家门的可能。而歌妓们多为生计所迫、身不由己自幼便成为了歌妓，因而无人不想在风月场中找到一个好的男人从良，有个归宿，但大多是水月镜花的悲剧结局。也有幸运者，因为这个世界不管怎样腌臜，总还有几个能把感情当回事的好人。

59、游秦求举诗

[唐] 王韫秀

路扫饥寒迹，天哀志气人。
休零离别泪，携手入西秦。

【王韫秀传】

四镇节度使之女宰相之妻的结局

王韫秀，唐玄宗年间太原华州郑县人，河西节度使王忠嗣之女，嫁于唐朝宰相元载为妻。

王忠嗣之父为唐朝勇士，在征讨西北的战争中为先锋官，被敌兵所困，诸将忌功不救，使其阵亡于苦战中，而大军因之获胜。唐玄宗追赠左金吾大将军。王忠嗣时年九岁，拜为朝散大夫，玄宗赐其名为忠嗣，扶养于宫中，与儿时的唐肃宗为伙伴一起长大。自幼喜军事，玄宗与之论军事称其必为良将。长成后随军出征北方，屡以军功升迁为都督、将军、节度使。积功良多，封为县公，虽勇武多谋，却不好黩武，因而很少战败。后又任河东节度采访使，防守边境数千里；后又统掛朔方、河东、河西、陇右四将之印，史称："控制万里，劲兵重镇，皆归掌握，自国初以来，未之有也。"后因奸臣陷害，被贬任。年四十五岁暴病而亡。

王韫秀就是生长于这样一个家庭之中。虽尚诗文，但有将门虎女之风，青史口碑不佳，屡称元载“妻王氏狠戾自专”，“素以凶戾闻”。元载与王氏夫妻二人无一善类，终使元氏一家满门尽灭。

王氏初嫁于元载时，元载家贫。元氏是陕西凤翔岐山人，元载本不姓元，是随母改嫁而姓元。虽自幼家贫，但十分好学，渐成才名。因家贫如洗而在岳母家很没有地位，连王氏都受本家的歧视。所以便与元载一起去长安考取功名。前面那首诗便是夫妻二人入长安的动因。但屡试不第，便更受母家豪门族人的嘲笑。直到天宝年间玄宗崇奉道教，而元载恰恰主攻老庄之学，便岁科中第。从此步入官场，先后巴结依附两朝三大奸宦李林甫、李辅国、程元振等，便平步青云直到宰相之位。到此之时，这位相国夫人王氏又想起在母家所受的气来，便写了一首诗寄给她的姊妹：

相国已随麟阁贵，家风第一右丞诗。
笄年解笑鸣机妇，耻见苏秦富贵时。

诗中的意思是说：我家的元载如今已贵为当朝宰相，而且诗名天下，可为我家第一了吧？当年我初嫁时，你们对我就像苏秦的嫂子一样，看到苏秦都不抬头，照旧织自己的布，而苏秦挂了六国相印归来时，却羞得连头都抬不起来。这也许是一些于贫苦之中得第，暴富暴贵的“土豹子开花”的通常心态吧。

再说元载成为权贵后，家中非亲党、行贿不见，拒人于千里之外。这位王氏此时倒有一番自知之明，就写了一首《喻夫阻客》诗劝谏元载：

楚竹燕歌动画梁，春兰重换舞衣裳。
公孙开阁招嘉客，知道浮云不久长。

这元载此时已是肃宗、代宗的两朝首辅元老，连代宗皇帝的宽容劝告都不当回事了，哪能听得进一妇人之谏呢？而是越来越贪得无厌、受宅连云、珍宝无算、结党营私、排斥异己、党同伐异、草菅人命而无所不为。子弟又狗仗人势、无恶不作，终至天怒人怨。在代宗大历十二年3月，元载被收捕入狱，赐命自尽；其妻王氏赐死，女儿真一虽已出家，仍收入掖庭为奴；几个儿子也都被赐死。真是落得个白茫茫一片大地真干净。

60、金缕词

[唐] 杜秋娘

劝君莫惜金缕衣，劝君惜取少年时。
有花堪折直须折，莫待无花空折枝。

【杜秋娘传】

际遇二帝节度使之妾的传世名诗与悲凉晚景

杜秋娘，唐代金陵人。有诗才，姿容美。15岁便嫁于镇海军节度使李锜为小妾。后来，李锜因谋反被杀，杜秋娘以犯属之身，被发配宫中为官奴。却由才色兼优，得宠于唐宪宗。唐穆宗即位后，又由她来担任皇子李漳的女老师。李漳后来被废，她也受株连，被放归故乡，孤身一人老无所依，悲凉而亡。此诗很有名，成为历代闺诗与青少年惜时的励志之作。版本传世颇多，文字大同小异，稍有出入。

那个时代的女人们真多所伤悲处，尤其是那些多才多艺的女性，不是为老夫之少妻，便是屈身为小妾。更有那些沦落风尘的女才子之命运，便更多属不堪了。是以古人言女子无才便是德，并非完全是没来由的封建轻女语言。

61、答韩翃

[唐]柳　氏

韩翃寄诗： 章台柳，章台柳，往日依依今在否？
纵使长条似旧垂，也应攀折他人手。

柳氏答诗： 杨柳枝，芳菲节，可恨年年赠离别。
一叶随风忽报秋，纵使君来岂堪折。

【韩翃妻传】

章台柳：韩翃与其妻柳氏的传奇经历

柳氏，唐代歌妓，本为长安李生家姬，天宝年间尚未出仕的韩翃，在李生家客居教学，准备科考，很是贫困。一日李生与韩翃相饮，请柳氏出来侍酒。席间柳氏说道："韩夫子岂是长贫贱者耶？"对韩翃很有一番倾慕之情意。这位家主李生便将柳氏转赠于韩翃。那个时代的私家歌妓就如同物事一般，可以随便转赠的。私家歌妓与乐籍营妓的命运大抵如此，主人、官人的一句话，便可决定她们的命运，是一种事实上的女奴。

韩翃进士及第后，一个人回家探亲，柳氏便留在了长安城中等候他归来。正逢此时，安史乱起，在京城长安的柳氏就出家法灵寺为尼，以避战乱。但哪想到唐明皇率先出逃蜀中，长安大乱，很快被叛军攻下。柳氏因为年轻貌美，为朝中得势大将沙咤利所劫夺为妾。但韩翃不过一介书生，知道了也无能为力。也只是心存伤悲而已。

唐肃宗收复长安后，韩翃被平卢节度使侯希逸任命为书记官。节度使回京知道了柳氏的情况后，便派部将许俊单骑突入沙咤利家门，将柳氏从沙咤利手中夺回，归于韩翃。并奏明皇上获得恩准。这两首赠、答诗，便是二人离乱间所作。柳氏诗又名《章台柳》。那个时代女人的命运真如水中浮萍，原上转蓬，不知有多少不堪都埋葬在了历史废墟的尘封中。

诗中的章台柳，代指柳氏，有时也代指青楼、娼妓。章台为战国时秦宫，宫中有台称章台，章台下便称章台街，是长安城中青楼妓女所居之地，所以又称章台柳巷，与花街柳巷同义。

62、江陵愁望寄子安（外一首）

[唐]鱼玄机

枫叶千枝复万枝，江桥掩映暮帆迟。
忆君心似西江水，日夜东流无歇时。

春情寄子安

山路欹斜石磴危，不愁行苦苦相思。
冰销远涧怜清韵，雪远寒峰想玉姿。
莫听凡歌春病酒，休招闲客夜贪棋。
如松匪石盟常在，比翼连襟会肯迟？
虽恨独行冬尽日，终期相见月圆时。
别君何物堪持赠，泪落晴光一首诗。

【鱼玄机传】

大唐女冠诗魁放荡堪怜的短暂人生

鱼玄机，大唐一代女冠（道姑）诗人的代表人物。字幼微、蕙兰。是长安里巷中的一个平民良家美女。少小习诗文，有才艺。旧社会中命运不济的女人，多为此种类型。那个时代的女性是没有任何社会地位的，也没有社会性的工作为“知识女性”提供。所以有了诗文才情干什么呢？除了相夫课子以外，便是自娱而已。而女人一旦多了这种才情，便一定要寻找一个佳偶，不肯再过平民的生活，并一定要努力让自己的才情得到更大的社会认同，所以有时宁嫁一老夫老财为妾，也不肯去作平民家主妇。说到底许多知识女性的不幸，是那个时代的必然。

鱼玄机大概在十几岁时，便嫁与在朝中任补阙言官的李亿为妾。李亿字子安，前面的两首诗便都是寄给李亿的。鱼玄机的诗作在《全唐诗》中所载篇目中，有相当多都是寄给李子安的。显然两个人的感情是很好的，而且那一段生活足令鱼玄机终生难忘，否则便不会在离异后，还日夜相思、投鱼赠雁不止的。也许两个人的感情越好，便越为家中的正妻所不容。古代妻、妾的地位是大不相同的，妻是一家内主，而妾只有在主妇旁站着的资格，所以这个“妾”字是立、女二字的组合，是站着的女人。妾在家庭中的地位与女仆差不多，所以丈夫对妾那么好，那主妇有几个会容忍得下呢？更何况李亿又带着鱼玄机到山西等外地去旅游，一走就要一两个月，家中的大妻怎能不妒火中烧呢？

肯定是在大夫人闹得不可开交，实在没有办法的情况下，这位补阙大人才带着年方 17 岁的小妾，把她送到了长安城外的咸宜观做了女道士。但她哪里是净心悟道之人？一切都是被逼无奈。17 岁的小女孩也许还天真地以为这是丈夫的权宜之计，也许李亿就是这样骗她的，所以她总在盼望着有团圆的那一天。有诗句为证：“比翼连襟会肯迟”，“终期相见月圆时”。但随着时间的流逝与自己的成长，她终于明白是怎么回事了。但她就是忘不掉那个李亿，就是在她外出云游到各地观光时所写的诗作中，都会提到李亿。所以说，鱼玄机至少在希望破灭前，还是一个很重视感情的善良女孩。随着希望的破灭，她终于堕落为了一个娼妇，但她并不甘心，总为自己的命运而悲伤。这在她的诗作中有所表现，如“萧萧风雨夜，惊梦复添愁”，“易求无价宝，难得有心郎”，“枕上潜垂泪，花间暗断肠”，“红英只称生宫里，翠叶哪堪梁上尘”，“夜夜灯前欲白头”，“万里身同不系舟”等诗句，足见她心中的悲苦与对美好生活的向往。

她一方面渴求着对稳定、幸福生活的向往，一方面又无法放弃她应酬眼前的生活方式，不知有多少人与她有过交往，但却没有一个人乐于承接她的终身之托这记投球。一个个臭官僚，糗文士、坏男人都如狂蜂一般，在她这里采完蜜便飞走了，又到别的花上去采了。世上哪有一只蜂蝶虫鸟是养花护花的呢？历史总是大书特书大唐盛世，到了鱼玄机所生活的唐武宗年间，已是晚唐了，大唐王朝已经糜烂不堪，吃喝玩乐逛青楼已是一般官僚、文人士子的生活中不可或缺的部分，就是朝中的一、二品大官，地方封疆大吏也概莫能外。尤其是那些营妓（官娼）与女冠诗人们，几乎都是这一类人的精神与肉体的双重消费品。而且唐代崇尚道教，因老子与唐宗室同姓。所以更盛兴女道士。也许是武则天带的头吧，连皇家公主说送进道观就送进去了。那些女道士似乎个个如鱼玄机一类的才貌双全，是一种十分奇特的现象，形成了一个特殊的群体阶层，为那些官绅、文人们的精神空虚与兽性需求，提供了足够的填充物。而许多的风流事都发生在寺庙、道观中也就不足为奇了。而鱼玄机不过是那种畸形社会中无数畸形产儿中的一个而已。

人的命运多是自己的主观与外因合奏的一支交响曲。鱼玄机入观时，有一个随身女婢名为绿翘，也是十分的聪慧貌美，因而常常让她心中很是嫉妒。有一天，鱼玄机应邀外出归来时，绿翘对她说白天来了一位客人，因她不在便不舍而去。而这位客人恰恰是鱼玄机最相与的情人，便以为绿翘与他私通，否则不会不见而去，便把绿翘剥光衣服鞭杖数百，堪堪待毙。这位绿翘，知道自己难逃一死，便向鱼玄机讨了一杯水，但她并没有喝，而是把一杯水祭于天，洒于地，有气无力，一言三喘，头不抬眼不睁地说道：

“炼师（鱼玄机）欲求三清长生之道，而未能忘解珮荐枕之欢，反以猜忌而厚诬于贞正，我不免死于你的毒手。如果没有天，便无处可诉了；若有天，我誓不无动于冥冥之中，任你如此。”说罢竟然仆地气绝、一命呜呼了。

鱼玄机这下害怕了，便一个人匆匆在道观后院把女婢埋葬在一背静处。本以为无人知晓，谁知恰逢有香客去后院来这背静处解手，却发现此处青蝇群集驱而复来，而且发现周围依稀有斑斑血迹且腥臭熏天。香客心下生疑，方便后便匆匆离去，但心中仍觉不安，便告诉了自己的仆从。也是合当事发，这仆从回到家中便又向他的家兄说起，因为他的哥哥是衙门中的捕役。而恰恰这位衙役曾向鱼玄机求借银两而不与，早就心存芥蒂，恨怨不已。一听兄弟之言，凭他办案的经验，断定有事，便马上带领衙卒走入道观，直去后院葬尸处发掘得尸，绿翘面色如生。差人便将鱼玄机枷送于京兆，被判死刑，至秋斩首示众。

那一年，她也不过才二十几岁。死后其诗集得以刊行于世，收入《全唐诗》中，《稗史》《情史》及多种文献均纪其事、其诗。《全唐诗》计收其诗 48 题并句。仅录以下几首，以观其才情一斑。

翠色迷荒岸，烟姿入远楼。
影铺秋水面，花落钓人头。
根老藏鱼窟，枝低拂客舟。
萧萧风雨夜，惊梦复添愁。（《赋得江边柳》）

羞日遮罗袖，愁春懒起妆。
易求无价宝，难得有心郎。
枕上潜垂泪，花间暗断肠。
自能窥宋玉，何必恨王昌。（《赠邻女》）

八座镇雄军，歌谣满路新。
汾川三月雨，晋水百花春。
囹圄常空锁，干戈久覆尘。

儒僧观子夜，羁客醉红茵。
笔砚行随手，诗书坐绕身。
小材多顾盼，得作食鱼人。（《寄刘尚书》）

吴越相谋计策多，浣纱神女已相和。
一双美靥才回面，十万精兵尽倒戈。
范蠡功成身隐退，伍胥谏死国消磨。
只今诸暨长江畔，空有青山号苎萝。（《浣纱庙》）

临风兴叹落花频，芳意潜消又一春。
应为价高人不问，却缘香甚蝶难亲。
红英只称生宫里，翠叶哪堪梁路尘。
及至移根上林苑，王孙方恨买无因。（《卖残牡丹》）

莺语惊残梦，轻妆改泪容。
竹阴初月薄，江静晚烟浓。
湿嘴衔泥燕，香须采蕊蜂。
独怜无限思，吟罢亚枝松。（《暮春有感寄友人》）

一枝月桂和烟秀，万树江桃带面红。
且醉尊前休怅望，古来悲乐与今同。（《悼亡诗》）

自叹多情是足愁，况当风月满庭秋。
洞房偏与更声近，夜夜灯前欲白头。（《秋怨》）

云峰满目放春晴，历历银钩指下生。

自恨罗衣掩诗句，举头空羡榜中名。（《游观新进士及第题名处》）

深巷穷门少侣俦，阮郎唯有梦中留。
香飘罗绮谁家席，风送歌声谁家楼。
街近鼓鼙喧晓睡，庭闲鹊语乱春愁。
安能追逐人间事，万里身同不系舟。（《暮春即事》）

朝朝送别泣花钿，折尽春风杨柳烟。
愿得西山无树木，免教人作泪悬悬。（《折杨柳》）

观鱼玄机短暂的一生，真如她诗中所写，有如春日里折尽春风的杨柳烟一般，轻轻地飘飞在历史的山谷中。一切都是社会造就，对她还有什么可以责备的呢？她不但是那个负心郎李亿的弃妇，而且是社会的弃儿。就是她打杀女婢，也不是故意杀人，尽管她罪责难逃，但哪一个女人天生如此呢？孟子早就讲过人性是善的，如果鱼玄机在她的那些嫖客中遇到一个好种，也许便不会有如此的悲剧发生；如果她本人安于平民的本分生活，也不会有此种结局。而这个世界上任何事物的存在，任何现象的发生，如果追溯因果，注定都不是一种原因造成的。

大唐王朝的李端公李郢官居侍御史，竟也与鱼玄机有染。二人在长安城中同住一巷，但风流过后竟然“终年不一过”，鱼玄机怎能不恨怨？鱼玄机就写过一首诗嘲弄他：

无限荷香染暑衣，阮郎何处弄船归？
自惭不及鸳鸯侣，犹得双双近钓矶。

这首诗是鱼玄机听说他外出避暑垂钓归来后写的。显然前两句是嘲讽他：先生又去哪里寻花问柳，醉卧花丛了？衣服上还有女人的香味呐吧？除了这个李端公还有那个著名的温八叉温庭筠，本是一个风骚成性，与杜牧差不多的逛青楼老手，鱼玄机却只把希望寄托在他身上，曾写过一首《冬夜寄温飞卿》的诗，飞卿是温庭筠的表字。诗中写道：

苦思搜诗灯下吟，不眠长夜怕寒衾。
满庭木叶愁风起，透幌纱窗惜月沉。
疏散未闲终遂愿，盛衰空见本来心。
幽栖莫定梧桐处，暮雀啾啾空绕林。

能写出这种诗来，与温庭筠绝非一般应酬性的诗友关系。但她哪里会想到，这种人不知经历了多少“鱼玄机”了，玩够了，便去另寻新欢，而不再理她，以致她后来在另一首《寄飞卿》中竟以半怨半责的口吻写道：“嵇君懒书札，底物慰秋情？”春情都玩不过来的人，哪里还有心思管你的秋情？鱼玄机就是在这种总是过高期望而又不断失望中，像一只可怜的猫蹲在河边，看着那些弄了她一身腥又一个个溜掉了的鱼一样，该是何等心情呢？而如李郢、杜牧、温庭筠、李商隐、刘禹锡等人大都如此一路货色，对于后期的唐诗是不是该打一个大大的问号呢？他们的那些诗作是不是早都变成了转基因产品了呢？

63、答赵子

[唐]步非烟

绿惨双蛾不自持，只缘幽恨在新诗。
郎心应似琴心怨，脉脉春情更泥谁？

【步非烟传】

嫁非其人爱非其人枉死鞭下的河南才女

步非烟，饶有诗情画意如梦如幻的一个名字，而生何不幸？自幼父母双亡，不知如何长成，且练就一手好诗文。更有一副善唱秦歌的好歌喉，开口自是余音绕梁、三日不绝。尤善击瓯奏乐，一瓯在手，便有丝竹合韵醉人之音。而且容止美丽，面似夭桃杏蕾初绽，又天生一副好身姿袅袅婷婷，有如三春垂柳丝、凌波步烟水，弱不胜衣难禁风摇，自是人见人怜。世间人无不以此为美，而大煞风景焚琴煮鹤的却是，凡被如此这般描述的人，多勾定了一幅死相。造物本身就是天生忌美的心肠，一不小心造出来了，便一定要声色不露地把她尽早毁灭。不信？你看这世上凡完美之物，哪有一个得以长存的？而且造物很少会把“美”与“好”这两端都设计在它的一件作品上。

步非烟本是河南人。长大后便由媒妁之言，嫁与了河南府衙中一位叫武业的功曹参军为小妾。这位武参军中年又得一如此美妾，怎能不如获至宝？但只是官身不由己，哪有那么多的闲情逸致来陪伴这位小可人。步非烟整日里也只是一个人琴歌诗书，于自娱中打发时光。她一介小女子怎知道，命运之神早已在她的身旁安排好了她的终结者。

在这位武参军家一墙之隔的后院，有一人家，住着一位游手好闲的青年文学爱好者，叫赵象，是甘肃天水人氏。整日里虽是满口诗书礼仪，却天生一肚子男盗女娼。尤其好色成性，是属于那种见了女人便转不动眼珠迈不动步的臭男人。恰巧有一天，步非烟到后园漫步，却让这位赵象的二目给照了一相，从此魂不守舍，寝食难安。思来想去，便在武家的看门人身上打开了主意，给了他许多钱。这位门人很是胆小，怎么敢干这等事呢？天使有时也禁不住魔鬼的诱惑，何况一个老门人呢？后来终于被买通了，便回家与老伴商量，由她来充当丑老红娘，先把赵象写的一首情诗送给了步非烟。

这位步非烟也绝非良家子，一见诗笺便止不住心旌摇动，意马心猿难拴。于是，便写了前面这首诗寄还赵象。由此，两人不断以诗笺往还，情与日深，便又以书信各述衷怀心曲，一发而不可收。在武业值班之夜，步非烟约赵翻墙来会。于是步非烟成了巫山神女自荐枕席，采花客成了楚襄王梦中云雨。就这样你偷我送地往来了一年多，家中人除了武业不知而外，各自都是心照不宣。

这步非烟却自以为无人可知，不断地因小事责打一位侍女。这侍女一气之下，便把丑事和盘向武业托出。这武业假装不知，待到值班之日假做离家，却又中途潜回，果然见二人私会。去捉赵象，却被他逃掉，只扯得下半幅衣襟，便入室拷问步非烟。步非烟矢口否认，不以实告，惹得这位军爷大怒，把自己的爱妾绑在了柱子上，鞭打不止。但步非烟并不屈服，反说“生得相亲，死亦何恨？”武业气得一直打到深夜，累了，才扔下步非烟不管，自己回房睡觉去了。步非烟血流得太多，十分干渴，便让她平日喜爱的那个女仆给她一碗水喝。之后，竟然三魂渺渺，七魄飘飘，一齐出窍去寻找那位赵象去了。

这武业哪里知道？一觉醒来，起身又要去鞭打步非烟，却才发现斯人早已气绝身亡，尸冷骨寒。武业便以暴死告知邻里，葬步非烟于北邙山。而那个赵象却化装改名逃窜到江浙一带，又别寻风流去了。可怜步非烟一番痴情真爱、生死不计，而这位赵象却如此地胆小怕事，不敢担当，真是狗鼠不如，此种人怎会有什么好下场。

64、父女和诗

[唐]薛　涛

父：庭除一梧桐，从干入云中。
女：枝迎南北鸟，叶送往来风。

【薛涛传】

“梧桐叶送往来风”的天下名妓

薛涛，字洪度。原本为长安良家女，是官员薛郧之女，八九岁时，便知诗文。其父一日指院中高大的梧桐树吟了两句诗，请其女续下联。薛涛马上对了前面那两句诗。薛郧听后，口虽不言，心下实为女儿的归宿而深以为忧。那本该是妓女所吟之诗，小女才八九岁便有此等心性，其为父者何能不忧？

后来薛郧迁任蜀中教官，早亡。由其母将其养大成人，客居于成都百花潭，以诗闻名蜀中。后来韦皋出镇蜀中，请薛涛侍酒赋诗，从此落入乐籍为官妓。后人也有称薛涛为校书的，其实，此类歌女都统称为“校书”，而非官职。薛涛从此以诗文迎来送往，多混迹于士子官人之中，尤与元稹交往最深，而与西川节度使高骈那里得宠最为长久。晚年又逢李德裕镇蜀州。李德裕镇蜀八年离任蜀州时，薛涛已 70 多岁，写下了一首著名的《筹边楼》诗以怀念那个时代：

平临云鸟八窗秋，壮压西川四十州。
诸将莫贪羌族马，最高层次见边头。

筹边楼在成都西郊，是李德裕为剑南节度使时所建，楼中绘有蜀中地形全图，既为军事所用，又供人登临游览。蜀中在李德裕治理期间，很是安定。李德裕离任后，与吐蕃的边疆纠纷战事又起，所以薛涛写了这首诗。此时薛涛已居住在杜甫草堂不远处的万里桥一带。不久便去世了。后来的蜀王王建曾有《寄蜀中薛涛校书》一诗称“万里桥边薛校书，枇杷花下闭门居。扫眉才子知多少，管领春风总不如。”亦有称为韦皋罢官成都后所赠。而元稹所赠之诗称：

锦江腻滑峨眉秀，幻出文君与薛涛。
言语巧偷鹦鹉舌，文章分得凤凰毛。
纷纷词客皆停笔，个个公侯欲梦刀。
别后相思隔烟水，菖蒲花发五云高。

《稗史汇编》还记载了元稹的一位书记官赠与他的《十离诗》。称元稹在浙东任职时，幕府中有一薛书记，十分得其尊宠，但因酒醉，二人争酒令胜负，书记官竟以酒具将元击伤，而不得再留于幕府之中。于是，薛书记便写下了“十离诗”赠与元稹。而《全唐诗》则把此组诗收在了薛涛名下，却序注称：“元微之使蜀，严司空遣涛往事。因事惹怒了元稹，薛涛便作《十离诗》以献，遂复善焉。”也就是说元稹出使到成都，节度使严武派薛涛去服事元稹，但因事惹怒了元稹，薛涛便写了这组诗送给元稹，二人和好如初。《十离诗》如下：

驯扰朱门四五年，毛香足净有人怜。
无端咬着亲情脚，不得红丝毯上眠。（《犬离家》）

越管宣毫始终情，红笺纸上撒花红。
都缘用久锋头尽，不得羲之手上擎。（《笔离手》）

云耳红毛浅碧蹄，追风曾到日东西。
为惊玉面郎君坠，不得华轩更一嘶。（《马离厩》）

陇西独自一孤身，飞去飞来上锦茵。
都缘出语无方便，不得笼中更唤人。（《鹦鹉离笼》）

出入朱门未忍抛，有人常变语交交。
衔泥秽污珊瑚树，不得梁间更垒巢。（《燕离巢》）

皎洁圆明内外通，清光似照水晶宫。
都缘一点瑕相污，不得终宵在掌中。（《珠离掌》）

戏越莲池四五秋，常摇朱尾弄轮钩。
无端摆断芙蓉朵，不得清泉更一游。（《鱼离池》）

爪利如钩眼似铃，平原捉兔趁高情。
无端窜向青云外，不得而今手上擎。（《鹰离鞲》）

蓊郁新栽四五行，常将正节负秋霜。
为缘青笋钻墙出，不得垂荫覆玉堂。（《竹离亭》）

铸泻黄金鉴始开，初升三五月徘徊。

为遭无限尘蒙污，不得华堂上玉台。（《镜离台》）

那位薛书记离幕后，元稹仍经常怀想。一次游于湖边时，又想起了昔日同行之情境，便赋诗一首称：

马上同携今日杯，湖边还拂去年梅。
年年只是人空老，处处何曾花不开。
歌咏每添诗酒性，醉酣还命管弦来。
尊前百事皆依旧，点检唯无薛秀才。

也有史料载称这组《十离诗》是薛涛的诗作，那么，这位“薛书记”与“薛校书”是否一人呢？书记是官府中的一文职幕僚，而“校书”则是对官妓的一种尊称。而《青楼韵语》一书也把《十离诗》堂而皇之地安在了薛涛的名下，诗名为《十离诗上浙东元相公》，显然是一种误解；抑或《稗史》所载是一种讹传也未可知。《全唐诗》《青楼韵语》都载录了薛涛的不少诗作，也摘录几首来共赏：

霜规不让黄金色，圆质仍含御史香。
何处同声情最异，临川太守谢家郎。（《酬郭简州寄柑子》）

花落梧桐凤别凰，想登秦岭更凄凉。
安仁纵有诗将赋，一半吟辞杂悼亡。（《别李郎中》）

浩思蓝山玉彩寒，冰囊敲碎楚金盘。
诗家利器驰声久，何用春闱榜上看。（《酬祝十三秀才》）

万条江柳早秋枝，袅地番风色未衰。

欲折尔来将赠别，莫教烟月两乡悲。（《送姚员外》）

雨暗眉山江水流，离人掩袂立高楼。

双旌千骑骈东陌，独有罗敷望上头。（《送郑资州》）

芙蓉新落蜀山秋，锦字开缄到是愁。

闺阁不知戎马事，月高还上望夫楼。

扰弱青蒲绿又齐，春深花落塞前溪。

知君未转秦关齐，日照千门掩袖啼。（《赠远二首》）

冰国蒹葭夜有霜，月寒山色共苍苍。

谁言千里自今夕，离绪奢于关塞长。（《送友人》）

二月杨花轻复微，春风摇荡惹人衣。

他家本是无情物，一任南飞又北飞。（《柳絮》）

碧玉双瞳白玉郎，初辞天帝下扶桑。

手持云篆题新榜，千万人家春日长。（《上王尚书》）

前溪独立后溪行，鹭识朱窗自不惊。

借问人间愁寂意，伯牙弦绝已无声。（《寄张元夫》）

双栖绿池上，朝去暮飞还。

更忆将雏日，同心莲叶间。（《池上双凫》）

露涤音清远，风吹故叶齐。
声声似相接，各在一枝栖。（《蝉》）

魄依钩样小，扇逐汉机团。
细影将团质，人间几处看。（《月》）

猎蕙微风远，飘弦唳一声。
林梢鸣淅沥，松径夜凄清。（《风》）

花开不同赏，花落不同悲。
欲问相思处，花开花落时。

槛草结同心，将以遗知音。
春愁正断绝，春鸟复哀吟。

风花日将老，佳期犹渺渺。
不结同心人，空结同心草。

那堪花满枝，翻作两相思。
玉箸乘朝镜，春风知不知。（《春望四首》）

青鸟东飞正落梅，衔花满口下瑶台。
一枝为授殷勤意，把向风前旋旋开。（《折花酬新员外》）

还有一些薛涛的风尘诗钞，不一一收录。诗未见得怎么好，却可以约略得见一千二百年前的风尘女子的一生，真是“枝迎南北鸟，叶送往来风”了。

薛涛去世后，有许多传奇衍生，更有诸多咏薛涛的诗作流传。后人因郑谷《蜀中诗》有“小桃花绕薛涛坟”的诗句，便在薛涛坟的周围栽植桃树百株，每年初春时节，桃花盛开，光彩烧天，游人观赏不绝，亦成一观览盛境。

65、临行献李尚书

[唐]崔紫云

从来学制斐然诗，不料霜台御使知。
忽见便叫随命去，恋思肠断出门时。

【崔紫云传】

歌妓崔紫云与杜牧青楼故事

崔紫云，大唐诗人杜牧的歌妓。杜牧少年时就很有文才，出口成章，下笔如神。还不到二十岁就得以进士及第，而且很快便进入了仕途。但此人放荡成性，曾以诗自谓十年一觉扬州梦，赢得青楼薄幸名。其实他不是薄幸，而是纯一色氓。

杜牧少年得第后，唐朝的大僚牛僧孺出镇扬州，任命他为书记官。除了一点公事外，他在扬州就一件事：喝花酒，逛青楼。

那时的扬州，“无烟工业”很发达，入夜后，扬州城的处处青楼“常有绛纱灯万数，辉罗耀烈，九里三十步街中，珠翠填咽，邈若仙境”。就是说一到夜间，扬州的“红灯区”一条街灯火辉煌，妓女遍地。而杜牧专门往这里钻，“出没驰逐其间”，像一条饥饿觅食的野狗一样；“日无虚夕”，没有一天不去的。

牛僧孺知道后，怕他惹出什么麻烦，便安排了三十名便衣，天天暗中“保护”他。但他还自以为神不知鬼不觉。敢做坏事的人大概都是此种心态吧。杜牧就这样在扬州放荡了数年之久，且一切风平浪静，自以为得计。后来朝中调他进京任侍御史，牛僧孺在衙门为他饯行，并劝诫他说：“做侍御史不比书记官，自当有御史的庄严气概，应常自律，注意风情不节之处，否则会妨碍你的身体健康。”杜牧应该知道这牛僧孺是何等人物，怎会无的放矢的乱说？人常说鬼迷心窍，其实鬼怎么能迷人心窍？但人一要聪明就都会自迷心窍。这位春风得意马蹄疾的大诗人便信誓旦旦地说：“某幸常自检守，还不至于给您老人家留下忧虑之处。”

牛僧孺笑而不答，只是轻轻一招手，手下人便搬出一个书箱送给了杜牧。杜牧还以为送给他什么贵重礼物，忙不迭地故作谦谢状。可是打开书箱一看，傻眼了，发抖了，脸白了，冒汗了，傻眼流泪了。原来箱子里全是那些便衣关于他这些年来逛妓女的记录。一本本一笔笔把他的行踪一年年一天天记得清清楚楚：“某年某月某天夜间，杜书记官到哪家哪家妓院，平安，……无恙，……未归，……晨归……。”这杜牧惭愧得无地自容，“泣拜致谢，终身感焉。”而牛僧孺虽记人之丑，但并不败人之美，一示了之。所以杜牧感激涕零。直到牛僧孺去世，都是他亲撰墓志，极尽歌功德、颂仁风之能事，以此为报。

世间事什么都在不断改变，就连铜墙铁壁都可以化成水，花岗岩也可以变成砂粒粉末，但狗吃屎，猫吃鱼的本性改不了。这杜牧的性基因有问题，刚到了皇朝御使任上不久，便又忘乎所以，旧病复发。当朝尚书李愿在东都洛阳宴请朝中名士，这杜牧接到请柬，便“轻骑径往”。为什么这么急这么痛快呢？因为他一到京城就听说这李尚书有一名叫崔紫云的家妓，既貌美无双，又能歌善舞，诗文出拔。杜牧这种人也真是一种仙瘾神累。入席豪饮三杯，便向李尚书直言不讳地问道：“听说府上有一位紫云，是哪位啊？”李愿便用手指了一下紫云，杜牧便说道：“真是名不虚传啊！是应该很好地照顾啊！”显然是有讨要的弦外之音。言毕又“引满高吟，旁若无人”，要说他像雄孔雀见雌开屏是恭维他了，倒十分像农家舍中围着母鸡扑楞膀子嘚瑟的老公鸡的模样。

这李愿虽身为尚书，似也不好太驳这新任御史大诗人的面子，便大慷其慨把紫云送给了他。这位紫云临行前，便送给了李尚书这首诗相别。不知有多少才女就这样成为了这些官痞、文痞、色痞手中的转丸一样，转来转去的了此一生。乐此不疲者自有之，但何等人色都不可一概而论则是天下定理。

这位大诗人后来又出任湖州刺史，其间还有一些风流韵事，怕有碍观瞻，便不一一列举。后来，又调回朝中任中书舍人，这就是他一生最高的职衔了，其实他最合适的职称当是青楼舍人。没有几年，真如牛僧孺所言“或至尊体乖合”——得性病了，他知道将死，便给自己写好了墓志、祭文。不久就离开了人世，终年刚刚五十岁。而那位紫云则不知所终。好在《全唐诗》中载下了这位才女的一首诗章，也算是千载有名了。

66、效徐淑体寄杨达

[唐]姚月华

妾生兮不辰，盛年兮逢屯。寒暑兮心结，凤夜兮眉颦。
循环兮不息，如彼兮车轮。车轮兮可歇，妾心兮焉伸。
杂沓兮无绪，如彼兮丝棼。丝棼兮可理，妾心兮焉分。
空闺兮岑寂，妆阁兮生尘。萱草兮徒树，兹忧兮岂泯。
幸逢兮君子，许结兮殷勤。分香兮剪发，赠玉兮共珍。
指天兮结誓，愿为兮一身。所遭兮多舛，玉体兮难亲。
损餐兮减寝，带缓兮罗裙。菱镜兮慵启，博炉兮焉熏。
整袜兮欲举，塞路兮荆榛。逢人兮欲语，鞈匝兮顽嚚。
烦冤兮凭胸，何时兮可论。愿君兮见察，妾死兮何瞋。

【姚月华传】

鹣鹣白鹢两分飞无疾而终的扬子情缘

姚月华，出生于地方官僚之家，少年失母，自是苦辛。随父亲客居于扬子江左。一夜间忽梦月亮掉在了她的梳妆台上。一觉醒来，忽然觉得彻悟文学，虽生来从未读书，却能提笔成章，非但文通字顺，且词美意佳。更长于水墨丹青，俨然一少小画女才人。虽身为女子却喜读经、书。对先秦诸子的名言，历史掌故，过目不忘，信手拈来。

端午节到了，扬子江边好不热闹，龙舟竞戏，画舫盈江。姚月华忍不住在丫环的陪同下跑到江边去观看。又自是梳洗打扮一番，本来就天生丽质的姚小姐就显得更为光彩照人了。

到了江边，上了一座画舫，用手轻轻半撩舱帘便可一览大江之上的舟跃人欢。她正在凝眸看龙舟表演，哪里想到自己却被邻船上一位叫杨达的书生，像她看龙舟一样的把她看了个精透：卧蚕云髻高挽，如丝绿鬓半鬅，双眸如秋水流波，虽无杏脸桃腮之艳，如玉似月的白皙面容之中却透出一种秀雅高贵的气质。站在舫中，就像玉兰花开在百草园中一样的亭亭玉立。玉腕上系着一朵五彩丝线的梅花结，让这位素衣玉人更显娇丽。这位书生真的是一见钟情，回去便写了一曲《泛龙舟》来记述他在江上所见。而姚月华哪里知道这些？

人认命不行，不信缘也不行。没有缘分，是越追越远；缘分来了，躲都躲不开；缘分尽了，留也留不住。用老百姓的话说，就是“命里有，送到手；命没有，别强求”。一日偶然间，这姚月华在闲览人们传抄的诗稿中，被杨达的一首《昭君怨》吸引住了。尤其是其中有两句让她不能自已的是：“纵有菱花镜，羞向单于照。”虽然我们读不出什么好处来，可是在有缘人的眼中，便是臭鸡蛋也会放光；在无缘人的眼中，就是夜明珠也看成是臭鸡蛋。这就是身无双飞翼，心有一灵犀的“通”缘。这位姚月华竟然背着父亲，私命侍女去寻找这位杨达去讨借他的旧诗稿。

这杨达听了侍女的来意，真是喜出望外，马上新写了一首艳体诗来抒情，送给了姚月华。从此小丫环成了跑腿的红娘，牵线的月老，二人得以不断地尺牍往来，鱼雁赠答。而且这个姚月华反比那位杨达更为痴情。凡是读到那些流泻真情的诗、信，她都伏读数遍，仍怕忘却，便把它烧成灰，溶入酒浆之中一饮净尽，并称之为“益中散”。

两个人的交往越来越频繁。有一天，杨达在姚家喝酒稍酣，便于席间昏昏欲睡。姚月华便让侍女把自己香阁闺房中的合欢竹簟枕，温凉草纹席全送了过来。这杨达心下着实感动，但又能怎样？醒来便怅然而归。第二天送来一封致谢信，附带一份写有“不律隃糜”字样的礼物。两个小侍女不知道是什么，便问小姐什么是“不律隃糜”？原来，“不律”是吴地对笔的称呼；而“隃糜”则是汉人所用的一种墨。以诗文为交的少男少女送笔、墨为礼，自然是即讲究又很得体的事。

很巧的是姚月华这天正好把手绘《芙蓉匹鸟图》完成。本来姚小姐的绘画都是自娱自存从不送人的。但仓促间无礼可还，便把这幅画回赠给杨达。这杨达见图中的芙蓉花上白、红、黄三色纷呈，疏落有致的枝上落着两只相偎依的鸟儿，而且笔墨浓淡相宜，自是十分喜欢，爱不释手。于是便日夜不舍地赶制了一幅手卷。先是浓墨淡彩绘好了如玉人横陈的枝干，然后一朵一朵地一直画足了一千朵蜡梅花，又一笔一笔地用毫尖勾点了数千花蕊，已是一天一夜后的天亮时分，虽自己越看越爱，但仍嫌不足，竟咬破中指去花间点了一朵殷红，提起笔来写上了“心有千千结”五个楷字，加印一枚闲章，才觉尽心如意。但已是了无睡意，一个人搰笔坐在那里展玩遐想，仿佛那花儿就是人一般。也许这正是少年心性方至如此吧。第二天便又送与姚月华处。

姚月华一见，心中如兔跃猿攀，竟将母亲留给自己珍藏多年的宝物“洒海剌”紫色绒织二尺送与杨达，并告知：此物乃西蕃所贡之物，逢雪天以其为履，凡雪遇而即化。并附诗一首称：

金刀剪紫絨，与郎做轻履。
愿化双仙凫，飞来入闺里。

杨达虽与姚月华诗文往来有日，但只有此诗才让他感受到了这位萍水相逢于扬子的小姐心意。便贿赂往来传信的使女求其安排与姚女的私会。从此凡私会时间长的，便称之为“鹣鹣会”，凡时间短的便称之为“白鹢会”。两个人正处情浓意笃之时，姚月华的父亲却忽然改任江右为官，马上举家渡江赴任，两个人竟然没有任何准备，只得怀恨而别。

姚月华随父到了江右，日夜相思，便模仿徐淑体写成一词，寄与江左杨达。其词即是开篇那首。杨达读了，不胜伤感呜咽泪下。怀想往事也只能常到姚氏旧宅前瞻望良久，除了春见双燕斜飞，秋见落英满地而外，只有无限伤心满怀而归。后来，便了无音信，杨达整装去了江右寻找，竟然无人知其家踪迹。这杨达回到江左，每逢故旧友人问及此事，只是潸然泪落无语而已。两个情窦初开如胶似漆少年男女间的一段情缘，竟以鹘落兔起的方式无疾而终了。此事在不同的典籍中均有不同的记载。

《全唐诗》中还收录了姚月华的另外三首怨诗，引录于下共赏：

银烛清樽久延伫，出门入门天欲曙。
月落星稀竟不来，烟柳朦胧鹊飞去。（《有期不至》）

春水悠悠春草绿，对此思君泪相续。
羞将离恨向东风，理尽秦筝不成曲。

与君形影分吴越，玉枕经年对离别。
登台北望烟雨深，回身泣向寥天月。（《怨诗寄杨达》）

梧桐叶下黄金井，横驾辘轳牵素绠。
美人初起天未明，手拂银瓶秋水冷。（《楚妃怨》）

67、题邮亭壁

[唐]周仲美

爱妾不爱子，为问此何理？
弃官更弃妻，人情宁可已？
永诀泗之滨，遗言空在耳。
三载无朝昏，孤帏泪如洗。
妇人义从夫，一节誓生死。
江乡感残春，肠断晚烟起。
西望太华峰，不知几千里。

【周仲美传】

西望太华肠断泗水泪洗孤帏的弃妇吟

周仲美，世居京师汴梁，其父游宦于成都，将其嫁与李氏为妻。公婆在泗州为官，其夫在金陵为官府幕僚，周仲美则随侍在泗州为官的公婆，但她的丈夫却在南京又娶了一位小妾。后来，此人竟弃子弃妻弃官，与小妾远遁华山隐居。周仲美屡求其归家而不得，只得携子投奔了在合肥的外公家，独守空帏三年而誓死不再嫁。适逢其公爹调任长沙，离开泗州。周仲美携子与公婆一同南归，在所经邮亭壁上写下此诗，算是与丈夫的诀别。

一个“节”字，一个“守”字，不知误了多少无辜女子的青春年华，一生的悲苦。这也许正是古人所以为古人之处，今人之不开化者所以称泥古之处。

68、菩萨蛮·为小周后作
（附李后主词8首）

【南唐】李　煜

花明月暗笼轻雾，今宵好向郎边去。
花袜步香阶，手提金缕鞋。

画堂南畔见，一向偎人颤。
奴为出来难，教君恣意怜。

【小周后传】

小周后的悲剧与李后主宋太宗

小周后，南唐李后主李煜的继妻。是唐末割据江淮的小政权南唐李璟时代宰相周宗的次女。而这个周宗的长女便是李煜的前妻。姐妹二人都是一个主人翁，所以，史分称其姐为大周后，其妹为小周后。大周后死于亡国前，小周后死于亡国后。姐妹二人因出身于权贵世家，都是江淮一方的著名才女，诗词歌舞领袖当朝，而美色则天下闻名。二才女一生都因缘于帝王家而收取了死于30岁前的悲剧命运结局。而决定了小周后命运的则是狗鼠不齿的宋太宗赵光义。

二周后的名号有说是名为周蔷、周薇的；有说是号为娥皇、女英的，因为李煜有一只眼睛是重瞳（双眼仁），而大舜是重瞳，也是以尧帝的二女为妻的，所以便以此号之。以上多是文学语言而已。

大周后19岁入宫。据宋人南唐书载：大周后长得非常美丽，“纤侬挺秀，婉娈开扬”，不但长得好，而且才艺兼收，“通史书，善歌舞，尤工琵琶”。才艺一时冠盖大江南北。由于国主李璟对这位宰相之女的才艺、容貌、人品的欣赏，得以嫁与当时18岁，身为南唐世子的李煜。国主李璟去世，李煜即位就封她为昭惠皇后，与李煜过了十年歌舞升平的生活，还不到30岁便病逝。在大周后生病期间，父母亲属都来探视，便把大周后的小妹妹，才十六岁的周薇留下看护姐姐。在此期间，李后主便与小妻妹暗度陈仓乌夺鹊巢恣意花亭。李后主特宠大周后，二人有一个极其奢豪的小卧室，但特意设计为只能容得下二人起卧的小空间，算是二人世界吧。姐妹毕竟有别，但这位李后主也很不讲究，在人家姐姐卧病期间，与人家妹妹跑到“花亭”中来偷欢，毕竟不是光彩的事，所以只能晚间做一树合欢花。前面那首词，就是李煜以女子口气写的一件“身体写作”。

你偷就偷了，做就做了，但李煜还要把它写出来欣赏，就如同现在人地下寻欢还有自拍录像一般无二。这种事长久下来，哪有瞒得过人的？再加上这首词一传开，人人便都心照不宣，知道是怎么回事了。不久，此事又传到了大周后的耳中。从此，卧病的大周后脸总是朝里躺着，对这两个人一眼都不看，而且病情越来越重。一个丈夫、一个妹妹哪管这些？照旧在“花亭”中去花。一个是二八乳虎，一个是三十猛狼，你挡都挡不住。

有道是严霜单打独根草，黄鼠狼偏咬病鸭子，正在大周后病得人命危浅朝不虑夕的关节眼儿上，她四岁的小儿子暴毙而亡。大周后一口气没喘过来，便母子双双直奔九重离恨天去了。但大周后的死何止只有离恨？她带着多少悲愤恨怨离开这个世界，又有谁能说清呢？

姐姐死了，按理说妹妹是没有理由留宫的，但李煜怎么会让她走呢？他的岳父岳母也希望小女留下来，小周后自然也不想走。三方各有心腹事，心照不宣，不言而已。那么，为什么说她父母也心照不宣呐？其实不仅如此，这也许正是他们所策划，当时全家人来探视，只把一个小女孩留下，成何体统？为了一个权字，为了后宫的专宠而家门有幸。赵飞燕为什么姐妹合作？曹操为什么把自己的三个女儿一起送给了汉献帝？武则天的老妈为什么让他们姐妹甥三女同侍高宗？杨玉环为什么姐四个都与玄宗有染？不是普天下找不到男人了，也不是皇上长得好看，而是为了权力。正是为此周氏二女，姐亡妹留宫就变成一个不成问题的问题了。适逢李煜又丧母守孝三年，三年之后，19岁的小周后正式成为了后主的皇后。但资料文献中对她有些许不好的评价，说她专横。也许是老夫少妻惯的吧。

不管二人是好景坏景，都不长。公元975年，宋太祖派大将曹彬下江南攻打南唐。尽管他对南唐派来说项的使臣讲：“卧榻之旁，岂容他人鼾睡？一国岂能有二主。”但还是严令曹彬入城之日不许有任何杀戮，否则提头来见。弄得曹彬很为难，那时攻城略地，全靠破城之日允许将士抢掠三日来调动人性恶的积极性去卖命呐，如果把这种禁令发下去，那还有谁肯卖命了。于是，在攻城前，曹彬便躺在大帐中装病不起，众将官都来探视，问怎么回事。曹彬说愁得啊，我这次是性命难保啊。大家问有什么事值得这样呢？他说道：“太祖严令破城之日不许杀戮，我怎么能完成这个任务呢？就是打了胜仗，回去也要以抗旨不遵之罪被砍头。”众将官这才明白是怎么回事，人人抱拳当胸说：“这个任务我们来完成，元帅放宽心瞧好吧！”曹彬马上下令攻城，李煜马上出城投降了。曹彬圆满完成任务，押着李煜与王公大臣、后宫女眷班师回朝。

宋太祖赵匡胤虽然霸占了花蕊夫人，但他并不急于色，对于那么年轻漂亮的小周后，还有那个以“三寸金莲”闻名，且肇开中国女人裹小脚先河的南唐妃窈娘，都不曾染一指、伸一腿。倒是急坏了那个不让他皇兄接近花蕊夫人的赵光义。宋太祖只封了李后主一个“违命侯”，算是对他屡招不降的教训外，并不干扰这伙亡国帝妃的正常生活。

不久，赵匡胤死于烛影斧声千古之谜中，他的皇弟赵光义当了皇上，就是宋太宗。这个胖大黑粗的家伙，原本不过是后周朝的一个小吏，如不是他的哥哥陈桥兵变黄袍加身，他死八辈子也没有今天。他马上对垂涎已久的小周后下手了。那时的朝廷命官媳妇同时当朝晋封为什么品级的夫人一类的名位，所以称“命妇”。朝中命妇每逢年节都要入宫参拜太后、皇后。而且太后、皇后有权随时召见命妇。这年正月，小周后也按例入宫参拜太后、皇后两宫，但李煜在家怎么等也不见小周后回来。一直过了正月十五，才见宫中轿子到了，抬着他的小周后憔悴不堪地回来了。李煜忙问怎么这么久才回来，这个小周后竟然破口大骂李煜没能耐，才让她受此大辱。

原来小周后是被赵光义扣在宫中，被日夜不舍地强奸了半个月，把一个才二十岁的小少妇已弄得人不人鬼不鬼的了。怎么说是好呢？这个小周后虽然漂亮美丽，但并不喜欢那个老水牛一般黑粗胖大的赵光义。但赵光义是一头牲口，你不从？好办，他叫身边的宫女来帮助完成他设计出来的暴力武打动作。为牛做伥的一共是五个宫女，四人分拉四肢，一人拖着腰身，那个小周后也只能让这个野兽“教君恣意怜”了。一连半个月，天天如此，只剩下可怜了。这个老流氓加色氓还不止如此，不但一帮宫女他不忌讳，而且还找来几个宫廷画师，在一旁给他现场写真作画。这幅画后来传到了元朝，元朝的诗人冯汝霖在这幅画上愤怒地题了一首诗：

江南剩得李花开，
也被君王强折来。
怪底金风冲地起，
御园红紫满龙堆。

什么意思呢？诗中是说太宗把各小国都平灭了，剩下江南南唐也被最后夺到手了。你们老赵家这样祸害人家的宫妃，怪不得金兵灭了北宋，把你们老赵家的公主后妃宫女三千人都祸害死了，把你们的皇宫变成了一座血腥的坟场。诗中的“金风冲地”指金兵灭北宋的“靖康之难”。

赵光义自从强行占有了小周后，怎肯罢休？赵光义兽性不一而足，隔几天就把小周后召入宫中去糟蹋。那哪里只是做爱啊？而是一种性虐狂变态心理的兽欲发泄与满足。有道是欲壑难填，那能满足吗？小周后入宫一次便是好几天，回来一次便和李煜吵一架。李煜能说什么呢？只能以诗词来发泄心头的悲凉愁苦与耻辱。他写的那首“春花秋月何时了”的《虞美人》就是此时写的，七月七那天，李煜望天河牛女悲从中来，又命旧时宫妓奏乐，演唱这支曲子，此事传到了赵光义耳中，赵光义又想起小周后每一次的叫骂不从，禁不住心头火起，恶向胆边生：你不是不知道“何时了”吗？那我今天就让你“了”吧；你不是喜欢“向东流”吗？那我来帮你“流到瓜洲古渡头”去吧，那儿离你老家也不远了。于是一道圣旨刷下，二人同时被赐死。李煜才 42 岁，小周后才 28 岁，夫妻一同结束了不堪回首的悲剧人生。这一年是公元 978 年，夫妻三年间的亡国生涯是怎样一天天挨过来，可想而知了。

还有那位死活非要陪李煜来北国的小脚美人窈娘，这个老色狼赵光义对她又何曾会放过？后来听说李后主为窈娘在南京曾筑有一座很高的黄金莲花台，专供她跳舞，便命人去金陵旧宫中，把那金台全都拆来，搬到宋宫中，安装在宫湖北边，他自己坐北朝南，逼着窈娘登台跳舞。窈娘很顺从地登上了昔日的黄金莲花台，禁不住悲从中来，便边舞边歌起来。小女子用尽浑身解数，那舞跳得真是衣带飘飘起仙风身若无骨，俯仰有如追鱼凌波离宫姮娥；那歌唱的那个美啊，真是歌翻叶舞、声振林木、歌哭秦娥，只唱得湖边人人悲不自胜，只差满座衣冠似雪，却人人面色如霜。但这歌这舞，一切都不是为了赵光义，而是面向南方，向着故国，为了坟墓中的李煜，而始终都是背对着赵光义。这赵光义虽然是头牲口，人中枭獍，但不傻。他看着看着便觉得不对劲，这舞跳得让他怎么也看不到脸儿，这歌怎么越唱越悲情，倒像是送葬的呐？便传令手下让窈娘面对着皇上跳。窈娘很听招呼，不像那个小周后，马上停下舞步，利索歌喉，却依旧面向南方深深拜了三拜，踊身跳入湖中。这个赵光义从此又开始去祸害那些无辜的亡国宫女去了。蜀宫的、南唐的、五代十国的，那些数不尽的亡国后妃宫女不都是他砧板上的肉吗？

说来也怪了，自曹魏以降直到元代，那些开国之初的帝王们，似乎都有一个通病，或者说是一种特殊的兽性嗜好：对前朝亡国宫妃特别的感兴趣。

曹丕一称帝，便把废为山阳公的汉献帝两个女儿都纳为妾妇；西晋司马炎称帝，便把吴魏宫妃美女全部收入宫中；隋文帝杨坚灭陈，便把陈后主的沈夫人受用，把公主纳为宣华夫人；杨坚死后，两人又成为隋炀帝的宠妇；唐高祖代隋，李渊便把隋文帝的张、伊二妃纳为己妃；唐太宗也便把隋炀帝的萧皇后纳为夫人；宋太祖灭蜀占有了花蕊夫人；赵光义则专门祸害亡国宫妃不一而足；金国灭了北宋，便把后宫三千悉数掳至北国，皇后、妃子、宫女全部被凌辱殆尽。而南宋与蒙古携手灭了金国，统兵宋将则带头强奸金的皇后。至于两晋南北朝、五代十国的那些宫人的命运便无法一一细说了。这似乎是一种本不应由后人、由女性来承担的一种因果报应吧。这种“积儿孙”的“隔世报”，实在是天道不公、人道不平。是前朝的女人都比后朝的美吗？是家花没有野花香吗？都不是，而是一种不把别人媳妇当媳妇，不把别人女儿当女儿的性暴虐心理使然；是泥腿子打倒了地主，上了人家床的“土包子”无赖心理。是一种从前自卑心理的释放。仿佛只有占有了前帝王的一切，他才算是帝王。但天下乌鸦并不是一般黑，朱元璋、皇太极、康熙至少在这方面还是很人道的。

还是小周后骂得对：你李煜如果不成天弄诗词、玩女人，醉生梦死，不理国政，能让自己的夫人遭受那么大的耻辱吗？你还有脸问我干什么了吗？但他没办法，也很委屈：你骂，我也只有弄词儿的能耐，我还是弄词儿啊！不是我的错，基因就这样，我爸爸李璟就是一辈子弄词儿的，把人家自称吴王的江淮军阀徐温和他的养子李晟夺来的大江南北、东南闽浙，在公元938年开国南唐的数千里江山，不断出卖丢失，把十国中一个最强大的王国弄成了后周的儿国。而我是他的儿子啊，有什么办法？更何况王国维都说我生来便是“生于深宫之中，长于妇人之手”的料，你就原谅我吧！

亡国之际女人的命运真的就是如此的无奈。缓缓神儿，还是来看一下这位以弄词儿为生，被后人叹为“做个才人真绝代，可怜薄命作君王”李后主的绝代“词就”吧。

【附录：李煜词8首】

虞美人

春花秋月何时了，往事知多少？
小楼昨夜又东风，故国不堪回首月明中。

雕栏玉砌应犹在，只是朱颜改。
问君能有几多愁？恰似一江春水向东流。

李煜亡国后，从金陵被迁到汴梁，陪同前来的小周后、窈娘备受宋太宗赵光义的凌辱，令李煜痛不欲生无以面对。忧思万千愁肠百结中写下了这首词。适逢七月七，夜望星河牛女，坐拥小周后，令故伎奏乐，共唱此词，声闻宫外，令赵光义恼怒万分，下旨把二人赐死。千里家国三年耻辱苟活不堪回首，至此方一了百了。

乌夜啼

昨夜风兼雨，帘帏飒飒秋声。

烛残漏断频欹枕，起坐不能平。

世事漫随流水，算来一梦浮生。

醉乡路稳宜频到，此外不堪行。

悲哉秋之为气。人生自古伤春去悲秋来，更哪堪又加夜雨风声？失国亡家之人听阵风如闻呜咽愁肠断，雨如泣下泪千行。李后主再无心肠，又怎能放得下江南三千里家国河山，而安稳入睡呢？三十年来的往事如烟似水，一切都如同一场梦幻。就像那快烧完了的红烛与流断了的沙漏，但愿长醉不愿醒，了此禁囚残生。

相见欢

林花谢了春红，太匆匆。

无奈朝来寒雨，晚来风。

胭脂泪，相留醉，几时重。

自是人生长恨，水长东。

佛门说：佛以一音说法，众生各随各解。诗词尤为如此。只“林花谢了春红”一句，而无风、雨、泪、醉之句词，也足以耐人寻味。且林花谢了，于风雨何事？没风没雨它也当开自开、当落自落。此词似为思念亡妻大周后所做。“胭脂泪，相留醉，几时重？”已是人去楼空，非但相见无期，且无望，想重逢再见见那醉人泪眼也无可能，只剩下了永生的遗恨在心了。

相见欢

无言独上西楼，月如钩。

寂寞梧桐深院锁清秋。

剪不断，理还乱，是离愁。

别是一般滋味在心头。

大明朝沈际称此词“七情所至，浅尝者说破，深尝者说不破。破之浅，不破之深。”其实大大未必。李后主在这里已把一切说破，还用再解释吗？还不够明白吗？独人、西楼、缺月、孤桐、深秋，五事物虽“无言”，便已把人嵌到了非同一般愁滋味的境中。一个“境”字有时比“主”都重要。造境之功是一种大本事。

一斛珠

晓妆初过，沉檀轻注些儿个。

向人微露丁香颗。

一曲清歌，暂引樱桃破。

罗袖裛残殷色可，杯深旋被香醪涴。

绣床斜凭娇无那。

烂嚼红茸，笑向檀郎唾。

这首词写的就“不明白”了。沉檀原意当指沉香檀木。处此语境中似为一种十分香的化妆品。“丁香颗”，是一种叫“鸡舌香”的丁香花蕾，类似于今天的玫瑰蕾茶叶吧。曹操就送给诸葛亮二斤“鸡舌香”为礼物。此处当指美人口舌。因为蕾的花托形如鸡舌尖。《樱桃破》当是教坊中的古曲名，主语后都有一个“破”字。下半阕讲人喝醉了，衣袖被酒污了，然后又把口中嚼碎了的食物喂给她的男人。

“檀郎”指美男子。晋朝的美男潘安的小名为“檀奴”。上阕是写给谁的呢？“一斛珠”，十斗500斤的珍珠，值多少钱啊？春宵一刻值千金，十斛珠又算什么啊？他是皇上，是写给小周后的，这也是后主的一首“身体写作”。

长相思

云一緺，玉一梭。

澹澹衫儿薄薄罗。

轻颦双黛螺。

秋风多，雨相和。

帘外芭蕉三两窠。

夜长人奈何。

词中绝精致的小品一件。“云一緺，玉一梭”，写女子盘头插梭型玉簪，鬟如云緺，状物是那么简捷干净。大手笔而镌小品，自是不同凡响。“双黛螺”指双眉，隋唐后妃画眉，多用波斯进口昂贵的螺子黛。

破阵子

四十年来家国，三千里地山河。

凤阁龙楼连霄汉，玉树琼枝作烟萝。

几曾识干戈？

一旦归为臣虏，沈腰潘鬓消磨。

最是仓皇辞庙日，教坊犹奏别离歌。

垂泪对宫娥。

王国维论词称：“词至李后主而眼界始大，感慨遂深。遂变伶工之词而为士夫之词。”因词本源于唐五代之际教坊曲子的长短句，多由乐人填制。此词当属李煜作品中的一首“大词”吧，但尾句后脚处仍不过是一句“垂泪对宫娥”。如此之君，何得而不亡国？“沈腰”，指南北朝梁国的沈约因老病而日瘦；“潘鬓”，指头发花白，晋人潘岳赋中有“斑鬓发以承弁兮”句。

浪淘沙令

帘外雨潺潺，春意阑珊。

罗衾不耐五更寒。

梦里不知身是客，一晌贪欢。

独自莫凭栏，无限关山。

别时容易见时难。

流水落花春去也，天上人间。

写得轻松，其心则如江山倾覆；行云流水，载不动亡国之君的悲深恨重。鸟之将死，其鸣也哀。而哀莫大于心死。三年的宋宫亡国奴耻辱生活，有如千重废墟吞没了他所有的希望。没有了希望便是绝望。而法兰西的缪塞则说：“最美丽的诗歌是最绝望的诗歌。”河底之深，其流也无声，正谓此词。如此绝望的淡定，是其大限已近吧。

69、桐叶诗

[后蜀]任　氏

拭翠敛蛾眉，郁郁心中事。
桐叶下庭除，书成相思字。
此字不书石，此字不书纸。
书在桐叶上，愿逐秋风起。
天下有心人，尽解相思死。
天下负心人，不识相思字。
有心与无心，不知落何地。

【任氏传】

桐叶书成相思诗得遂奇缘的诗女川妹子

任氏，后蜀国尚书侯继图之妻。侯继图在青年时代，有一枚梧桐叶随秋风飘入院中，侯继图见叶上有笔迹，便俯身拾起。却见叶上所书为“相思”二字，又有一小诗在上。心中甚觉诧异，便收藏于书房之中时时赏读。

后来娶一诗情才女任氏为妻，妻子偶于书房内发现此叶大为惊骇，原来任氏在闺阁中时，曾于自家秋园中梧桐树下拾得一片大如手掌的落叶，带回书房中把玩之余，听得外面秋风萧萧，好不索寞惆怅，便突发奇想，一阵灵感袭来，便顺手信笔题下了这首以相思为题的桐叶诗。然后，步出闺门，把这片桐叶抛入花墙之外，一任它随秋风飘去。可是怎么也想不到，事隔经年，心中早已忘却，却忽然在丈夫的书房中得见。

问明缘由，夫妻自是一番惊骇，也是一番欢喜涌来。夫妇更是琴鸣瑟合，互相珍爱这段桐叶奇缘。诗、事俱载于《全唐诗》。

70、采桑子·题葭萌关壁

[后蜀]花蕊夫人

初离蜀道心将碎，离恨绵绵，
春日如年，马上时时闻杜鹃。

三千宫女皆花貌，妾最婵娟，
此去朝天，只恐君王宠爱偏。

【花蕊传】

料心头不啼清泪常啼血的亡国夫人

花蕊夫人，五代残唐与宋初时代西南小政权后蜀后主孟昶的夫人。姓氏、出生地皆有争议。本处从古代导江县（今都江堰）聚源乡费氏之说。她生于四川导江县，姓费。

《聚源乡志》载：导江（灌县）聚源乡有费姓宗祠，是花蕊夫人的费氏祠。在清代此处还有花蕊夫人宅，清代康熙二十五年，灌县知县曾来此，并题诗一首为《花蕊夫人宅》：

歌舞当年进蜀王，应怜遗址牧牛羊。
茸茸细草堆芳径，漠漠寒烟护短墙。

城上竖旗千载泪，宫中题恨满帘霜。

英雄多少埋荒土，不及夫人姓字香。

后蜀后主孟昶16岁即位。六年后扩充后宫，广采民间美女。这一年花蕊夫人17岁被采选入宫。因其姿色容貌出众，才情诗书超群，歌舞技艺拔萃，因而令蜀后主孟昶特别宠爱，很快便封为贵妃。她留下了大量的蜀宫词，《全唐诗》便载有80余首，对于研究那个时代的宫廷生活是难得的好材料，但作为诗而言，没什么阅读价值，因而，不予选录。

唐末宋初的四川先后有前蜀、后蜀两个独立政权建立。前蜀在五代残唐之际由唐朝的广元刺史王建打败两川各地军阀，占领成都。公元907年，朱温灭唐建梁，历史进入五代十国时代，王建便在四川称帝，国号“大蜀”，史称为前蜀。王建去世由其子王衍即位，不久便被后唐消灭。前后立国18年。后唐的入蜀军队内部又展开混战，后唐又派军阀孟知祥入蜀平定战乱。孟知祥平定两川后，于公元934年独立称帝于成都，又立国号为蜀，史称后蜀。半年后孟知祥病死，其子便是后蜀的后主孟昶。此时他才不过16岁，很想有一番作为，曾经向蜀中郡县官吏发布了一篇《官箴》：

朕念赤子，旰食宵夜。托之令长，抚养为绥。

政在三异，道在七丝。驰鸡为理，留犊为规。

宽猛所得，风俗可移。无令侵削，无使疮痍。

下民易虐，上天难欺。赋舆是切，军民是资。

朕之爵赏，固不逾时。尔俸尔禄，民膏民脂。

为民父母，罔不仁惑。勉而为戒，体朕深思。

这首《官箴》中的“下民易虐，上天难欺；尔俸尔禄，民膏民脂”四句，后来被宋太祖选录出来，颁发天下，令各郡县刻石于公堂前。这四句石刻官箴，从宋到清朝的数百年间，都可以在各州、县衙堂看见，足见其影响之深远。正是在孟昶的十几年治理下，蜀中不仅政治清明，而且达到了斗米三钱的殷实地步。而且花蕊夫人对他也很有帮助，孟昶也十分宠爱花蕊，相传曾为她写下过一首《玉楼春》：

冰肌玉骨清无汗，水殿风来暗香满。
绣帘一点月窥人，倚枕钗横云鬓乱。
起来庭户静无声，时见疏星渡河汉。
屈指西风几时来，只恐流年暗中换。

也有传说此诗为花蕊夫人所作。后来，苏东坡儿时在老家眉山听一位90多岁的前朝朱姓老尼姑曾讲过这首诗的故事：她曾随师傅在夏日去过蜀宫，亲见孟昶与花蕊二人夜起乘凉于池上亭台之中，所赋便是此诗。老尼边吟此诗，苏东坡便记在心头。40年后，待苏东坡想起此诗时，却只记住了开头两句，其他的全忘记了，老尼早已去世，而再无人晓得。于是便以此二句为缘起，凭记忆敷演了一首《洞仙歌》：

冰肌玉骨，自清凉无汗。
水殿风来暗香满。
绣帘开，一点明月窥人；
人未寝，攲枕钗横鬓乱。

起来携素手，庭户无声，
时见流星渡河汉。试问夜如何？
夜已三更，金波淡，玉绳低转。

但屈指西风几时来，又不道流年暗中偷换。

孟昶在执政期间还做了许多好事。在发展文学事业，编选《花间词》刊刻各类典籍，传承文化方面，据说很受花蕊的影响。但孟昶到了执政后期，就变得十分荒淫奢侈，殆芜国政。在他执政的第三十个年头，于公元965年冬，便被宋太祖赵匡胤派大将王全斌征蜀灭掉。当时正值大雪天，宋太祖在宫中穿着貂袍尚觉寒冷，便将这貂袍派专使送到蜀中前线，赐与王全斌，并致一信说：时间紧，来不及制更多的赐袍，谨向全军将士问寒致意。王全斌一感动，只用了两个月的时间，便灭了后蜀，押着孟昶与花蕊夫人班师回朝。

由于花蕊夫人是太祖点名要的人物，所以便单行押解。行到葭萌关时，花蕊夫人便在关墙上题写了前面那首《采桑子》。据说上半阕刚写完，就被催上路了。而下半阕则是后人补写的，确实补写得很不怎么样，无非是一种无行小文人的调侃、嘲弄，既无聊而又不公平。也算是貂不足，狗尾续吧！而这首《采桑子》的前半阕，却道出了心中无限的亡国恨："离恨绵绵"，"马上时时闻杜鹃。"杜鹃既是口角如血且其鸣如啼，所以有"不啼清泪常啼血"之称；而杜鹃鸟又是古代蜀帝杜宇的悲剧化身，用典可谓绝肖。

花蕊到了宋都汴梁，马上被太祖召见。这位大宋的太祖爷，早年曾有单骑《千里送京娘》而一色不染的美谈，但此次灭蜀却与曹操攻邺城欲得甄妃时的心态似乎一样："此次攻城，正为此奴！"似此等天下英雄之翘首者尚且如此，足可见世间男儿心性如此吧！女人的毒性远远大于男人，男人的兽性则远非女人可比。但这个花蕊并不只是一个任人凌辱的弱女子。当宋太祖问她："蜀国灭亡了，你为什么不以身殉国呢？"花蕊却用那首著名的诗回答了他：

君王城上竖降旗，妾在深宫哪得知？

十四万人齐解甲，宁无一个是男儿？

任你花蕊怎样无畏、机智，但怎能逃得过这如狼似虎，一根盘龙棍打遍天下八百军州的武夫兵痞之手呢？亡国流离之痛，家破身辱之苦，当以妇人为最。到了北宋、南宋亡国时，他的子孙夫人、宫妃、公主也同样遭受了更非人的凌辱，史有记载，而绝非臆测。而身为帝王者则少有以儿孙为人、为念的。

孟昶被押解到京后，太祖还命他的弟弟赵光义出城去迎接，以示假惺惺的礼遇。入朝又大宴，封他为秦国公。但在 7 天之后却无病暴死于宫中。而花蕊夫人则自然成了宋太祖的如夫人了。花蕊夫人虽然没有以身殉夫，但并不得新忘旧。而是画了孟的画像在室内供奉祭拜。不久便被宋太祖发现了，却被她以供奉神仙为名骗过去了。但她并不因此而忘记自己的丈夫，总是怀念故主，而对宋太祖并不感兴趣，所以终于被宋太祖赐死了事。

虽然关于她的死有种种传说，但终归是没有多久便离开了这个世界。一说赵太祖要立她为后，赵光义劝说不听，便在一次共同狩猎的活动中，以误射为由把她射杀了；一说，赵太祖因她“不忘故主，以罪赐死”；一说她患病而死。在那个时代，贵为国主夫人的命运尚如此，其他亡国女性的命运就可想而知了。

71、鹧鸪天·为李之问饯别

[宋] 聂胜琼

玉惨花愁出凤城，莲花楼下柳青青。
清樽一曲阳关后，别个人人第五程。
寻好梦，梦难成。况谁知我此时情。
枕前泪共檐前雨，隔个窗儿滴到明。

【聂胜琼传】

一词令大妇我见犹怜而终生无间的汴梁妓

聂胜琼，宋代京师汴梁歌妓，十分机灵聪明，善解人意。长安吏员李之问任职到期，来京改任他职。二人于酒宴间相识，互以诗酬唱和，两情相洽，渐臻无间而誓结同心。

官事完毕，李生便欲起程归长安，聂胜琼置酒莲花楼饯别。胜琼酒间不胜伤怀，为李清歌一曲，唱词中有一句“无计留春住，奈何无计随君去。”歌罢竟已不觉潸然泣下两行珠泪阑干。李之问又为之延留月余不胜爱恋。而家中夫人却有信使来催归，李之问只得启程回长安去了。

本来劳燕双宿双飞的一对情侣，此时只有聂胜琼一人独守空帷，心中不胜悽惶悲凉，且不知相逢何年，更不知花落何处，李之问是否可为自己命运的东君……日夜恒思，都是未知，没有答案，于是便写下了上面的这首词，派人寄送李生。李之问读诗于途中，亦不觉酸风射眸，连满眼山川都少去许多颜色，往日的乐莫乐兮新相知，顿化作眼前的悲莫悲兮生别离。便将诗笺藏于怀内，一路不时展读。到了长安城附近，方把信笺稳妥藏于箱中。那么，这位才情诗女为什么单选了《鹧鸪天》这个词牌子来填词饯行呢？因为鹧鸪鸟的叫声如“去不得也哥哥，去不得也哥哥”，还有哪个词牌子能有如此契景合情的呢？不止是用心良苦，也是才情所至使然。

没想到李之问回家后，此诗偶然被妻子发现。李生也不隐瞒，便把两人的实情一一和盘托出，忐忑不安地等待夫人裁决。没想到妻子竟然为胜琼一词的清美所感，为二人的真情所动，便亲自操盘出资，帮助丈夫于风尘之中拔出胜琼，收为妾妇，迎归长安。而聂胜琼一到李家，则幡然改弦易辙，不恋往日笙歌酒宴浮华，抛却浓妆艳服，一如普通人家婢妇般地心甘敬奉主妇夫主，二妇之间竟然“终身和好，无间隙焉。”这聂胜琼也是自身造化，得遇李氏夫妇，为万千风尘中女子难得之幸运。事见《青泥莲花记》。《情史》等亦有所载，版本、词句稍有不同，不一一注明。

72、浪淘沙

[宋]幼　卿

目送楚云空，前事无踪。
漫留遗恨锁眉峰。
自是荷花开较晚，辜负东风。

客馆叹飘蓬，聚散匆匆。
扬鞭哪忍骤花骢。
望断斜阳人不见，满袖啼红。

【幼卿传】

望断斜阳人不见满袖啼红的表妹情

幼卿，大宋宣和年间的一位湖北才女。从小与表兄青梅竹马，一起长大。从启蒙年龄开始便与表兄同桌共砚，学习诗书。两兄妹都极聪明，共同爱好诗文，互相琢磨攻错唱答，耳鬓厮磨而两小无猜。年龄渐长便日久生情，虽各生羞涩之心，却难分难舍，总是形影不离，两人便有嫁娶非他的婚约。

到了婚嫁的年龄，表兄家便与幼卿父母提亲。那个时代，表亲间儿女通婚是很流行的习俗。但幼卿的家境很富裕，父母却嫌表兄没有功名在身，又嫌他家中贫寒，便拒绝了这门婚事。而是把幼卿许配给了在西北军营中任下级军官的一位男子为妻。

表兄听着迎亲的唢呐，看着那个骑着高头大马，披着十字彩红的男人，用花轿把表妹抬走，一个人在无人处痛哭长嚎一场，便以悲愤之剑立断情肠梦丝，为一种大男人的志气所催动，把所有心思全用在科考攻读上，日夜足不出户，整日里只是埋头于诗曰子云、挥豪笔烂地习写拟作各种考题。第二年春天，正是大比之年，这位青年才俊竟然由县而省，由省而京，一路势如破竹，高举中第，被分配到西北任一个县的文教主官，回乡便告别家人乡亲，一路走马上任去了。

这位春风得意马蹄疾的新科教官在路上奔得又急又累，便寻一处途中驿站小憩。当他牵马进入驿站大门时，却发现一位酷似表妹的女子背影在与驿站人员办理入住手续，但也并没在意。走到近前却发现正是他的表妹。表妹也看见了她的表兄，正惊讶间，却见表兄倒提着马鞭，转身便走，一句话都没和她说，挥鞭骤马绝尘而去。这位表妹竟然不知所措，一个人好自伤心。

原来她的丈夫就在她表兄去任职的那个县里驻扎，她是去军营探夫的，所以恰巧路遇于驿站，但她以为表兄一定会回来，便在驿中一直翘望等候到日落黄昏时分，却仍不见半点踪影。夜来一个人辗转反侧无法入眠，便掌灯起来和泪填写了这首《浪淘沙》，以抒不了情怀。

73、寄离人

[宋]贺铸妻

独倚危栏泪满襟，小园春色懒追寻。
深恩纵似丁香结，难展芭蕉一寸心。

【贺铸妻传】

“丁香结”与“芭蕉心”的妇唱夫和

宋朝文学家贺铸，字方回，十分眷恋一美貌才情女子。但有一次两人分别许久未见，从上年初春到如今春初，整整一年光景了。女子凭栏，见满园花红柳绿而伤怀于心，便寄给他这首诗，以述相思之情。女诗人把两人的以往恩爱比做“丁香结”——丁香的花蕾与籽都是成簇的，形似绳结而且丁香有“苦丁香”之称，以其又苦又香来喻以往恩爱是再恰当不过了；而把自己对他的思念比做“芭蕉心”——芭蕉的每片新叶都在旧叶中心如卷筒而出，很难展开。这种比喻真是诗中一绝：“深恩纵似丁香结，难展芭蕉一寸心。”意思是说：虽然我们的感情像丁香花那样苦浓而香烈，像丁香籽一样坚不可裂，但见不到你，还是思念不已，无情无绪，那种心情就像芭蕉新出的卷心叶儿一样，郁结在心中舒展不开。贺铸接到此诗后一定是十分感动，便马上写了一首《石州引》词，寄给她：

薄雨催寒，斜照弄晴，春意空阔。
长亭柳色才黄，远客一枝先折。
烟横水际，映带几点归鸦，寒风销尽龙沙雪。
还记出门时，恰而今时节。

将发，画楼芳酒；红泪轻歌，顿成轻别。
已是经年，杳杳音尘都绝。
欲知方寸，共有几许清愁，芭蕉不展丁香结。
枉望断天涯，两厌厌风月。

贺铸显然十分喜欢如夫人所寄之诗，因而把原诗中的寸心、芭蕉心、丁香结都化入了自己的词中。而两诗词中所表达的那种情结与感受，只有网络前时代的人才会有十分的享受，今人则是无以得享了。先进有先进的便利，而传统则有传统的成就。世间事也许都如此境吧！正所谓尺有所短，不可尽誉；寸有所长，不可尽非。

74、鬻庐诗

[宋]宋　氏

自叹年来刺骨贫，吾庐今已属西邻。
殷勤说与东园柳，他日相逢是路人。

【宋氏传】

天台卖屋贫妇逢恻隐邻闻诗退契赠金

宋氏为宋代浙江天台富家妇。后来家贫如洗，只得将旧舍卖与邻居。当成交收款交出房契之日，面对世代所居的旧宅，又面临着无家可归的境地，心中的痛苦悲怆无以遣怀，便写下了这首诗。意思是说：近年来的贫穷真是令人骨冷心寒，尔今这房子已经是他人的了。院中的柳树很对不起啊！他日再看到你时，你我已不是一家人，我只能以路人的资格来看你啦！买者读到此诗，心中顿生恻隐，马上把房契还给了她，而且连房钱也不要了，就算是施助行善了。乡人无不称其仗义美善。而此诗于今读来，用心去品味，仍足以令人伤心千古，酸风射眸。

孟子曾说，恻隐之心是人之所以为人的一种本性，信非虚言。但这种恻隐之心的人类美德于今还剩下多少呢？如果这种恻隐之心丧失殆尽时，人类便无以再称其为人类了，而且会连野兽都不如，因为动物至少还知兔死狐悲物伤其类呢！

75、榴　花

[宋]李　珣

烈火真红轻皱面，晨霞碎剪贴枝条。
金刀刺出猩猩血，溅落芳丛久不销。

【李珣传】

暴力血腥的榴花赋与武则天的牡丹诗

李珣，字温叔。宋朝人，少小工文，八岁能诗。后嫁与王常为妻。在一次泛舟湖上时，不幸落水溺死。留有《榴花》诗一首。

文似其人，把石榴花色比于烈火、比于晨霞“剪碎”，比于刀刺猩猩血溅，未免让人层层而生残忍暴力之感，不由得让人想到那个年方 14 岁便敢向唐王讨要铁鞭、匕首、铁锤去驯服无人能驯烈马的武则天。这位武则天亦有一首令人很不舒服的牡丹花诗：

明朝游上苑，火急报春知；
花须连夜发，莫待晓风吹。

据说，在武则天政变称帝第二年的腊月天，忠于李唐王朝的大臣想诈称花开，骗武则天入园赏花乘机把她除掉。武则天知道阴谋后，便写了这首诗，让使臣去花园宣读。没想到第二天，果然在腊月寒冬里，满园的牡丹花全开了，所以谋乱者便没敢动手。诗虽载于《全唐诗》，而事则纯属文学虚构。而宋朝这位李珣的《榴花》诗，实在有血腥味儿。而此等有严重暴力倾向的女子一旦大权在握，真不知会做出何等事来。

76、醉花阴（外一首）

[宋]李清照

薄雾浓云愁永昼，瑞脑消金兽。
佳节又重阳，玉枕纱厨，半夜凉初透。

东篱把酒黄昏后，有暗香盈袖。
莫道不销魂，帘卷西风，人比黄花瘦。

如梦令

常忆溪亭日落，沉醉不知归路。
兴尽晚回舟，误于藕花深处。
争渡，争渡，惊起一滩鸥鹭。

昨夜风疏雨骤，浓睡不消残酒。
试问卷帘人，却道海棠依旧。
知否？知否？应是绿肥红瘦。

爱重悲深穷追宋高宗三年平夫冤的女词宗

李清照，字易安。生于公元1084年，为北宋徽宗年间人士。山东济南李格非之女，21岁时嫁与当朝宰相之子赵明诚为妻。李父为著名学者，李清照其夫则为金石考据家，尤喜古籍珍玩。在太学读书时，每月初一、十五，二人都要典当一些衣物，然后拿出500钱来，跑到相国寺的市场上寻购碑文等物而归，展玩不已。而李清照本人不止是诗词大家，也是一位古籍、书画收藏家，乃至一生为其所累。但二人因为有共同的爱好，所以早年生活是相当美满的，真可谓夫唱妇随，水乳交融了。

李清照还是一个多才多艺的大才女。她很擅长绘画、书法。可惜不见流传。明代宋濂的《题李易安所书〈琵琶行〉后》一文，足以证明李的书画功夫，并称李清照把白居易的《琵琶行》一诗“图而书之”，不但笔墨优雅，且“易安写此别有意，字字似诉心中悲。”明代的张丑也称赞她的书画功夫是“易安词稿一纸”，“笔势清真可爱”。她还十分通晓乐理、词论，并首倡词的五个标准，称得上词家，而不只是一般的词人。她还和丈夫赵明诚一样，十分精于金石之学，酷爱古玩。两人婚后，李清照经常在汴京的古物市场上淘宝，有一次为了一只小钟，身上没带钱，竟脱下两、三倍于钟价的外套换取，直令店中人个个瞠目。不是因为价格，而是因为那个时代，女子当堂脱衣换物的行为被视为相当不雅有失风化的。

李清照既是大家闺秀，诗词才艺之人，又是一个十分有性格的泼辣女子。而且喜欢有竞争性、挑战性、攻击性的事物。她自己就说：“我喜欢博，凡属于博类的游戏我都喜欢”。而且词作风格大胆，绝不受旧礼教对女人的束缚，想写什么就写什么，想怎样写就怎样写，而不怕别人嘲讽。尤其她的一些抒情诗之大胆直白，常令一些捧着三从四德的人们不断地攻击她，而她也不断地开展“文艺批评”，以诗词来褒贬讽刺朝政。因而后人评价李清照说她有个人英雄主义的思想，有扬才显己、负才凌人的一面。

李清照婚后，夫妻在汴京生活了三年，在李清照 24 岁那年，也就是公元 1107 年，她的公公当朝宰相赵挺之去世。夫妇二人受到蔡京的攻击排挤，回到山东老家，在青州乡下过上了隐居的生活，专门从事金石书画典籍古玩的收藏整理事业。同时不断地进行词作。夫妇二人把书房命名为“归来堂书屋”。两个人有闲时，常在书屋中赌茶：两个人互相以史书中某行某页所载何事为题，以猜中与否决输赢。输了的不许喝茶，而赢家则多为李清照。而且这成为了夫妻二人在青州十余年隐居生活中的一个常项游戏。既可表证夫妻间生活的欢乐愉悦，也说明二人在收藏中不断地学习、钻研，提高自己的文化艺术学养，而绝非世俗收藏者可比。有文献记载：二人翻书赌茶时，猜中了的往往举杯大笑，以至把茶水全弄洒到怀中，而喝不成茶了。二人于是“甘心老是乡矣。故虽处忧患困穷而志不屈。”

在青州这十余年的乡下隐居生活，虽然清苦，但却是李清照一生中最为幸福的时光，十几年来，不仅收藏了足有几十大车的典藏珍品，而且提高了自己的学养，写了许多著名的词作。但平民的生活永远难逃时势的劫数，随北宋王朝终结的“靖康之难”，李清照这种安逸恬静适意舒心的日子终于被打破了，开始遭际她一生中的痛苦奔波时光。

公元 1126 年，北宋靖康之变，徽钦二帝被攻破汴京的金兵掳掠北去。此时，朝中调赵明诚任江宁府事，又正逢赵明诚的母亲病故，夫妻二人正在淄州。二人商议只得分身而行。赵明诚南行奔母丧兼赴任到职；李清照则只身回青州整理打点藏品，然后南行。李清照回到青州后，精心筛选了一批珍藏品，共计 15 大车，装船由水路运往江宁府赵明诚处。剩余的还有十余间屋子的藏品，本拟第二年再来搬运，可惜的是当年 12 月，青州落入金兵手中。这十余间屋子的藏品全部被毁，李清照已是欲哭无泪了。但苦难这才仅仅是开始。

徽钦二帝被掳后，赵构为帝，是为宋高宗。在建炎三年，公元1129年的8月，赵明诚又被任命为湖州知州。可是哪里想到在赴任途中中暑生病，因为吃错了药而死于建康。这一年他才49岁，李清照这一年也已44岁。对于男人而言，“少年得志，中年丧妻，老年丧子”为人生三大不幸；对于女人而言，中年丧夫就尤为不幸。李清照没有被这一击击倒，已是坚强之至了。但命运之神似乎对于强者总是缺少怜悯之心，不久，这位孑然一身的女性又遭际祸从天降了。这个“天”却是大卖国贼宋高宗本人，赵明诚被诬为“颁金通敌”。李清照终于病倒了。

她在给丈夫写的祭文中称：“白日正中，叹庞翁之机捷；坚城自堕，怜杞妇之悲深。”意思是说她自己的心情，就如同哭倒了长城的孟姜女那般痛苦。那么，赵明诚怎样在死后还被挂上了这么一个通敌的罪名呢？

其一，赵明诚之父在朝执政间，自有蔡京一党奸臣为死敌；其二，宋朝赵氏家族到宋徽宗一代已是第八代皇帝，当年太祖凭一条盘龙棍打遍天下八百军州的龙虎雄风基因，已一代代退化为一种阴懦之风。尤其自徽宗已来，只是日耽于诗词书画，歌舞酒妓，尤喜古珍玩物。这位赵构身上的染色体DNA正是其父祖一代代遗传下来的偏好，也特喜书画。且对赵明诚夫妇的藏品之珍、之盛，早有耳闻。因而便在赵明诚去世后，在死无对证的情况下，以通敌之名，正好侵夺他的藏品据为己有。但皇帝毕竟不好公开当强盗，便派了一个太监去“买”。皇帝买一个寡妇的藏品与抢夺又有什么不同呢？但李清照生性耿介，偏不买账，并说：“除非我死了吧，这些金石书卷失去之日，正是清照命归黄泉之时。”而事实上李清照身边也只剩下这些书画金石相依为命了，除此而外，她已一无所有，是真正的“寡”妇了。

赵构见收买不成，便勃然大怒，命手下去搜罗赵明诚通敌的证据，这还不容易？赵构正在准备下毒手时，正赶上金兵攻下了他的临时首都建康城，赵构的政权从此成了不断迁都的逃跑朝廷。他可以逃跑，但赵明诚的罪名却留下了。

这个不屈不挠，不依不饶的李清照，便一路的从建康追到杭州、越州、四明、台州，又雇船追到海上，又追到赵州，她的藏品一路遗失也只剩下几箱，她心中的痛苦哀惜已无法言说了。

她从建炎三年开始追赵构，追到绍兴二年（公元 1129 年—1132 年），一直追了三年，直到这个乘船乘车水陆窜逃于各地的小朝廷又偏安于杭州时，才追到了赵构。李清照非要把赵明诚的罪名洗脱干净。在大臣们的帮助下，赵构终于下令撤销了这个罪名。而这一年，李清照已是 48 岁的人了。

随着南宋小朝廷甘当金国儿皇帝，以岁输金帛、割让土地换来的和平，李清照也得以半生喘息安度晚年。大约在公元 1151 年去世，享年 67 岁。关于她在赵明诚去世后改嫁的问题，纯属无稽之谈，无非是其性格招惹的诬蔑之言。李清照身后为我们留下了《漱玉集》三卷，世代流传，至今仍不难得见。为了阅读方便，现摘录其几首词作来与读者们共享：

红藕香残玉簟秋，轻解罗裳，独上兰舟。
云中谁寄锦书来？雁字回时，月满西楼。
花自飘零水自流，一种相思，两处闲愁。
此情无计可消除，才下眉头，却上心头。（《一剪梅》）

据说此词为李清照写给婚后远游在外的丈夫赵明诚的作品。临行前，不忍分别，便在一方锦帕上写下了这首词送于赵明诚。对此有多种解说，但注家均一致认为是一首千古绝唱。

庭院深深深几许？云窗雾阁常扃。
柳梢梅萼渐分明。
春归秣陵树，人客建安城。
感月吟风多少事，如今老去无成。

谁怜憔悴更凋零。

试灯无意思，踏雪没心情。（《临江仙》）

这是南宋小朝廷逃亡江南偏安一隅后的作品。李清照作品中还有许多爱国主战的词章，深受后人赞誉。

寻寻觅觅，冷冷清清，凄凄惨惨戚戚。
乍暖还寒时候，最难将息。
三杯两盏淡酒，怎敌他晚来风急？
雁过也，正伤心，却是旧时相识。

满地黄花堆积，憔悴损，如今有谁堪摘。
守着窗儿，独自怎生得黑？
梧桐更兼细雨，到黄昏，点点滴滴。
这次第，怎一个愁字了得。（《声声慢》）

这是作者最为著名的一首叠字词作。后代名家评其笔力雄沉不在苏、辛之下，且情景婉绝、天下绝唱，十四个叠字“超然笔墨蹊径之外”，写出了作者“推愁不去还相觅”的悲苦心境情愫。

暗淡轻黄体性柔，情疏迹远只香留。
何须浅碧深颜色，自是花中第一流。

梅定妒，菊应羞，画栏开处冠中秋。
骚人可煞无情思，何事当年不见收。（《鹧鸪天》）

这是作者咏桂花的一首词，是在为桂花鸣不平。用自己的春秋笔触，流泻出心中对千古文人墨客的不平发问：为什么只去歌颂梅花、菊花，而对于“第一流”、“冠中秋”、“情疏迹远只香留”的桂花，却不收入赞咏之列呢？你们太没情思了吧？只是因为它“暗淡轻黄”颜色不鲜艳吗？因为它花似粒米，长的不好看吗？很有意思。

天上星河转，人间帘幕垂。
凉生枕簟泪痕滋，起解罗衣聊问夜何其？

翠贴莲蓬小，金销藕叶稀。
旧时天气旧时衣，只有情怀不似旧家时。（《南歌子》）

此作当是她独身飘落江南时，怀念赵明诚的作品。枕边流下的不是清泪，而是中夜怀人情思凝聚的珍珠；而“旧家”二字不知饱含了多少物是人非的悲辛苦楚，那是永远找不回，见不到了的一种寂灭，一种可为之长歌当哭的寂灭永逝。

风住尘香花已尽，日晚倦梳头。
物是人非事事休，欲语泪先流。

闻说双溪春尚好，也拟泛轻舟。
只恐双溪舴艋舟，载不动，许多愁。（《武陵春》）

后人多把此词与李煜的《虞美人》去比较，其实二者并不搭边。“欲语泪先流”是写作者对物是人非的独特痛楚；而“舴艋舟”“载不动许多愁”与李煜的“问君能有几多愁，恰似一江春水向东流”，则是完全不同的比拟手法。文学作品的价值本不在继承中，而是在继承中的独创。此词当是无可比之作。

前面列举了李清照的词作，多是大家耳熟能详的，但作者不只是词人，更有一些很好的诗作，比如《咏史》：

两汉本续绍，新室如赘疣。
所以嵇中散，至死薄殷周。

这是“靖康之难”后的作品。北宋逃变为南宋后，金国在北方先后扶持了张邦昌、刘豫两个卖国政权，李清照显然是针对这件事写下的这首五言诗。东汉、西汉本是正统相续的一家两个朝代，而王莽的“新”朝就像中间一个多余的疣瘤。所以晋朝的嵇康，至死都不买篡魏的司马氏的账，所以他自然不赞成殷灭夏，周灭殷。以此来嘲讽北方的两个卖国的汉奸政权。连朱熹都为她击掌慨叹：“如此等语，岂女子所能？”

她还有许多诗作，篇幅所限，不一一列举。人言苦难出诗人，国家不幸文人幸。其实，国家不幸，什么都别想幸，只是人在苦难中的情感流泻，绝非闺房、情场上的无病呻吟可比而已。在李清照的襟怀中，既有小桥流水，又有大江东去；既有象牙檀板，浅斟低唱，也有黄钟大吕振聋发聩之作，自非教坊歌台上的应景应酬之作可比。就是吟咏男女情怀，也自是别有一种风骨在支撑。称得起千古词坛上的一代女词宗。

77、减字木兰花（二首）

[宋]魏夫人

（一）

西楼明月，掩映梨花千树雪。
楼上人归，愁听孤城一雁飞。
玉人何处，又见江南春色暮。
芳信难寻，去后桃花流水深。

（二）

落花飞絮，杳杳天涯人甚处。
欲寄相思，春尽衡阳雁渐稀。
离肠泪眼，肠断泪痕流不断。
明月西楼，一曲阑干一倍愁。

【魏夫人传】

朱子将其与李清照并论的襄阳词女宰相夫人

魏夫人，襄阳人。其夫名曾布，是宋朝的宰相，因而被封为鲁国夫人，人多因其姓而称魏夫人。为宋代著名女词人。朱熹曾说本朝妇人能文者，惟魏夫人及李易安二人而已。观朱熹此评语方知，大人物、权威、专家评品人物，多悖谬居多。两宋山河中女子的血泪诗篇何其多也？魏氏词作又怎得与李清照比肩？

观其所作之词虽工艳，但多属闲情逸致、无病呻吟而已，与两宋的那些山河泪、匈奴血、离人恨、遗民怨、布衣愁苦之作相比，自是优劣立见。但怎得朱熹如此评价之高？也一定是自有其所长处，至多各有千秋而已，岂可以一二人将天下才女以蔽之？而后人当引以为鉴的是，对自己喜欢的事物，不可强加于人，武断定论。就是夸奖人也要留有分寸，一绝对化，只能引人反感。

78、织女歌呈寇公（二首）

［宋］蒨　桃

（一）

一曲清歌一束绫，美人犹自意嫌轻。
不知织女寒窗下，几度抛梭织得成？

（二）

夜冷衣单手屡呵，幽窗轧轧度千梭。
腊天日短不盈尺，何似妖姬一曲歌。

【蒨桃传】

伤织女体民情的寇准夫人

明代的《千秋绝艳图》中收入的蒨桃，是北宋宰相寇莱公寇准的妾妇。因寇准每逢宴会，歌女一曲便赠一匹绫布。所以，蒨桃便写了这首诗送给寇准为谏。诗中意思是说：歌女们轻轻地唱一首小曲就可以得到一匹布，但她们还不满足。

哪里知道织女们在寒窗下一根一根线的，要多久才能织成？尤其是在腊月天短的时候，一天都织不到一尺长，她们一天劳苦的所得都不如歌女们的一首歌。一位高居相府的妇人能有此等惜民情怀，实属难能可贵。还好，她幸而没有生在今日，否则她一旦看到那些“星”“腕”们的出场费，一定会转身跳黄河了。本诗中的词句各版本略有小异，本处选《稗史汇编》版。

79、踏莎行·和秦少游

[宋]李师师

秦少游： 雾失楼台，月迷津渡，桃源望断无寻处。
可堪孤馆闭春寒，杜鹃声里斜阳暮。

驿寄梅花，鱼传尺素，砌成此恨无重数。
郴江幸自绕郴山，为谁流下潇湘去。

李师师： 君如刘郎，妾似洪度。相逢何年知何处。
树梢月冷乌鹊寒，美人可叹是迟暮。

孰寄梅花？孰传尺素？长亭短亭无重数。
杨柳岸抛相思泪，为我流向潇湘去。

后诗承接前诗“桃源”，用刘晨、阮肇循桃源误入天台迷路遇仙女去而复来典起首句。刘郎、阮郎二词在古代情诗中都是代指情郎。洪度，为名妓薛涛的表字。

【李师师传】

一代苦、妓、才、侠、烈女的抗金死难情怀

李师师，一个命硬悲悯的苦女；地地道道的妓女；名副其实的才女；巾帼

不让须眉的侠女；不甘亡国奴命运而自杀，令金兵感叹的烈女。然而，后世人则多知她是一个风流妓女。

还是用她自己一生的际遇与所行所为，来为她的一生做注脚吧！她的一生在北宋末年，不仅是大宋皇帝宋徽宗的红粉知己，更与诸多大文人有渊源，而且确实与梁山好汉们也深有交情，但却宁死不肯屈于外敌，并于靖康之难中尽捐家资以抗金。北宋亡时为金兵所得，宁死不屈。你该如何评价她呢？

李师师，本姓王，父名王寅，是一名染布工。母亲生下她便去世，由父亲把她喂活。又怕她活不长，便抱着她去庙里拜一个和尚为师。这个和尚慧眼识人命运，一看到小师师便脱口说道："这是什么地方？你怎么能来？"于是，便为她取法号为王师师。她活下来了，但父亲却在她四岁那年，因事入狱而冤死狱中。漂亮可爱的小师师成了没有监护人的孤儿，却被黑心的青楼老鸨子姓李的婆子看上了，抱养过去，户口便也落在了"妓籍"，而且名字也改为李师师。

这位青楼李婆自是对师师下了一番苦功，教导琴棋书画，诗词歌舞，管弦琴瑟无所不能。13 岁登场献艺，看了她首场卖唱的大词人张光为此而写了一曲《师师令》来赞颂她的才艺，并登门相交成为知己。而江西派的名诗人晁冲之则是第一个出来，不惜金钱为她捧角之人。据说晁冲之赠与她的财物不止千万。而与李师师文学、感情交往最多的则是秦少游。除了前面那组唱和的《踏莎行》外，李师师还专门写了一首忆念秦少游的《师师令·伤春悲秋》：

伤春悲秋夏又冬，相依情何浓。
满天风雨奴心乱，况是一川雨濛濛。
一更怀郎，二更梦郎，梦里追郎踪。

无奈难寻旧时梦，谁筑梦桥能？
伤心最是清秋夜，披衣空庭月朦胧。

旧愁新恨，才来东风，转眼猎西风。

在宋徽宗写于金国的自供状《幽情录》中，也记录了李师师与秦少游的一组《生查子》唱和诗：

秦少游：**远山眉黛长，细柳腰肢袅。**
妆罢立春风，一笑千金少。
看遍颍川花，不似师师好。

李师师：**青山绿水长，孤村炊烟袅。**
深巷无春风，世人笑颜少。
花无百日红，人无千里好。

宋徽宗正是见了这组诗，才想要见李师师的。他是这样说的：“余之知李师师，初见秦观之《生查子》。”“此词佳矣！大佳而惊余者，李师师步韵”词，“和词直压才子原唱，为之击节。”因而，徽宗便派人索取师师的其他诗作。送来十数首，而徽宗记下来的只有一首《长相思》：

艮岳高，艮岳低，
乌鹊不问艮岳栖，
艮岳无花枝。

艮岳高，艮岳低，
弯月冥冥独向西，
寒星情何痴？

宋徽宗读后大惊，“遂有欲见其人之念，”又怕太皇、皇后知道，又怕朝野舆论，所以便由张迪引导，二人化装成客商而见李师师，倾心之后才能至交。这是宋帝自述之情事。诗中的“艮岳”却不是山，而是徽宗所建的华阳宫别名。

在各种野史、轶事类的文献中还载录了李师师的一些诗作。如《江上舟》二首：

劝君莫作江上舟，只载离人不载愁。
山雨欲来舟先避，大风才起帆即收。

作舟莫作江上舟，常伴风波度春秋。
何如吴王宫里舫，不载故人离江头。

据说这两首诗是她对宋徽宗唱的，为的是救周邦彦。而宋徽宗在北国所写的《幽情录》中记述了他与李师师不少的交往。李师师曾为救周邦彦、苏东坡等文人、词臣，为救王安石一党，为救宋江等人，确实在徽宗面前做过许多工作。至于有多大作用先不说，至少说明李师师的为人之正直。尤其是有一叫吕将的男儿要刺杀奸相蔡京，不但在其失败后，掩救他，而且投方腊后战死，李师师还为他立墓碑，并刻诗句为：“万民愤怒三杯酒，百年雄心一剑锋。”

此行、此诗，哪里似一妓女所为？而且在徽宗的记录中，还有她的几首很爱国主战的诗：

园有狐，仓有鼠，贼子专卖神州土。
鼎有足，亭有柱，莫将膏血饲边虎。（《短歌行》）

中原不见燕赵臣，金丝银缕买沉沦。
何时重见龙城将，龙幡凤旗出雁门。（《杂诗》）

为臣学苏纪，为君学舜禹。

吴宫迹杳杳，雷塘草萋萋。

恨无无盐术，羞唱后庭曲。

何时长城上，高立勒铭碑。

宋徽宗曾一度引李师师入宫，称其为贤内助，想纳其为妃，但终不为韦皇后所容，甚至要烧死她。宋徽宗这样评价李师师："李师师者，天下第一美人也。其貌美，其心亦美。其书其诗无不美。余风烛残年，垂之老矣。昼夜思念，耿耿所怀者，唯一师师耳！呜呼，神州之美，集师师于一身；山川之灵，集师师之一心。江山可得，师师不可得也，江山可失，师师不可失也！"

呜呼！这正是昏君之所以称"昏"之所在：江山即失而一女子何以为存？诸葛氏小儿都知道覆巢之下，安有完卵之理，而贵为一国之君者竟然不识此理，直是色令智昏，怎能不破国、丧家、失所爱者。所以有人说他是李后主重生。但李师师能让一国之君痴迷如此，自有其过人之处。

靖康之难，徽钦二帝被掳，师师倾其所有积财捐献国家抗金之战。汴京城破之时，师师逃入尼庵之中避难。金主帅达懒指名要李师师，全城搜索。后来张邦昌寻到师师，献与金营。师师誓不肯见辱于敌国，乃拔金簪刺喉自杀不死，便又把金簪折卷吞下而亡。后人称"观其晚节，烈烈有侠士风"，"师之不止色气冠当时，观其后慷慨捐生一节，犹有烈丈夫气概，争辉彤史可也。"而金国另一大帅粘罕闻知师师事则称道："若汉子皆似李师师，吾弹丸之小国何能亡偌大之中国？"

自宋以降的各种话本、文学戏剧，为李师师记录、构建了种种不同的归宿，但终归是一场悲剧性的归宿，于今已无法去辨那些传统的真伪了。

80、减字木兰花·题雄州驿壁

[宋] 蒋氏女

朝云横渡，辘辘车声如水去。
白草黄沙，月照孤村三两家。
飞鸿过也，万结愁肠无昼夜。
渐近燕山，回首乡关归路难。

【蒋女传】

靖康死难县令蒋兴祖之女被掳北庭

《梅涧诗话》载：蒋氏女，宋代靖康年间浙西人，其父蒋兴祖，任阳武县令。金兵入侵江南时，死于国难。其女刚到婚嫁的年龄，“美颜色，能诗词，乡人皆能道之。”而被掳入北庭。词中记述了她自己一路被掳往北国时的情景与心情。

《宋史·忠义传》载：蒋兴祖为常州宜兴人，任开封阳武县令。靖康初，金兵犯汴梁，人劝蒋知县走避其锋。蒋兴祖说：“我世爱国恩，当死于是。”与其妻共守县城，第一天击败了金兵数百名；第二天，金兵大批来攻城，城破死节，年方 42 岁。妻子俱死，而女为金兵所掳，途中题词于河北雄州驿站。却不知此女命途如何，更不知所终。战乱中的人命危浅微贱不如鸡犬猪羊，实可伤叹。

81、掳途侍酒悲歌（二首）

［宋］钦宗朱后

幼富贵兮，厌绮罗裳。
长入宫兮，奉尊觞。
今委顿兮，流落遗乡。
嗟造物兮，速死为强。

昔居天上兮，珠宫天阙。
今日草莽兮，事何可说。
屈身辱志兮，恨何可雪。
誓速归泉下兮，此愁可绝。

【朱皇后传】

“靖康之难”李代桃僵的宋钦宗与朱皇后

朱皇后，开封祥符县人。父亲朱伯材，宋徽宗时代为武康军节度使。钦宗为皇太子时，朱女入宫，被册封为皇太子妃。

宋徽宗执政的最后一年是宣和七年。这一年金兵分多路大举进犯北宋。只知吃喝玩乐，吟诗弄画逛窑子的宋徽宗赵佶张皇无措，便强行让位于太子赵桓。当年十二月赵桓受命于危难之际，即帝位，便册封朱妃为皇后，年方 20 岁。

赵桓即位，大刀阔斧地把蔡京、童贯、朱勔、李彦、梁师成、王黼等六大奸臣惩办，又启用李纲等人抗战。但朝中主和派势力强大，李纲却几次被罢免。为了让李纲主政，甚至发生了主战的朝臣士子打死传旨迟慢的太监的事。该打死。北宋末年的文臣多主和卖国，大脑中肯定都被金国植入了汉奸、懦夫的芯片。兵临城下时的李纲积极守城，打退了金兵的几次进攻。但终被排挤出朝。后来宋钦宗又亲自披甲登城，主持汴京保卫战；大雪天踏着泥雪慰劳将士，军民士气大振，金兵屡攻不下。怎奈大势已去，各地守将不断战败，无力勤王。各地勤王之师久而不至，有来勤王的兵马，又被战时任命的天下兵马大元帅赵构在外拥兵自重不救京城，终于被金兵攻破京都。徽宗、钦宗及三宫六院，朝臣，典籍、财物都被金兵劫掠北去。

钦宗与朱皇后还有太上皇徽宗夫妇，由一名叫泽利的金兵头领押送。途至信安县，有人送牛酒于泽利。泽利吃完后，把剩酒残羹送给钦宗一行人食用。此时，信安县令来见，重开酒席，大家一起共饮。

泽利已有三分醉意，便逼迫年轻貌美的朱后歌舞助兴。朱后不肯，泽利便威胁道："你们四个人的命，都在我的掌握之中，怎敢如此不敬我？"朱后不得已，以手持杯，边泣边唱了第一首歌词。唱罢又躬身去为泽利斟酒。泽利十分高兴，便要求朱后再唱一支，以敬县令。朱后便又唱了第二支歌，去给县令敬酒。而泽利却站起身来去拥抱猥亵朱后，要朱后陪坐同饮，朱后大怒便一掌打去。而泽利竟出手殴打朱后。赖有知县劝阻方才了事。而钦宗与侍者只能掩面而泣而不敢有只言一语。亡国之君尚如此，而亡国之民又当如何？"亡国奴"而无分男女君臣，都是一个"奴"字相加于身等同。此事见载于《宣和遗事》。

徽、钦二帝与诸后都死于北国金地。三千宫人到北国的只剩一千余人，全被安排为洗衣妇，成为事实上的军妓，任意由金兵将士糟蹋。朱后不堪凌辱自杀而亡。她的婆母 38 岁的韦皇太后竟然为金主生了两个儿子，徽亲二帝情何以堪而苟活？后来，只有韦后为高宗赵构的生身之母，被高宗不惜以战争相威胁，金国才放其归国。至于他的爸爸、哥哥，他是不肯相救的了，因为他一心想当皇上，老皇上、大皇上回来，那他这个小皇上往哪儿摆啊？所以，靖康后虽有四大中兴名将锋不可挡，但岳家军被连发十二道金牌从前线大胜中迫令班师，害死岳飞；韩世忠被罢夺兵权，主战派一律排斥在野，而只重用秦桧议和，不就是为了保自己的皇位？哪怕是异族小邦的儿皇帝也是皇帝呀？

82、送别江柳

[宋]陈 诜

鬓边一点似飞鸦，休把翠钿遮。
二年三载，千阑百就，今日天涯。

杨花又逐东风去，随分入人家。
要不思量，除非酒醒，休照菱花。

【江柳传】

知遇陈诜的岳阳名妓江柳遇难逢吉人

江柳，宋代湖南岳阳乐籍名妓。岳阳太守孟之经公宴，令江柳侍宴，而江柳托故不奉命，孟太守便令人将江柳捉至大堂施以杖刑。一个太守怎么竟如此心胸？原来他不过是想借此一点因由，来整治本州与之不睦的教育主官陈诜。

这位陈诜也是进士及第的湘潭人，在岳州为教官。人虽书生，却与江柳私交甚好。但官府有明令不许官人奸宿娼妓，所以二人只能暗中来往，甚至有时不惜斯文扫地，堂堂一州教授文官反成穿窬之人，竟不惜爬洞翻墙去私会江柳。但日久天长，虽有不跑水的缸，但没有不透风的墙。这位孟太守早知此事，又看不上这位不会逢迎主官的陈诜，便想趁机整治他一下。不仅痛打江柳一顿，还在眉髩间刺上陈诜二字来羞辱这位教官。又判江柳流配辰州。这辰州距岳州八百里地。江柳的父母本是穷不可穷的平民，凑不起盘缠，便来陈诜处求助。陈诜虽然也一贫如洗，但二话不说，倾其所有，又变卖了所有财物，仅得钱千余缗。送给江柳六百缗，其余几百缗便都送与押送衙役，拜托一路照看。然后，又写了前面那首饯别词送给江柳留念。

一切打点停当正待起程时，上司行文通知，荆湖制司官陆云西马上到岳阳视察。谁想到这位陆大人却是陈诜的故人好友，陈便先出城迎接诉说了与孟太守的不睦与江柳之事的始末。这位陆大人便发给他一张空名的请柬，添好陈诜的名职，让他出席晚上迎接他的宴会。

席间，陆大人向孟太守点名要江柳侍宴，孟太守连忙点头称是，便派人去请江柳来侍酒。并命江柳用花钿、额发把刺字遮住来侍宴。席间，陆大人又对孟太守说："能让江柳过来相见吗？"孟太守忙说："悉听大人吩咐。"陆大人便笑道："贵州尚不能见容一个陈教官，怎么能听我的吩咐呢？"孟太守连忙告陈诜的状。陆云西边听边慨叹。席终，便唤江柳面谈经过，江柳便呈上陈诜的送别词，并述说始末。陆云西便又招呼孟太守重新入席，拿着陈诜的诗笺送于孟太守说："请君拭目此词，贵州可谓不识人才，本制司想檄调此人入我幕府，你看怎么办好呢？"孟太守一见此景，知道有些不妙，便连忙拜托陆大人来帮助和解，请陈诜也来入席就座。

第二天，这位孟太守连忙写好了推荐材料交给了陆云西，又主动将江柳无罪开释，从乐籍中除名，恢复了她良人的身份。于是陆云西便带着陈诜与江柳离开了岳州，回到南京，拜见了宰相贾秋壑，以陈为幕僚。不久又升迁陈为地方官守，在巴陵一带传为美谈。而陈诜与江柳亦不过万中一幸一偶然；孟太守实为灰头土脸少胸襟；而陆云西也不过官大一品压死人，强词夺理行仗义而已而已。也难怪千百年来人人都想做官，就是那个时代的法兰西农民都人人想花钱买个官做，也许都正为了这一个权字吧！

83、送兄出海诗（外一首）

[宋] 申屠希光

生计持竿二十年，茫茫此去水连天。
往来酒洒临江庙，昼夜灯明过海船。
雾里鸣螺分港钓，浪中抛缆枕霜眠。
莫辞一棹风波险，平地风波更可怜。

出嫁留别

女伴门前望，风帆不可留。
岸鸣蕉叶雨，江醉蓼花秋。
百岁身为累，孤云世共浮。
泪随流水去，一夜到闽州。

【申屠希光传】

美才女成了手刃族灭恶霸的复仇女神

《稗史》载：申屠希光宋时长乐人，为申屠虔之女。少年时长得十分漂亮，长大后又十分仰慕汉时孟光故事，所以家中为其取名为希光。十岁便能写文章，读书一过成诵。第一首诗便是他哥哥出海渔钓时，她写的送别诗；第二首乃是她出嫁离家去福建夫家时的留别诗。

她的丈夫名董昌，以秀才异等，被荐用为地方学官。夫妇自是夫唱妇随，幸福美满，人人都说是天造地合的一对凤侣鸾俦。后来，闽州地方的首席恶霸方六一知其妻貌美，便使人诬告董昌罪当族诛。他却居间装好人，出面说情只把董昌一人杀头了事。然后又派人去献殷勤于希光，要娶她为妻。聪明剔透的才女希光由此便知道此事从头到尾都是他的阴谋，而丈夫的死且注定是一桩在地方无可告诉的无期无头案，便狠下心来，一面很痛快地答应了方六一的求婚，一面暗中把自己的独生子寄托给丈夫生前的好友，又在市间寻得一把锋利无比的匕首，随身带入方六一府中，对方六一讲道："我是本应斩首之人，赖君高谊相救得以不死，又以骨肉之情相待，我的余身自当报答君恩了。但亡夫尚未归土，我心实伤。请君为我礼葬先夫之后，我自当事君如夫。"葬事毕，希光果然盛装喜服走入方家。方六一自以为奸计得逞，乐不可支，一心等待与他垂涎三尺的美女满足他的兽欲。

地方大恶霸又娶美妇，自然少不得一番铺张、应酬。好不容易挨到了黄昏日落，家家掌灯时分，才应酬完毕。忙把身前身后的大小兄弟一律打发掉，便一个人向新房走去，那可真是三步并作一步走，就差没跑起来了。怎么也想不到的是，在他刚刚进入她的房屋就急不可待地拥抱美女时，却被她一刀当胸毙命，利落。同时又杀了他的两个闻声赶来的侍从。并且诈称方六一突然重病，招呼他的亲人来看望。她并不去寻找追杀，而是让到屋里，进来一个杀一个，从从容容地竟然把方氏满门全部杀死。又把方的头颅割下，连夜驰至丈夫坟前祭告。第二天早晨，又把乡人全部招来说明原委，便自缢而亡。

84、梅妻对语

[宋]梅圣俞妻

梅：吾之修书，可谓猢狲入布袋矣！

妻：君于仕宦，何异鲇鱼上竹竿耶？

【梅妻传】

以“鲶鱼上竹竿”巧对“猢狲入布袋”的学士妻

《稗史》载：梅圣俞以诗知名，而仕途之上蹭蹬三十年而不得一官职。晚年，奉命修《唐书》，心中老大不满，回家便对他的妻子说：“让我修史，这不就如同把猴子装到布袋子里一样吗？”而他的妻子却说：“那么，当官对于你来说，不也和让光滑的鲶鱼去爬光滑的竹竿子一样吗？”这段对话传到一些老朋友中都认为是相当的“工对”、“巧对”、“善对”。

85、蜡炬诗

[宋] 芸叟侍女

烛高虽低燃，未惜自焚身。
尊前独垂泪，应未尽灰心。

【芸叟侍女传】

侍酒女诗慰黜臣心

张芸叟为官受到了降职调迁，心中十分不乐。夜宴饮间，让侍酒之女们各选席间座中任意一物赋诗。一女见主人面色不乐，便以高烛为题吟咏了这首诗。张芸叟知其劝慰之意，很是赞赏其诗。

仔细玩味这四句小诗，虽为小女子即席应景信口而发，却着实很有味道。翻译成白话，几如一哲理名言：那红烛的地位虽然很高，但火苗却很低；光虽因此并不很亮，这蜡烛却可以此而保身家长久，而不被很快烧尽。它的蜡油滴下来好像是在您的面前流泪，可是它的蜡芯却完全没有被烧成灰。这位刚刚被降职的官员听到如此诗章，心中怎能不做另一番感想呢？而何止是赞赏其诗。

86、献苏东坡诗

[宋] 王朝云

陇上巢空岁月惊，忍看回首自梳翎。
开笼若放雪衣女，长念观音般若经。

【王朝云传】

与苏东坡生死相许的杭州歌妓忘年情

王朝云，贫家女，逃难杭州投亲不得，父死母被骗卖，自己在 6 岁时便被卖入青楼，成为杭州少年歌妓，年轻貌美，善诗歌。后成为苏东坡的第三位夫人，也是陪伴苏东坡颠沛流离时间最长的一位小夫人，她的年龄比苏东坡小 26 岁。

公元 1071 年，苏东坡来杭州任刺史，结识了才十几岁的歌妓王朝云。王朝云初次与苏东坡相见，是在泛舟西湖的诗友酒席上，便应约写了上面这首诗，深得苏东坡的赏识与钟爱。苏东坡在朋友的帮助下，把朝云从风尘中赎了出来，做自己夫人的小侍女。夫人去世后，收为第三任夫人。但苏东坡因朝中党争大兴文字狱诗案，被不断地掂来掂去，由杭州而密州而徐州而入狱；又被贬到黄州、湖州、岭南惠州。十几年的沉浮颠沛，都有朝云在侧一路相陪。人这一生的交际，真是说不上哪块云彩有雨，总该是善良相待为好，得助人时便相助，自是积福于后。

公元1095年，王朝云在陪侍苏东坡24年后，病逝于惠州。苏东坡写下了一首《西江月》为这位忘年情侣悼亡：

玉骨哪愁瘴雾，冰肌自有仙风。
海仙时遣探芳丛，倒挂绿毛幺凤。

素面常嫌粉污，洗妆不褪轻红。
高情已逐晓月空，不与梨花同梦。

苏东坡按照王朝云的遗嘱，把她葬在了惠州城外绿树掩映，青山古寺旁西丰湖边的山脚下，并为她建了“朝云堂”。而当地佛门也在她的墓地为她建了“六如亭”。什么是“六如”呢？《金刚经》称：“一切有为法，如梦、幻、泡、影，如露亦如电，应作如是观。”佛门统称为“六如”或“六喻”。与世俗所言人生如梦没什么区别。王朝云以一个少小孤苦沦入娼门的风尘女子之身有此结果，也是不幸中的有幸了，但官途、文坛、风月场中，古今又有几个“直教人生死相许”的苏东坡呢？

87、定风波·劝东坡酒歌

[宋]宇文氏

常羡人间琢玉郎，天教吩咐点苏酿。
自作清歌传皓齿，风起雪飞炎海变清凉。

万里归来年愈少，笑当时犹领梅香。
试问岭南应不好，却道此心安处是吾乡。

【宇文柔奴传】

“此心安处是吾乡”的歌女柔奴

《稗史》载：王定国从岭南归来，与旧友苏东坡喝酒，请自己的歌女来侍酒，这位小歌女便即席为苏东坡唱了这支《定风波》曲词。

苏东坡在《定风波序》中称：王定国有一个歌女名叫柔奴，复姓宇文，眉目娟丽，善应对。其家世居京师，随王定国南迁归来，席间苏东坡问她道：“广南的风土不怎么好吧？”而柔奴却答道：“此心安处，便是吾乡”。并即席为苏东坡吟唱了这首词。

百鸟中虽以凤为鸟王，但最美妙的歌声，多来自草原上的百灵与树丛中的画眉，而绝不是来自孔雀凤凰；百花中虽以牡丹为花王，但最动人的却多是开在山野中的无名花，而不是皇家园林中的玫瑰牡丹。这个小小柔奴虽比不了诗坛上的各路祖、宗、神、仙、圣、王，但“风起雪飞炎海变清凉”、“此心安处是吾乡”之句，谁能说不是一等一的佳作呢？

千古文章与人的口味一样，本来就是萝卜白菜各有所爱的事，不可勉强。就如同苏东坡的讨厌岭南风土，而岭南归来的柔奴却说“此心安处是吾乡”一个道理。不论何事，可别看轻了名不见经传的无名小辈。虽然这世界永远是一个“名”字怎生了得的世界。正因为有许多妄崇虚名者，这世上才有许多盗名欺世者。

88、长相思·梅雪词

[宋]吴淑姬

烟菲菲，雪菲菲，
雪向枝上梅花堆。
春从何处回？

醉眼开，睡眼开，
疏影横斜安在哉？
从教塞管催。

【吴淑姬传】

貌美被诬入狱由一诗而脱"罪"的湖州才女

吴淑姬为湖州吴秀才女儿，家虽贫而人聪慧貌美，且能诗词。为富家公子所求不得，便诬诉其奸淫之罪投状于郡，昏庸太守王龟龄下令捕入狱中刑讯。因其有貌美才俊之名，所以，入狱后便有郡中的僚吏结伴来理院观看其人，并设酒宴，商请狱吏请吴入席。

吴淑姬虽身系牢狱，但心中无病自风采依旧，"风格倾一坐"。众僚命去其枷锁而入席。问清缘由后，对她讲道："听说你能赋长短句，可否即席以一章自咏，咏得好时，我们自会向上诉代你鸣冤解脱，不然便会很难办的。"吴女请诸人命题，诸人道：“此时正值冬末雪消，春日且至，就以此为题吧！”吴淑姬不假思索便吟出了这首《长相思》。席间诸客无不为之交口赞叹不已。互相举酒尽欢。第二天便一起来到王太守处为其诉冤。

王太守为人淳良正直，从不疑人有欺，便马上下令将吴淑姬开罪释放。什么叫“儿戏”？这才是。一级官府衙门，抓人放人如此草率儿戏，王法何在？足见有宋一代吏治法治之殆弛。吴女虽然出狱，但女子一被诉奸入狱，那就自然众口远播。人类最大的卑劣心性就是抑人之善扬人之恶，巴不得人人倒楣而自己独幸，是以有“好事不出门，坏事传千里”之民谚流传，人真当以自慎自律，勿授人以柄。这吴淑姬尽管貌美才高，却因经此一劫而无人敢要。后来还是一位名叫周卿石的公子将其纳为妾妇，也算是一种归宿。而此诗则由负责受理此案的司户王三恕传出。见载于《稗史汇编》。

89、西风诗

[宋]王安石女

女：西风不入小窗纱，秋气应怜我忆家。
极目江山千里恨，依然和泪看黄花。

父：青灯一点应窗纱，好读楞严莫念家。
罢了诸缘如幻事，世间惟有妙莲花。

【王女传】

千里江山和泪看黄花的宰相出嫁女

《稗史》载：王安石女，工于诗，后嫁于吴安持为妻。因思家寄诗于其父。王安石便步女儿原韵和寄了一首。和诗相当的不像为父者和女儿之诗，四句无一不是佛家禅门之语。尽管王安石晚年凄凉，参悟佛学，与僧人骑驴消磨于山水之间，但对女儿总应有些许宽慰才是，却好像在劝女儿出家似的。“楞严”指《楞严经》，“妙莲花”指《妙法莲华经》。本诗很可能是王安石罢官居家参悟政治人生所作。王安石的晚年确实家门不幸，儿子精神病，儿媳改嫁。政治上又眼看自己变法改革的成果，被一点点全盘否定，付诸东流，无奈之中，以佛学空门而自宽其心，似也正常。

90、白鹦鹉赋

[宋]周　韶

陇上巢空岁月惊，忍看回首自梳翎。
开笼若放雪衣女，长念观音般若经。

【周韶传】

宰相苏颂亲为脱籍的营妓才女周韶

周韶，甘肃陇山人。辗转流落为杭州营妓，沦落风尘。因其有才情，虽生于北方边隘之地，却成为杭州名妓。虽然不甘于那种肮脏的娼妓生活，但她无法自拔，因为她是被卖入营妓的。所谓营妓，就是官方统一管理的在编妓女，如同囚犯一般的，是在册的，像户口一样，所以称为乐籍。此种人名以陪酒卖唱为业，实际上就是官妓，与青楼妓女没什么不同。且只有经过官方批准才可以退出，才得拥有自由之身。

这一年，朝中的宰相苏颂来杭州视察，太守陈述古连忙安排宴请事宜，而必不可少的是要选地方上最好的妓女来“三陪”，而且一定是能歌善舞又有诗才的。在唐宋两朝，这种饮宴方式不仅民间流行，而且也是官场接待时尚，无论主、客，官、婢，双方都无半点羞耻之心。这位陈太守拿着乐官提供的营籍花名册，翻来翻去，便把有名的周韶点出。陪宰相那不是什么人都可以的。

大宴拉开序幕，歌的歌，舞的舞，宾主之间好不尽兴。这周韶在给苏颂敬酒时，忽然跪下，泣求大老爷开恩，放她出营，还其自由之身。但这事是不多见的。官营妓女出营，多须得有身份的人际遇相助，才得以脱籍从良。而苏颂这位宰相爷那是太够资格了，所以周韶抓住机会，哭求他开恩。苏颂手捻须髯半晌方说道："小女平身，请为一绝。赋得好诗，本座自为你主张。"这位周韶起身以袖拭泪，稍加整妆，提笔即席赋绝句一首，便是前面那首赋白鹦鹉的小诗。

这首诗好在何处呢？首先是以白鹦鹉自喻。她的家乡是陇上，就是甘肃陇山一带，那里盛产鹦鹉，且有一种羽毛如雪的，欲称雪衣娘。第一句是讲她所生于陇上，离开家已多年；第二句是讲我本清白之身，无奈堕入风尘，我受到的凌辱污垢，实在无以忍受，只能像那鸟儿一样，自己回头用嘴来梳洗自身的羽毛；第三、四句是讲：我就像被关在笼中的白鹦鹉一样可怜，我虽不甘心也无力摆脱这笼子，只有靠您这位大老爷了，如果能帮我脱离乐籍，还我自由身，您就是我的大慈大悲、救苦救难的观音菩萨，我会像念佛经一样念您一辈子的好。

周韶诗成，口吟于席间，满坐无不拍案叫绝，为其嗟叹不已。这位陈太守也很受感动，便请示苏相爷允准，当席宣布允许她落籍，就是把她从乐籍册中除名，还其自由身。座中的文人，你一首我一首的都送给她祝贺、咏叹的诗篇。从此这个雪衣鸟出笼海阔天空，但却不知所终。而不论为妻为妾，归依何处枝巢，总有了一个归宿。而那些无此缘分的姐妹们，也只能在那种酒肉场中混迹终生，自生自灭了。

91、嘲张孝祥

[南宋]陈妙常

清净堂前不卷帘，景幽然；
湖花野草漫连天，莫胡言。
独从黄昏谁是伴，一炉烟；
闲来月下理琴弦，小神仙。

【陈妙常传】

女道姑绍兴才女的传奇姻缘

陈妙常，南宋高宗绍兴年间临江县官宦人家之女。自幼体弱多病，求医无效，问卜则说她命犯孤魔星，父母忍痛割爱，将她送入本县青石镇外青山脚下的女贞庵中，削发为尼，以全其生。然而想不到的却是由此而成就了此女与南宋大词人张孝祥的一段传奇，与潘法成的一段姻缘。

陈妙常虽然进入女贞庵，出家为道姑，但总归是官宦人家子女，自不比其他尼徒，依然是养尊处优自得。一边诵经礼佛，一边娴习诗书，兼工琴乐。反正有的是时间。兼之聪慧过人，几年工夫过去，倒成了空门之中诗、乐兼工的女才子。而且过了十四、五岁年纪，更如初春的玉兰，脱却了少小的黑瘦旧壳，出落得亭亭玉立，青枝绿叶，衬映着一朵玉面花开。真真是女大十八变，越变越好看。再加之竹石间的悠悠琴声，佛堂前款款仙娥般的身影，月下廊前的浅斟低唱，竟然成了这座小庵中的一道风景线，不知招引了多少游人香客。使这个小镇外大山中的尼姑庵，俨然成了地方上的一处观光胜地。

俗话说：栽得梧桐树，自有凤凰来。而山中的野蒿荒草也只有一任牛羊啃啮野火烧燎的命运，树上的枯条败枝也只能等待着樵子的刀斧收拾，绳担而去。人啊，真的是不能一生无所事事，一无所长。陈妙常这株梧桐树，在临江县青石镇边上的山中小庵里越长越高，名气也越来越大，人也越长越漂亮，乃至一些著名的风流才子、文人墨客也闻名来访。

转眼间，又是一年暑去寒来，群山中的小庵处在一片斑斓秋色之中，却不觉萧条，反倒愈显清新疏静。尤其是月上梢头时节，虽然暑蝉惮露敛翅噤口，却有遍山的寒蛩处处歌鸣，虽有落叶簌簌，倒增添了不少的诗情画意。妙常在庵中，见小院中遍洒一地清辉照人，恍如白昼，处处松风飒飒竹影婆娑，陡然想起了西施拜月故事。

在窗前摆好了香案，焚香拜月后，便一个人就香案上轻抚琴弦，嘈嘈切切的琴音虽不高亢，却顿时回响在空山小院，一切便是又一番景象。妙常只凝神于弦指之间，倾思于音律之上，而小院中这一番诗情画意却只有外人得以欣赏。似乎这个世界上所有的努力演奏者，都是在苦了自己而乐了他人，自己也只能在他人的反应中来寻找到一点快意。

一曲终了，小院依然坠入空山无边的寂落之中，妙常一个人正望着三点香火上袅袅的香烟出神，却听得耳边传来诗声朗朗：

误入蓬莱仙洞里，松荫禅房睹婵娟，
花样年华最堪怜；
瑶琴横几上，妙手拂心弦。

云锁洞房归去晚，月华冷气侵高堂，

觉来犹自惜余香；

有心归洛浦，无计到巫山。

在这空山小院之中，忽闻人语，自然令人心惊，但这小院向来并不寂寞。在那个兵荒马乱的年代，到处是流离失所之人，不论寺庙尼庵便都成了收容站，无处不广开善门，为路人提供食宿方便。这个小小的女贞庵也自不例外。更何况陈妙常的月夜琴歌并非为一己消遣，也常常与人共享呢？而且月光之下认得其人，乃是白日里入庵消歇的一位官人，虽不知是何人，至少知其是一雅客，而绝非歹人，所以并不惊慌。但孤男寡女月夜之中，自不便搭话。但听得其词并不庄重，便随即头不抬眼不睁地口占了一首小词，边弹边唱，以为回敬。所歌之词便是前面这首“清净堂前”。可是她哪里想到就是这一句“清净堂前不卷帘”，却差点坏了她的大事。她更不知道，站在她面前之人，便是新来临江县上任的新县令。

这位新县令就是南宋初年大名鼎鼎的大词人张孝祥。曾在酒宴间以一首主战名词《六州歌头》，令当时的建康留守抗金名将主战的张浚为之罢席称快。而这次来临江，却正是他青年时代以进士出身被委任为该县县令，于故乡淮西沿水路溯江西上，途经青石镇附近江面，便舍舟登陆，就近于山下的女贞庵中小住。夜闻琴声，循音而至，一直听到一曲终了，面对月下良辰美景、佳人琴声的画意，十分忍不住诗情万丈喷薄而出。全词只是“有心归洛浦，无计到巫山”之句大有不雅之意，所以令陈妙常很是反感，以为是轻薄子弟，所以才回敬了一句“莫胡言”，并以“清净堂前不卷帘”，以明己志非放肆之人。

张孝祥何等人耶？知其词意，更不便交谈，一笑致歉而退，犹恐将来见笑地方，便于第二日匆匆离庵赴任。张孝祥从此把陈妙常记在了心里，而陈妙常怎知张孝祥是何人？

不久，恰有一个张孝祥的少年同窗潘法成西行游学，赴临江来看望他。两位同学少年就寓中秉烛夜话，张孝祥忍不住讲述了与陈妙常的事，很是感慨官身不由己的处境，而无法了却这种情缘。没想到言者无心而谈，闻者却有意相续，竟然匆匆拜别了这位县令学友，中途专程住进了女贞庵，去泡老同学的意中人了。

这位潘法成吸取了张孝祥的教训，并不急火攻心地去攻城略地，而是像一个老练的猎手一样伪装起来，一步步小心地去接近猎物，深恐猎物惊走。他准备打一场持久战。先是认识了，然后浅尝辄止，然后再循序深谈。人混熟了后，便又递上一首小词，请妙常雅正。陈妙常接过诗笺，见字写得好，词也很典雅：

洁风明月女贞庵，方外地；
物我两忘好修行，活神仙。
绝世容颜琼姬态，倾城国；
淡妆全无半点俗，荆山玉。

这是什么破诗？顺口溜一段。但人与人间，任你才高八斗，真情万丈，也抵不得一个“缘”字。就如乌眼鸡看了老鸹眼，不仅对眼，而且顺眼，见了凤凰鸟反倒吓跑了，有道是同气相求，人以类聚。这陈妙常却心中大为赞赏这种拍马屁的东西，正如西方一位心理学家所言：女人对于阿谀逢迎赞誉她的言辞，一概照收不拒，哪怕是很低俗的东西。但陈妙常并不表现出来，也不相合回赠，一般常理是应有唱有和方为礼尚往来。但陈妙常偏不，潘法成也一点不急，不灰心丧气。总不断不深不浅地与陈往来，谈诗论画，品茶闲棋，倒也棋鼓相当，本都是寻常角色，互相抬举似觉各自高了一筹。

人熟了，便什么都好办，正所谓相近相亲，相知相亲。一日潘去看陈，陈却不在房中，潘顺手翻展案上经卷，却发现其中夹着陈写的一首艳词。潘法成看后，心中大喜，便也大胆写了一首艳词送给了陈妙常。陈妙常却大大责备了潘法成一番，说他怎么竟写此等淫词而枉读圣贤书。而潘法成却将她的词句诵出，令陈妙常面上无光，两人竟由此撕去面纱，成就了凡俗同衾，且暗结珠胎。二人无不惊慌失措。潘法成厚着脸皮，又跑回了临江县，找到张孝祥一切坦白相告，请张县令帮忙。这张县令毕竟是张孝祥，绝非如潘法成重色轻友之辈可同日而语。一见朋友有难，非但不计半路横刀之嫌，暗度陈仓之卑，反倒为他出一个好主意：来日到公堂之上，请陈妙堂捏词说你与陈是父母指腹为婚的一对，因战乱流离，至今才得相逢，向县衙要求将陈还俗完婚。我自有办法判你们如意。

潘法成大喜，一路小跑回到庵中与陈妙常商议。陈妙常也无计可施，只得随潘法成来到县衙公堂，递上诉状，俯首跪听判断。没想到县官却令堂下之人抬起头来。这陈妙常抬头一见县令，恍有似曾相识之感，却怎知就里？县令让她陈述所诉之事，陈妙常便如前捏词诉说一番。没想到张孝祥却在堂上喝道：“小尼不曾有言‘清静堂前不卷帘’，‘小神仙’吗？既自言为尼，胜过神仙，而为何有如此之诉？”这陈妙常一听此言，吓得三魂出窍，七魄升天，登时跌坐在地平川，方知此县令便是那位月下客，心想万事皆休，满头脑都是那庵外的一片空山。张孝祥心中暗笑却提笔书判，朗声判道：

道可道，名可名；空即色，色即空。
清者浊之源，守不住炼药丹炉；
静者动之机，熬不过青灯佛烛；
无非未遇知音，姻缘本自前定。
抛却褐袍草履，重着翠袖罗裳。
收拾梅花金钿，更张绣幔玉床。
无缘处青蒲黄庭消白日，
有情时洞房花烛照锦帐。

于是，这位陈妙常便与潘法成成就了连理、鸳鸯。

另有文献载称：南宋官家之子潘必正，由父母与陈氏之女陈娇莲指腹为婚。宋金混战之中，陈女流落南宋城外女贞观为尼，改名陈妙常。潘举人赴京会试落第，去姑母为主持的女贞观暂避，与陈相遇相恋，被姑母阻止，逐其赴京准备科考。潘中进士回乡方知陈妙常便是他早年失落的未婚妻陈娇莲，二人方得完婚。也有说陈妙常便是《红楼梦》中妙玉的原型。

92、钗头凤

[南宋]唐　婉

世情薄，人情恶。雨送黄昏花易落。
晓风干，泪痕残。欲笺心事，独语斜栏。
难！难！！难！！！

人成各，今非昨。病魂常似秋千索。
角声寒，夜阑珊。怕人寻问，咽泪装欢。
瞒！瞒！！瞒！！！

【唐婉传】

一回读起一泫然的《钗头凤》与沈园诗

唐婉，浙江江阴人。为当时江浙名门望族唐氏之女，很有才名。到了出门子的年龄，嫁与陆游为妻，两个人新婚燕尔，情深意笃。

也许是小两口感情太好了吧，陆游的母亲唐老夫人却怎么也容不下这位同姓的儿媳，不断地威逼儿子离婚。这位老夫人本不是一般的平民妇道之人，而是北宋三朝元老唐介的孙女，这种权贵豪门世家出来的人，哪是一般人家女儿能够侍候得了的？更何况陆游此时才不过是刚过 20 岁的年纪，又是一个科举不中的落第秀才，在这种强势而蛮不讲理的母威下，哪敢有反抗的意志相牴？

陆游为此虽做出不少的努力，但都是无用功。大约婚后不到三年的时间，小两口就被迫离异。

唐婉悲悲戚戚地回到了江阴的娘家。没多久，便受父母之命嫁给了同乡的赵士程。这位赵士程也是江阴才俊，而且还和陆家有表亲关系。陆游则同样由家中做主，娶了一个十分悍妒的王氏为妻。这对于陆游来说，真真是上有悍母，下有妒妻了。可以想见这位陆大公子是何等处境、何种心境？在这种状况下的男子，只要还是男子，想要不出轨都不可能。人可能就是这样一种怪物：你给他设的禁区越严明，他便越要闯入、突破；他越是得不到的便越想得到。在这一点上与畜禽没什么两样，家里不喂它食，它就一定要到处去打野食；窝里阴森森的冰凉，它就一定会宁可蹲墙根儿去晒太阳，也不肯进那个冷窝冰巢。这个陆游虽然既不敢与悍母抗战，也不敢向妒妻挑战，但他却敢于去问妓寻妾。仅从有关诗文中就知其至少有一妾一妓。自己喜欢的妻子被母亲赶走后，自己又有了一个自寻的小妾，不久又被媳妇打跑了，所以他就去弄妓了。当然，陆游绝非那种杜牧式的道德败坏浪荡公子。这不过是一种抵抗方式而已。陆游对那位后妻王氏也就无所谓了，但对前妻唐婉则是终生不忘、念念于怀。家中无趣，却令他更加专心攻读，尤其是工于诗词，后来被称为小李白，南宋中兴四大诗人之一。85 年的人生岁月，留下了九千多首诗作。

陆游在 29 岁时，又参加了科考，这次不但是省试第一，进了汴京殿试也是第一。陆游也是天损星照命，一生的不走字儿。早三年、晚三年都好，可是为什么偏偏赶在这一年来考？和秦桧的孙子秦埙挤在同年了。秦桧一看陆游排在了第一，秦埙排在了第二，不禁勃然大怒，把陆游的第一搞掉，把主考官也撤职赶走，让他的孙子当了本科状元。陆游满怀悲愤地回到了山阴老家绍兴。

转眼又是一年春草绿，陆游已 30 岁了。书斋中读写累了，便想到外面浏览一下春光。那时的绍兴城也不大，不觉信步来到了城西禹迹寺南的沈家花园，就是今天的绍兴名胜古迹沈园。一个人正沿着池塘边的柳荫路无绪的漫步，蓦然间却在这里与前妻唐婉并其后夫赵士程相遇。两个人已是八年没见面，突然不期而遇，两个人都不知所措的愕然、茫然。好在那位赵士程十分豁达，便尊重唐婉的意思，让她自己留下，并让仆人送上随行携带的食盒，与陆游在园中的荷叶池畔柳荫亭中杯盏小聚，但除了心酸还有什么意味呢？

不断生病的唐婉已是形销骨立。在为陆游斟酒时，已是悲不自胜泪流满面，又怕被人看见，便强忍住了泪水，但泪水已把纤纤素手中的丝帕湿透。杯中的花雕美酒虽然散发出多年陈酿的芬芳，但在两人口中却是一片无边的苦涩。小酌片语之后，唐婉便匆匆施礼告退。剩下陆游一个人望着沿墙的春柳依依，风吹桃花飘落满地，回想起当年的夫妻恩爱，一朝的劳燕分飞，心中好不凄惨，便索来笔墨，在粉墙上题下了那首千古绝唱的《钗头凤》：

红酥手，黄藤酒。满城春色宫墙柳。
东风恶，欢情薄。一怀愁绪，几年离索。
错！错！！错！！！

春如旧，人空瘦。泪痕红浥鲛绡透。
桃花落，闲池阁。山盟虽在，锦书难托。
莫！莫！！莫！！！

陆游无非是心中的抑郁无所倾诉，而流泻于笔端，对粉墙一诉衷肠而已。但想不到信手所题的这首词，很快地不胫而走，在江南各地传抄开来，且辗转传到了唐婉那里。唐婉夜读罢伏案痛哭一场，算是对以往的一次殇逝吧，于是便提笔和了前面那首《钗头凤》词。从此一病不起，不久便离开了人世。陆游欲哭无泪，连送一程的资格都没有。常言道一日夫妻百日恩，初恋发妻的感情是与心同生死的，尽管陆游不乏红粉际遇，但终其一生也无法忘却的只是唐婉。

两情相好的初恋、初婚，本是一种坐骨生根的无法忘却，更何况陆游与唐婉是棒打鸳鸯两分开的呢？

陆游在 34 岁时，开始步入官场，但因主战，不久便被罢官回了老家。直到宋高宗、秦桧都死了，由周必大的推荐，陆游才又入朝为官，开始了他一生的仕宦生涯。但他忘不掉唐婉，有人统计说他仅在 63 岁至 84 岁的 21 年间，就写过十多首怀念唐婉的诗。但最令人“肠断难为五月花”的当是他那几首沈园诗：

城上斜阳画角哀，沈园非复旧池台。
伤心桥下春波绿，曾是惊鸿照影来。

梦断香消四十年，沈园柳老不吹绵。
此身行作稽山土，犹吊遗踪一泫然。

路近城南已怕行，沈家园里更伤情。
香穿客袖梅花在，绿蘸寺桥春水生。

城南小陌又逢春，只见梅花不见人。
玉骨久成泉下土，墨痕犹鏁壁间尘。

沈家园里花如锦，半是当年识放翁。
也信美人终作土，不堪幽梦太匆匆。

以上五首都是沈园诗，并非一时所写，多是他 70 岁罢官后回到山阴老家，或重游沈园、或梦游沈园而写的，笔者把它们辑在了一起，以方便阅读。还有在他 48 岁于南郑时写的一首《蝶恋花》；70 岁重游沈园所写的那首七律沈园诗《禹迹寺南……读之怅然》都是怀念唐婉的作品，就不一一复录了。但最撼人心肺的还要称前面那五首七绝沈园诗，而并不是《钗头凤》。前人称他的沈园诗为“古今断肠之作”，固非妄言，首首皆是无痛而苦，无悲有伤，无情而哀，无怨而怀之作。也只有心逾此境者而方有臻达此境之诗。唐婉若地下有知，自会于万般遗恨中得三分慰藉吧！

93、题漠口铺壁

[南宋]韩玉父

南行踰万山，复入武阳路。
黎明与鸡兴，理发漠口铺。
盱江在何所？极目烟水暮。
生平良自珍，羞为浪子妇。
知君非秋胡，强颜却西去。

【韩玉父传】

李清照的女弟子千里徒步辗转寻夫

韩玉父，原为陕西人。她的父亲曾在北宋朝中为官。靖康乱后宋朝南渡，其家亦迁居杭州钱塘。此女自幼爱诗文，南下后曾投拜自中原移居杭州的李清照为师，专学治诗，因而很有诗才。

长大后，到了出嫁的年龄，父母做主将她许配给士子林子建为妻。

婚后不久的一个初春，林子建被委派到福建的三山去做官，韩玉父倾其所有为丈夫打点行装，送他赴任。行前对妻子说，到了秋冬间，便派人来接她去福建。可是等了一年多，却音信皆无。韩玉父心中既为其食言而气恼，也担心有变。便自带女奴为伴，起身步行远赴福建三山去寻夫。千辛万苦、跋山涉水好不容易到了三山县，方知丈夫已调到江西的盱江县去为官。

这个三山县在延平之南，居于福建的中东部。韩玉父自杭州出发，一路走到福州与杭州东西平行的三山地方，何止千里？但又得沿着延平、顺昌、邵武一线向西北折回，奔赴江西。到了邵武，这里正处武夷山脉之上，要翻过武夷山才到得江西地界。但她又不知盱江在何处，也只能边走边打听。一路往返奔波太辛苦了，一位女性怎生禁得？但还是得一路前行。晓行夜宿、栉风沐雨地到了邵武县一个叫漠口铺的小地方后，已是黄昏时分，小女子小住休整了一下，天还没亮便又整装待发。这就是诗中所说的“黎明与鸡兴，埋发漠口铺。”但瞻念前途，又不知盱江县在何处，只见云横高山一片渺茫，心中不胜悲凉懊恼，便提笔在住宿处的舍壁上题下了这首诗。如自序中所自述：“固而复回延平，经由顺昌，假道昭武而去。叹客旅之可厌，笑人事之多乖。因理发（整理待发）漠口铺，漫题数语于壁云”。

盱江县地处江西首府南昌之南的抚州一带。至于这位准弃妇怎样越过武夷山，怎样寻找到那个抚河流域的盱江县，是否找到她的丈夫，结果怎样，就不可得知了。但她自己还是信心满满，相信她的丈夫并不是见异思迁不忠诚的秋胡一类的官员，所以用“知君非秋胡，强颜且西去”来做全诗的结尾。但愿她的丈夫不是见异思迁之人，但愿这位韩夫人一路平安。中国古人那种不惮舟车劳苦艰难跋涉的精神与功夫，是现代人无法匹比的。而几千年的中国古代史当正是这种精神所写就的吧！

94、病中咏梅花

[南宋]李少云

素艳明寒雪，清香任晓风。
可怜深似我，零落此山中。

【李少云传】

千秋绝艳的女道士误入丹行病殒山中

李少云，女冠诗人，收入明代《千秋绝艳图》中。图中所题“李少君”注定是个“安能辨我是雌雄”式的大谬误。虽只一字之误，却男女大相径庭。李少君则是汉武时代的男道士，怎能收入“绝艳图”中？

李少云是南宋时代的士族之女，人俊美，喜诗文。长成嫁为人夫，但其夫早亡，膝下未留子息。李少云便看破红尘出家为道士，往来于江淮之间。虽数年间热衷于丹砂长生之术，但历尽烟火终无法成功。便对她的仆人叹道：“我命薄福浅，恐炼不成丹药了”。两年后李少云身患重病，形销骨立，瘦如枯枝。仆人却以为她炼成仙丹，要成仙了，便问道：“您难道炼成仙丹，要成仙了吗？”李少云惨然一笑说：“你怎么忍心还和我开如此玩笑呢？”

李少云的病越来越重，深感大限不久，回首自己半生命运，自叹有如山中梅花，虽素艳清香，久历风雪而开，终不免自开自落，沦为山中尘土，便提笔写下了这首咏梅诗。不久，便病死山中。

《千秋绝艳图》中的“李少君（云）”题诗为：

惆怅金泥簇蝶裙，春来犹见伴行云。
不教布施刚留得，浑似相逢李少君。

诗中所写“浑似相逢李少君”，且题画像名亦为李少君，注定是笔误。李少君乃是汉武帝时代的炼丹术士，十分有名，半神半仙，“得神丹炉火之方”，所炼之丹，能延人年寿，可以成仙。李少君是数百岁之人，视之则齿如童子，年如 50 岁左右，所以人信其术。汉武帝也深信之。后尸解仙逝。所谓尸解就是衣带未动，而人体没有，就如蛇蜕一般，只留下一具空空的衣带“壳”。

偶于《艳异编》中“韦氏子”一节却得见《千秋绝艳图》中所题画像诗，乃是韦进士为自己门下歌妓所写的一首悼亡诗。韦进士纳一歌妓，文史自通，为其校改书稿整理典籍，遇缺漏处有如神补，却在 21 岁时去世。韦悲伤不已，在嵩山任道士的帮助下，得见其魂，容颜依旧，倏忽而逝。韦进士长痛至绝而苏，写了许多悼亡诗，此处只录此一首。不久，韦进士也思恋成病而亡。由此可见，无论图中诗之命题，还是画像命题都是一种错误。名非其人，而诗亦非其诗。历史文化的演绎流传真不知多少以讹传讹、穿凿附会、以假乱真。

95、寄罗惜惜

[南宋]张幼谦

昔人一别恨悠悠，犹把梅花寄陇头。
咫尺花开君不见，有人独自对花愁。

【罗惜惜传】

颠覆父母之命得嫁如意的罗惜惜

南宋理宗年间，张、罗两家同日生儿、生女。张家生子名张幼谦，罗家生女名罗惜惜。稍大，罗家便将女儿送到张家，与张父学诗书。两个小孩子从此青梅竹马，竟私订终身。

长大后，为了避嫌，罗女便不再去张家。但二人却常在一棵石榴树下约会。后来，许久不见，张幼谦便写了一首《一剪梅》送给罗惜惜：

同年同月又同窗，不似鸾凰，谁似鸾凰？
石榴树下事匆忙，惊散鸳鸯，拆散鸳鸯。
一年不到读书堂，教不思量，怎不思量？
朝朝暮暮只烧香，有份成双，愿早成双。

罗惜惜读罢此诗，泪流两行，送来十枚金币，一粒红豆，以示十分相思，并暗示他应由家中正式向她的父母求亲礼聘。但张父托媒向罗家求亲时，罗父却嫌张家贫，反将女儿许给了当地富户辛家。张幼谦怨愤之余，便又写了一首《长相思》寄给惜惜：

天有神，地有神，海誓山盟字字真，如今墨尚新。
过一春，又一春，不解金钱变成银，如何忘却人？

很有一点急火攻心的质问味道，哈，急了。于是，罗惜惜托捎信婆告诉张说，那只是父母之命，我死了也不会嫁与他人。并写了一首《卜算子》给他：

幸得那人归，怎便教来也？
一日相思十二辰，真是情难舍。

本是好姻缘，又怕姻缘假。
若是教随别个人，相见黄泉下。

于是两个又不断地越墙私会，长期同居，终被罗家发现，告到官府。张幼谦当堂详诉二人感情经历与罗家的阻挠。家人又走后门托请本府的上司说情，官府竟断罗氏退掉辛家婚礼，允许二人成婚。也真是一种千载难逢，万无其一的幸运。第二年张幼谦参加科考一举中第。二人成就一生美满姻缘。而这首《寄罗惜惜》当是张幼谦进京赶考期间寄给罗惜惜的怀人之作。而载于《情史》中的“张幼谦”一节，却有许多的曲折情节，此处不做录述。

96、如梦令·红白桃花（外二首）

[南宋]严　蕊

道是梨花不是，道是杏花不是。
白白与红红，别是东风情味。
曾记曾记，人在武陵微醉。

鹊桥仙·七夕赋谢韵

碧梧初出，桂香才吐，池上花才谢。
穿针人在合欢楼，正月露玉盘高泻。
蛛忙鹊懒，耕慵织倦，空做古今佳话。
人间刚道隔年期，天上方才隔夜。

卜算子·咏梅自陈

不是爱风尘，似被前缘误。
花落花开自有时，总赖东君主。

去也终须去，住也如何住。
若得山花插满头，莫问奴归处。

宁死不诬人的天台义妓严幼芳

严蕊，字幼芳。南宋孝宗年间的天台营妓。琴艺高明，善歌舞，常于席间作词，出口成章。且丝竹书画，各艺精通。台州太守唐与正闻其名，便命其于酒席间，以咏一树红白桃花为题填词。严蕊便添了这首《如梦令》。此词高明在虽为咏桃花却未道出一个“桃”字。首联只咏红白桃花的色美：以梨花指代白色，以杏花指代红色，点出红白桃花的颜色，用不是梨花，胜似梨花；不是杏花，胜似杏花来赞美桃花。颔联则咏其情味：红白相间的别有东风情味，青春的情味，因东风为春天的风，尾联则点出了桃花的寓名：“曾记，曾记，人在武陵微醉。”《桃花源记》中有“武陵渔人”句，隐以武陵桃花源代指桃花。

太守唐与正深解词意，大为欣赏，便命人赏赐了她两匹缣布，也只相当于正常的小费赏钱。可是唐与正哪想到正是这两匹布却种祸于后，差点令其丢官，令严蕊命丧黄泉。

还有一次适逢七夕节，地方名流宴集，请严蕊来歌舞助兴。席间有一名叫谢元卿的豪士，知道她善于即席填词，便请她以自己的姓名谢字为韵，即席填词。喝酒的人酒杯刚刚举起来，严蕊填词已成一阕《鹊桥仙》。七夕节赋词，选了这样一个词牌子自是无比的切当。而词中咏牛女之事，则无牛女一字，而是以“耕慵”二字推出牛郎情状，以“织倦”二字推出织女故事。而以“蛛忙”——蜘蛛夜间织网；以“鹊懒”——鸟在夜间归巢栖宿，而喜鹊又是牛女相会七夕的搭桥人，如此巧妙地以一虫一鸟点出七夕之夜的牛女相会，确是妙不可言。谢元卿听罢，竟然“为之心醉”，把她带到家里住了半年，送她回归时“倾囊相赠”。

尽管这位谢元卿如此放荡无羁，但却无什么挂碍之处，因为他是无官一身轻的士子文人而已，自由人。而那位唐太守只赠了两匹薄薄的缣布，便有祸从天而降。常言道："不怕没好事，就怕没好人"。也该着他倒霉，偏偏遇上了两位"没好人"：一位是与他为敌的同僚高文虎，一位是宋朝的老道学家朱熹。朱熹当时正任两浙东路茶盐提举，正好巡行到台州。一个茶盐提举，不过是一个跟今日盐业、茶业局大小相当的官，只管你的茶、盐走私、交税的事便足矣，可是他偏偏爱管闲事。那个高文虎知道他的道学家面目，便唆使人不断地向他投诉诬告唐与正与官妓严蕊私通，有伤地方风化。信到了这位道学先生的手里一看这还得了？他读了《诗经》中的男女情色之作便已气愤难平，大批特批了一把，这次竟然让他亲自遇见，哪能轻易放过？可是唐与正这位太守到底正与不正还没人知道，但他矢口否认，你也没办法。而且这事只有两个人心知肚明，于是便把严蕊提来下狱，严刑拷打。但严蕊虽系一风尘女子，且不肯杨花水性，血口喷人，就是不承认。

朱熹一生除了著书，没什么大能耐，却偏偏不肯放过这位小女子，见她在台州严拷不招，便又把她押回了自己的衙门绍兴府，押在狱中，令狱卒诱供劝降，可是严蕊却答道："我虽身为贱妓，但也深知，就是与太守有私，也罪不至死。然，是非真伪，岂可妄言以污士大夫？即使打死我，我也不会诬告的。"这朱熹便命严刑拷打，"再痛杖之，仍系于狱。两月间，一再受杖，委顿几死。"但严蕊的声价却在世人中日益高腾，以至此事一直传到官场上司之中。

也是严蕊命不该绝，天日昭昭，让朱熹挪了地方。上司把他调走了，派了岳飞的儿子岳霖来接任朱熹的职位。否则严蕊铁定是一命呜呼于朱熹之手了。王安石就曾经整治过一位与杭州知府祖无择私通的官妓薛希涛。这位薛妓到死不认，所以竟被活活打死。但是，岳霖来了，严蕊的命比薛希涛好多了。

岳霖在未上任时，便已知传得普天下都沸沸扬扬的此事，心下十分同情这位风尘女子。所以一到任便召见严蕊，让她做词自陈。严蕊当即口占了这首《卜算子》，一面说自己不是爱风尘妓业，这是前缘之误吧，很希望离开官妓场，哪怕做一个头插山花的农妇也可以；一方面又把岳霖当成主宰百花命运的东方青帝。岳霖听得十分高兴，当日判决，令其摆脱官府乐籍，允许从良嫁人。后来，严蕊为宋朝宗室纳为妾妇，而得善终一生。《稗史》《情史》对严蕊诗、事多有传载，大同有异，词句亦略有不同。如“住也如何住”，便有“住也终须住”句。此处不一一注明考校。

97、点绛唇

[南宋]舒　氏

独自临池，闷来强把阑干凭。
旧愁新恨，耗却年时兴。

鹭散鱼潜，烟敛风初定，波心静。
照人如镜，少个年时影。

【舒氏传】

无奈于“父之命”弃夫归家的舒氏诗女

舒氏，宋代人，家父为下级武官，而女儿却偏爱诗文，嫁给了一个叫王齐叟的人为妻。但这个王齐叟却对老岳父很不礼敬，这位老兵一怒之下，就把女儿接回家中，强迫女儿离婚。夫妻竟由此而离异。天下事真是无奇不有。真让人领教了什么是“父母之命”。天下竟有如此倔犟而不顾儿女一生幸福的人。此词虽直言离异后的“旧愁新恨”，但同样淡静得出奇，真的是“波心静，照人如镜”。全是家常话而不落俗，自入诗境。

那么，舒女离异后，是否真的很平静呢？不可能。仔细读来却句句是孤独、郁闷、愁恨、伤感，汇成一种无声的呐喊。一个人独自在百无聊赖中打发时光，勉强扶着栏杆独临水池，看着白鹭飞上了天，鱼儿潜入水底，心中所想的恰是夫妻的劳燕分飞，虽言“波心静”，而人心又如何能静？在栏杆下的水面上看着自己的倒影，连是谁都认不出来了，瘦的，憔悴的。想喊都无处喊，因为是她老爸把小夫妻强拆散的，所以只能无声的“闷来强把阑干凭”。

98、祝英台近·绝命词

[南宋]戴复古妻

惜多才，怜薄命，无计可留汝。
揉碎花笺，忍写断肠句。
道帝杨柳依依，千丝万缕，
抵不住，一分愁绪。

如何诉，便教缘尽今生，此身已轻许。
捉月盟言，不是梦中语。
后回君若重来，不相忘处，
把杯酒，浇奴坟土。

【戴妻传】

宏词烁古而不可一救的戴复古骗死烈女

戴复古妻，宋代江西武宁人。戴复古，字式之，号石屏，浙江黄岩人，一狂悖词人，终身未仕，到处漂流，很有诗名。尤以一首满江红《赤壁怀古》知名于文坛之上：

赤壁矶头，一番过，一番怀古。

想当时，周郎年少，气吞区宇。

万骑临江貔虎噪，千艘列炬鱼龙怒。

卷长波，一举困曹瞒，今如许。

江上渡，江边路。形胜地，兴亡处。

览遗踪，胜读史书言语。

几度东风吹世换，千年往事随潮去。

问道旁，杨柳为谁春，摇金缕？

能写出此等词作的人，该是何等慷慨壮烈的大丈夫？就连后世大文人纪晓岚、杨慎等大家，对此词都很赏识。词是好词，而人却是顶尖的坑人祖宗，大骗子，其恶劣几不啻于杀人犯，谋害亲妇的刽子手。

当初，他从江南流落到江西武宁时，就是穷光蛋一个。而武宁的一个富户人家看中他的才气，便招他为婿。而此女也喜诗词，自是两情相好，恩如鱼水，在武宁过了近三年的安稳日子。可是忽然间说是要回家，家中还有一个妻子在等他呢。这位武宁女子真如晴天霹雳。女家人几乎要宰了这个大骗子。但此女毕竟是大家闺秀，富家之女，有知有识之人，不仅制止了家人的愤怒，自己也很快冷静下来。不仅同意他回家去，而且还变卖了自己的首饰家具相赠。这位流氓诗人便大摇大摆、无牵无挂“满眼春风，管甚闲桃李”地走了。剩下这位如夫人独守空房，堪堪无望，便写下了这首绝命词，投水而死。

男人对女人而言，最要紧的是忠诚，是责任心，得把你当人看。而不是他的才能。而有一种女人却信奉“宁为好汉牵马坠镫，不给癞汉子当祖宗”。岂不知有多少所谓的“好汉”坏起来便反要了卿卿性命？尤其是戴复古这种狂悖自私毫无责任感的东西。女人宁可嫁个老实巴交的农夫、杂役，也别嫁那些下流下贱而在社会上阳痿无能的臭文人。

99、满庭芳·题壁绝命词

[南宋]徐君宝妻

汉上繁华，江南人物尚遗，宣政风流。
绿窗朱户十里，烂银钩。
一旦刀兵齐举，旌旗拥百万貔貅，长驱入。
歌台舞榭，风卷落花愁。

清平三百载，典章文物，扫地俱休。
幸此身未北，犹客南州。
破舰徐郎何在？空栏帐，相见无由。
从今后梦魂千里，夜夜岳阳楼。

【徐妻传】

梦魂夜夜岳阳楼的亡国死难烈妇

徐君宝妻，南宋末年，湖南岳阳人。其夫徐君宝可能为岳阳水师将官，与入境金兵作战船破身亡。而徐妻貌美，被金兵将官掳至杭州，住于当年韩世忠的蕲王府中。在岳阳至杭州的数千里途中，金将不断地想污辱她，都被她严词所拒而终不敢犯。到了杭州，金将势欲强行奸污她，徐妻自料难免，便说道：“让我祭奠亡夫，了绝前事，再来事你”。金将大喜过望，以为其心回意转。徐妻祭祀完亲夫，提笔在府壁上题罢这首《满庭芳》后，便投府中池水而亡。诗事皆见载于《稗史》。《全宋词》亦载此词。为当世词人与后世诗坛名家多所赞赏。

100、满江红·亡国北迁题驿壁

[南宋]昭仪王清惠

太液芙蓉，浑不似，旧时颜色。
曾记得，春风雨露，玉楼金阙。
名播兰簪妃后里，晕潮莲脸君王侧。
忽一声，鼙鼓揭天来，繁华歇。

龙虎散，风云灭。千古恨，凭谁说。
对山河百二，泪盈襟血。
客馆夜惊尘土梦，宫车晓碾关山月。
问嫦娥，于我肯从容，同圆缺。

【王清惠传】

南宋亡国皇妃气吞万里震烁千古的《满江红》

王清惠，字仲华，南宋度宗的昭仪，善诗词。公元1276年，元兵攻克南宋小朝廷的京师杭州城后，三宫六院全部北迁，王昭仪也随迁到北方。后来削发为尼，在寺观中度过亡国后的余生。这首词是北迁时路过旧都汴京，宿于黄山驿站时，王昭仪题在驿站墙上的。在中原广为传诵。汪元量、文天祥都有诗相和。

汪元量也是南宋的朝官，以诗、琴事谢太后，亡国后随迁燕京，做过元朝的小官，元世祖很赏识他。经多次要求归入道家，以道人身份得以南归杭州，结诗社度余生。曾步王昭仪原韵，奉和了一首《满江红》：

天上人家，醉王母，蟠桃春色。
被午夜，漏声催箭，晓光侵阙。
花覆千宫鸾阁外，香浮九鼎龙楼侧。
恨黑风，吹雨湿霓裳，歌声歇。

人去后，书应绝。肠断处，心难说。
更哪堪杜宇，满山啼血。
事去空流东汴水，愁来不见西湖月。
有谁知，海上泣蝉娟，菱花缺。

文天祥读到王妃词后两句时却说：“惜哉：夫人与此少商量矣。”用其原韵又创作了两首。到了明清年间的说岳唱本，又有一首安在韩世忠名下的《满江红》几乎就是翻版之作，但却大气磅礴无比：

大江东去，淘不尽，壮怀秋色。
漫说道，秦宫汉帐，瑶台银阙。
长剑倚天气雾外，宝弓挂日烟尘侧。
向星辰，拍袖整乾坤，难消歇。

龙虎啸，风云泣。千古恨，凭谁说。
对山河耿耿，泪沾襟血。
汉水夜吹羌芦管，銮舆步老辽阳月。

把唾壶，敲碎问蟾宫，圆何缺？

此词只是少年时读说岳话本所见，记得署于韩世忠名下，但终不知为何人所作，真可与岳飞的《满江红》比肩而立，同气共鸣，令人血脉贲张，心潮激荡，所以虽历几十年，仍能一字不忘。而此时方知亦是步王昭仪原韵之作，而且在下阕还保留了原词的骨影身架。

王昭仪还有一首小诗是寄与汪元量的：

万里倦行役，秋来瘦几分。
因看河北月，忽忆海东云。

此诗见载于明初的《金姬传别记》：南宋亡后的元代初年，有一李姓役者随船发货到元大都（北京）。夜晚思乡，便于所住庭院中独自对月悲吟此诗。却忽听邻屋有女人哭泣之声。第二天便去拜访，女妇问他："你就是昨夜悲歌之人吗？"李生答道："所歌之诗，并非己作，而是同船的一位杭州人总是诵读这首诗，所以便记住了。"女妇边泣边说："这是故宋昭仪王清惠送汪元量的一首诗。我也是当年宋宫人，名叫金德淑，与王昭仪情同姐妹，后来便各自流散。尔今王昭仪已成为泉下之人了，所以听到你的歌诗，心中无比悲伤。当时，我们一起送汪元量南归，每人都有一首诗，便顺口吟咏了那首《望江南》"。

[**附文天祥以王昭仪口吻代拟《满江红》二首**]

燕子楼中，又挨过，几番秋色。
相思处，青年如梦，乘鸾仙阙。
肌玉暗消衣带缓，泪珠斜透花钿侧。

最无端蕉影上窗纱，青灯歇。

曲池合，高台灭。人间事，何堪说。

向南阳阡上，满襟清血。

世态便如翻覆雨，妾身元是分明月。

笑乐昌，一段好风光，菱花缺。

——和王夫人《满江红》韵，以庶几后山《妾薄命》之意

试问琵琶，胡沙外，怎生风色。

最苦是，姚黄一朵，移根仙阙。

王母欢阑琼宴罢，仙人泪满金盘侧。

听行宫，半夜雨淋铃，声声歇。

彩云散，香尘灭。铜驼恨，哪堪说。

想男儿慷慨，嚼穿龈血。

回首昭阳离落日，伤心铜雀迎新月。

算妾身，不愿似天家，金瓯缺。

——代王夫人作

人这一生无非是寻寻觅觅。寻到了的自是欢喜；觅不到的也千万别去耿耿于怀，总觉遗憾，说不准真觅到了，反倒让你大失所望。文天祥这两首词就是如此。知道文天祥有两首和王昭仪的满江红词，而且是以王夫人的第一人称代写的，便费尽心思去查阅而不得见。真有一种怅怅然的感觉。偶然间得见，却真不免令人大跌眼镜。文天祥的大节、正气是不可干犯的，也不当干犯。但人千万记住了别觉得自己什么都行。我敢说文天祥写的不好，但我可不敢说也代他写一个。子非鱼，安知鱼之冷暖?

101、与赵不敏和诗

[南宋]苏小娟

赵不敏： 当时名妓镇东吴，不好黄金只好书。
借问钱塘苏小小，风流还似大苏无?

苏小娟： 君住襄江妾住吴，无情人寄有情书。
当年若也来相访，还有于潜绢也无。

【苏小娟传】

钱塘名妓苏盼奴姐妹与赵不敏兄弟的连理缘

南宋年间破落宗室枝叶少年赵不敏，与钱塘名妓苏盼奴十分友好。久而久之，赵家越来越贫穷，但苏盼奴全力资助，劝他攻读学业，求取功名，以求出头之日。不久，终于及第授官襄阳府司户。可是这位青年司户三后年，竟因思念苏盼奴而亡故于任上。死前把几年的积蓄都交给了他的弟弟赵判院，让他留一部分，其余全送给苏盼奴。但他心中同时暗恋着苏盼奴的妹妹苏小娟。这个苏小娟也是名妓一流，因而许多后代文人常把她当成南北朝的苏小小。时人称姐姐为大苏，妹妹为小苏。不过，赵不敏此时已自知无缘，便写了一首诗用信封好，交给他弟弟说：“盼奴的妹妹小娟，俊雅能诗，是一个好伴侣，你要努力把她娶过来。”

这位赵判院回到杭州时，苏盼奴已经亡故，苏小娟也因骗取官绢百匹事而入狱。这位赵判院便去狱中探看小娟，把哥哥去世告诉了她，并责问她为何骗官。小娟却说这是姐姐的遗案追及到她这里，还请赵判院为她周旋脱罪。赵判院见小娟虽系狱中，但仍旧掩不住的天生丽质，而言谈举止仍不失文雅仪态，便把哥哥的信送给了小娟。小娟读罢沉默良久无语，赵判院就催她写一首和诗。小娟便很伤感地和了前面那首诗。

赵判院一读此诗，心中十分高兴，便把哥哥的遗财一部送给了小娟，让她还债偿绢。同时找到了钱塘太守帮助小娟脱离了官籍，成为自由人，嫁为自己的妻子。也算是赵司户与苏盼奴为自己的弟弟妹妹成就了一桩美好姻缘。

102、吴　歌

[南宋]民　谚

六十岁成亲八十岁亡，
还有二十年夫妇好风光。

【韦女传】

19年后应旧梦嫁于58岁的老夫少妻韦氏女

这两句歌词是流行在苏州一带的一曲吴歌。

当年的益州参军崔元综定下吉日要娶新娘章氏女。可是定吉日的那个晚上，崔参军却梦见一夫人对他说："此女不是你的妻妇，你的妻妇今日才出生。请跟我来。"崔参军梦中随夫人前行，走入东京履信坊十字街西道北一所大宅内的东屋前，见到妇人身边有一初生之女。领路的夫人便指着这个小女孩说："你妇正是此人。"俄尔，崔参军惊醒，也只当它是一无心无稽之梦，哪里会当得真。

吉日来到，崔参军自是高朋满座、盛友如云，一天应酬下来后，自是欢欢喜喜入了花烛洞房夜，那梦中之事早如一缕青烟飘在九霄云外。哪承想，没有多久，章氏女竟于家中暴病不治而亡。崔参军方觉心惊，但也不可能信于梦中之事，可是此后数十年竟再无婚姻之缘。

到了五十八岁那年，这位当年的崔参军已官至三品大员，经媒妁之言，两相情愿，娶得侍郎韦陟的堂妹为妻，而韦女年方十九岁。新婚三日携妇归家省亲日，却一步步一直沿着几十年前的梦中之路，走进了梦中小女孩的出生之宅门。至此，这位当年的参军大人才一梦方醒始信梦。虽是名副其实的老夫少妻，两个人却恩恩爱爱共同生活了整整四十年，这位参军在小夫人的陪伴下，一直到九十八岁方才过世。所以人称吴歌所唱并非稀罕之事。但梦中之事也只能当它是传说的故事吧。老夫少妻终不见得是什么好事。

103、咏白玉娘

[南宋]佚　名

城破家亡掳腥膻，配得佳夫才六天。
棒打鸳飞入空门，双鞣待合二十年。

【白玉娘传】

昙花庵合绣鞋二十年覆水重收的女尼白玉娘

南宋末年，元兵犯宋。统制官白忠坚守嘉定与元兵血战。城破战死，一门尽遭屠戮，只有一女白玉娘年少，为元兵张万户所怜，免死收归己养。后适逢张万户又掳得中原一英俊少年，名程万里，便将二人婚配为夫妻。

两个大宋离民成为夫妻，自有说不完的话语交谈。白玉娘知道了这个程公子乃是彭城人，且是当年尚书程文业的爱子，十九岁时因父荫得补国子生员。在元兵进犯时，曾犯上进策献言连权贵，避害逃奔江陵，途中为张万户所掳。

一日，玉娘见程公子泪痕满面，知他有思归之志，便劝他寻机逃走，何必在此委屈自己，为人奴仆。这位程公子却避而不答，生怕她是张万户的卧底来试探于他。先后两次劝他出逃，他两次都告诉了张万户。张万户一怒之下，竟把白玉娘卖掉。程万里至此才知辜负了自己的妻子。白玉娘临别，并无一丝怨言恨色，反以温言相劝。并将自己的一只绣鞋，换得一只丈夫的旧鞋，揣在怀中，以为它日的信物。新婚夫妇才相处六天，二人便只能洒泪告别。而这位程万里越不见玉娘怨恨一言，便愈觉是一生无法偿还的良心债。

没想到由此一事，程万里却深得张万户的十分信任，得以乘间盗得一匹快马出逃南归，回到了临安。时值宋度宗登基即位，广纳先朝后人入朝为官，程万里入朝被任为尉官，后又升任为福建安抚使。可是没多久，南宋灭亡。元朝又广招中原人士为官，程万里竟被加升为陕西行省参知政事。就是挂宰相衔的陕西省长。当年他与白玉娘分手的兴元府，正在陕西辖下，程万里便开始派他的亲随，带着玉娘留给他的那只绣鞋去寻找白玉娘的下落。此时已分别二十余年，都不知她是否还在人间。

那位亲随到处寻访都无半点踪迹信息，一日，寻觅得十分劳累，便进了路边的一座昙花庵去寻茶小憩。庵中人见来了一位官爷，自是不敢怠慢。饮茶间，那位亲随于包袱中取出绣鞋，无意展玩，只是放在那里发呆，犯愁何日何处能找到另一只鞋。却见一诵经女尼一见那鞋竟然惊骇得目瞪口呆，继而两眼放光，这亲随心知有异，便将那鞋送至近前，那女尼不待言说，便一把夺过捧在怀里。

原来白玉娘被卖掉后，自己用布把自身缠缝，誓死不受辱，又得以出走以乞为生而遁入这庵中落发为尼。白玉娘忙取出程万里的那只旧鞋，请亲随把二鞋合送于程万里，却不肯随行同去，只是说得此便“我愿毕矣！”亲随便说：“主人自夫人去后，感念夫人之义而誓不再娶，二十年只等候与夫人团聚，夫人不必固辞”。白玉娘只拜托亲随转告程万里好自为官，不要以她为念，便转身回房去了，竟不肯再见。

那位亲随差人无奈，只得包好双鞋回归府衙交差去了。这位程万里感慨万千，马上行文命兴元府官吏以礼迎夫人于昙花庵，速送行省。夫妻方得团圆。

当年豆蔻年华的少年夫妻，如今都已是四十多岁的人了，却膝下无子，于是，白玉娘为丈夫广置姬妾，终于生得二子。夫妇新婚六日便劳燕分飞，二十多年后才得复聚，自是恩恩爱爱厮守到晚年，“老而复聚，以富贵终。”

104、题清风岭血书

[南宋]王氏妇

君王无道妾当灾，弃女抛男逐马来。
夫面不知何日见，妾身料得几时回。
两行清泪频偷滴，一片愁眉锁不开。
回首故山看渐远，存亡两字实堪哀。

【王氏传】

亡国被掳投崖绝命的临江妇

公元1276年是元朝的至元十三年，南宋的德佑二年。这一年正是元兵大举进攻江南，一路势如破竹，兵临杭州（临安）城下，宋恭帝赵显出逃，南宋事实上宣告灭亡。只剩下一个小朝廷在东南沿海游击支撑了三年。宋恭帝降元的当年冬天，元兵攻破天台，大肆杀掠抢劫。临海一户王姓人家的主夫与父母都被杀掉，主妇因生有美色为元兵的一个千户长看中，便想占有为妇。但王氏妇誓死不从。

第二年开春，便与难民像羊群一样一道被驱赶着掳往北方。途经浙江嵊县清风岭的一道悬崖下，望着脚下深谷，便觉得这是自己的死所。于是咬破手指，在路边断崖上书写了上面这首诗，便投崖自尽，去追寻公婆夫君一家团圆于地下去了。人们为了追念这位节烈之女，后来又有所传说如下：

不久，有一名叫杨廉夫的苛薄少年书生路过崖下，看到这首诗，便附题了一首有失礼敬的诗：

介马驮驮百里程，清风岭上血书成。

只应刘阮桃花水，不似巴陵汉水清。

那么，这首诗不敬在何处呢？不敬在后两句："刘阮桃花水"，是指传说中的刘、阮二人顺桃花江水误入天台山与山中女仙婚配之事，而王氏妇又自天台而来，所以，"桃花水"隐指天台人氏的她，"刘阮"是隐喻元兵，暗讽她的不忠。而下句"巴陵汉水清"是指东川巴陵的一个叫"清"的寡妇，此妇寡后守节不嫁，经商致富，大有清名，因而史称其为"寡妇清"。这两句显然是嘲讽她这个天台的"桃花水"，没有巴陵的那个"汉水"清白。小文人多寻章摘句雕虫画物而少虑其他，尚自以为得意，便转回家中。

杨廉夫很快成婚，却许久不得生育儿女。一天晚上梦见一个女人问他："你可知道自己为什么无后吗？还记得你为王节妇题诗的事吗？虽然你那首歪诗无损于王节妇的清名，但你的心有伤刻薄，毁谤节义，其罪不轻，所以天理不容，故绝你后。"这位轻薄后生惊醒后，悔之莫及。第二天一早，天还没大亮，便一个人匆匆赶路，来到崖前涂去旧题，又题新诗称：

天随地老妾随兵，天地无情妾有情。

指血啮开霞峤赤，苔痕化做雪江清。

愿随湘瑟声中死，不遂胡笳拍里生。

三月子规啼断血，秋风无泪写哀鸣。

与前诗两相对照，真是碧落上重九与黄泉十八层之别。也足见世间的"人嘴两扇皮"，随其黑白轻重。而轻狂苛薄者最好还是省省油，口下积德的好。

有道是病从口入，祸从口出，那“两扇皮”可别轻易胡开乱合。吹牛虽不犯死罪，而胡说注定招祸。

这位杨先生题诗之后回到家中，心下仍觉忐忑。却在是夜梦见那位夫人来谢。不久便有喜临门，终得一子。不要只说这是文人杜撰，无非是诫告世人轻出妄语。

105、赠别诗

[南宋]齐锦云

一呷春醪万里情，断肠芳草断肠莺。
愿将双泪啼为雨，明日留君不出城。

【齐锦云传】

金陵艺妓的仗义救狱生死独钟

齐锦云，金陵教坊官妓。能诗、善琴、健谈。“对人雅淡，终日不倦”，为教坊中一名妓。后来在风月场中识得一位叫傅春的青年书生，两个人情真意笃，这位齐锦云从此便不去接待任何客人，专属傅春一身。

一日久候傅春而不见人来，却听得他被下入狱中，是因事为他人诬陷，齐锦云便把所有的金银首饰都卖掉，为他打点衙役，供给衣食。后来，这点钱花光了，连自己的被褥都卖掉，接济狱中之人。

不久，官司判定，傅春被发配边地充军。齐锦云一定要一路陪行。但傅春怕途中又生其他祸端，反害了锦云，便劝服了她。临别前，齐锦云写了首面那首诗为赠。至今仍值一读。

傅春去后，这位义妓竟然不再梳洗打扮，“蓬首垢面，闭户不出，日读佛书”。不久，竟然病死于教坊之中，实堪怜叹。

106、送汪元量南归（三首）

［南宋］金德淑等

吴山秋，越山秋，吴越两山相对愁。长江不尽流。
风飕飕，雨飕飕。万里归人空白头。南冠泣楚囚。

——章丽贞《长相思》

南高峰，北高峰。南北高峰云淡浓。湖山图画中。
采芙蓉，赏芙蓉。小小红船西复东。相思无路通。

——袁正真《长相思》

春睡起，积雪满燕山。万里长城横玉带，
六街灯火已阑珊。人立蓟楼间。

空懊恼，独客此时还。辔压马头金错落，
鞍笼驼背锦烂斑。肠断唱门关。

——金德淑《望江南》

南宋十三亡国宫女元大都词送汪元量

汪元量，南宋末年的御用琴师兼诗人，亡国时随谢太后一起被押送到元大都北京，很得元世祖忽必烈信任，不但在朝中任职，还经常派他随元大吏出使，到各地视察。并派他出使五台山。后来便屡次呈请批准他出家归依道教。

道教是元初极受崇尚的官教，因而汪元量被批准以道士身份南归。与他相熟的那些亡国宫女便为他饯行，人人填了一首送别词。收入《全宋词》中的除了上述三位以外，还有连妙淑、黄敬淑、陶明淑、柳华淑、杨慧淑、华清淑、梅顺淑、吴昭淑、周容淑等九位宫女，各赋《望江南》一首。另有吴淑真赋《露天晓角》一首。此处只录以上三首，不一一奉录。

107、减字木兰花·题泗州驿壁

[南宋] 淮上女

淮山隐隐，千里云峰千里恨。
淮水悠悠，万顷烟波万顷愁。
山长水远，遮断行人东望眼。
恨旧愁新，有泪无言对晚春。

【淮女传】

为金兵所掳北迁途中的山恨水愁

淮上女，姓名不详。南宋宁宗嘉定年间，金兵派四都尉进犯淮河流域，掳走大批淮上良家妇女、财物、耕畜北去。这位淮上女便是其中的受害者之一。当走到江苏泗州时，宿于驿栈，该女便题此词于壁间，以抒思乡之情、流离之苦愁。

全词以山恨水愁为引言，引出国家的山河恨，引出个体生命被屈辱摧残的悠悠愁怀。随着被掳队伍的渐行渐远，故乡的山水都看不见了，剩下的只有像牛羊一样被驱赶着的难民们的“有泪无言”了，而“对晚春”三字，又把人牵入了南唐李后主落花流水春去也天上人间无可奈何的愁绪中来。总归是家国破碎，帝王与平民都是一样的离怀愁绪。这淮上女不是大家闺秀，也是江淮书香门第人家的小家碧玉。而无论大小男女，凡文学之人总会以文学的工具来更深地开掘苦愁的渊薮。

108、绝命词

[辽]道宗皇后

嗟薄祜兮多幸，差作俪兮皇家。
承昊穹兮下覆，近日月兮分华。
托后钩兮凝位，忽前星兮启耀。
虽衅累兮黄床，庶无罪兮宗庙。
欲贯鱼兮上进，乘阳德兮天飞。
岂祸生兮无朕，蒙秽恶兮宫闱。
将剖心兮自陈，冀回照兮白日。
宁庶女兮多慚，遏飞霜兮一击。
顾子女兮哀顿，对左右兮摧伤。
共西曜兮将坠，忽吾去兮椒房。
呼天地兮惨悴，恨今古兮安极。
知吾生兮必死，又焉爱兮日夕？

【萧观音传】

死于令人骨冷胆寒谋陷中的萧观音

萧观音，辽圣宗钦哀皇后的娘家侄女。她的父亲萧惠为前朝枢密史。观音是辽道宗的懿德皇后，追谥宣懿皇后。死于宫中诬陷。

萧观音自小喜爱诗文、音乐，尤善弹琵琶。工诗善谈，且"姿容冠绝"于国中。在辽道宗为燕赵王时便被立为王妃，登基称帝后立为皇后。萧后十分注重宫风。皇太叔耶律重元的夫人以美貌而骄矜，萧观音便劝她说："为贵家妇，何必如此！"并写有一首《怀古诗》伤叹汉成帝年间赵飞燕秽乱宫廷、阴绝皇嗣的往事：

宫中只数赵家妆，败雨残云误汉王。

唯有知情一片月，曾窥飞燕入昭阳。

美德往往是杀身之由，节操往往取祸之道。因为社会太丑陋，人心太腌臜，人性太卑劣。尤其是宫闱之中太污秽，所以既见不得清德之行，又容不得洁净之人。因为你越干净，便越显得他人污脏；你越高尚，便越显得他人卑微。所以他便一定要把你和他拉齐，和他一样，他才会获得一种心理平衡。人类，似乎就是一个为忌、恨、怨、毒这几个字拉得紧紧的，再也长不大了的种群吧！因此，这位萧观音的尚美德性，与出众的才气，注定了她一生的如此命运。

她成了皇后，她生了太子，她得宠专房，她容德才情，独领后宫，母仪天下。但物忌太盛，木秀风摧。忽然间，辽道宗收到一个名叫单登的婢女与教坊头朱顶鹤的联名举报：萧观音与乐官赵惟一私通。这种署名举报是最具杀伤力的，所以前人说"好汉死在证人手"，两个人来作证，你怎能洗得清？而且是并非事出无因。这位懿德皇后如果只写写诗词文章似也无甚大碍，偏偏又酷爱音乐，自制歌词，弹得一手好琵琶，因而便与总领宫中歌舞戏班的乐官赵惟一时常在一起切磋琢磨，这自是她有失自我保护而授人以柄之处。身为国母和一个乐官成天在一起，这在世俗眼中成何体统？你再心中无鬼，也自有男女瓜李之嫌的天规兀立在侧，怎可视而不见？因而这不单单是倒持太阿剑，授人以柄，而且让传言增加了许多可信度。所以辽道宗一接到举报便勃然大怒，马上令当朝枢密史耶律乙辛与汉人宰相张孝杰来调查核实。

俗话说：不怕没好事，就怕没好人。查核萧观音的这两个人，恰恰是大辽国九朝国史奸臣传中开篇的冠、亚军：第一就是这个耶律乙辛，第二便是这个张孝杰。也是这萧观音命中注定有此浩劫。

这位耶律乙辛本牧羊童出身，曾梦有人以日月食之，他吃完了月亮，又在吃太阳时，被其父唤醒。后以身材壮美而机灵狡猾渐入仕途，官至南、北院枢密使得以封王。在辽道宗年间早期为道宗的心腹，与贫家子出身的宰相张孝杰为皇上的左右手，道宗虽知其奸而久不能去之。先谋害皇后，以同党之妹取代皇后位；又害太子，还想谋害皇孙未得逞。道宗终于看清了这个阴谋家的真面目；张孝杰也渐为道宗识破，两个人先后都被赐死，死后二人奸迹昭彰，都被掘墓戮尸，抄家灭族。

却说这耶律乙辛与张孝杰二人与两位受指使的诬告者罗织成皇后通奸事实，道宗竟把一个椒房专宠的萧观音打入冷宫。并把那个只知屠门闻香而不知死活的伶官赵惟一砍头戮尸灭族。萧观音被囚于回心院期间写下了《回心院》组诗十首，现录几首如下：

埽源殿，闭久金铺暗。游丝络网尘作堆，
积岁青苔厚阶面。埽源殿，待君宴。

拂象床，悠梦借高塘。敲坏半边知妾卧，
恰当天处少辉光。拂象床，待君王。

换香枕，一半无云锦。为是秋来转展多，
更有双双泪痕渗。换香枕，待君寝。

十首诗中，多是思念往昔夫妻之爱，伤惋离情，却很少怨恨。如“犹忆当时叫合欢，而今独覆相思块”；“解却四角夜光珠，不教照见愁模样”；“只愿身当白玉体，不愿伊当薄命人”；“笑妾新铺玉一床，从来妇欢不终夕”；“若道妾身多秽贱，自沾御香香彻肤”；“一从弹作房中曲，常和窗前风雨声。张鸣筝，待君听。”凡可怜人必有可恨处，她一直到死，还迷恋她的音乐，还赋什么曲啊，筝啊。如没有这些惑人心旌之物事，何至冤杀此命？短暂一生中并遇昏君、奸臣、恶党、肖小，自是大不幸，而因诗、酒、色、乐而误了身家的红颜翠袖又有多少前车后辙呢？人多不鉴前，而必踵其后。这位美丽才情的萧观音终被道宗赐死自尽，而归尸于家。在昏浊的历史尘霾中，又有谁知道就这样残酷而无情地吞没了多少才女红颜呢？那么，这桩天大的冤案到底是怎样炮制而成，有什么前因后果呢？一位叫王鼎的当朝官员大学士写《焚椒录》讲述了此事：

原来萧观音手下有一奴婢叫单登，此女也善弹筝与琵琶，且自认为不下于乐官赵惟一，总与其争能炫技，而萧观音却始终认为她这两种乐器演奏的艺术水平都不如赵惟一。所以此婢心中十分怨恨萧观音，认为她不公平。萧观音心知此事，便安排了一次北方民间式的“对棚”：她让单登与赵惟一两个人对弹四旦二十八调，当场同奏比赛，结果是无一不败在赵惟一手下。但这位单登却不反思自己的技不如人处，反而更怨恨萧观音要出她的丑。这种人便是典型的“小人”了。人们之所以说：你可以得罪一百个君子，不可以得罪一个小人，因为君子坦荡荡，小人常戚戚，且睚眦之怨耿耿于怀，蓄终生之力，待终生之机，必得报了一箭之仇方觉为快。所以得罪一个小人可能就是你终生的祸患，除非把她除掉、灭绝。这也许是量小非君子，无毒不丈夫，主张斩草除根，打虎必死者的人性依据吧！有道理。世间最不可丝毫宽恕的就是小人。要么你不得罪他，要么你就弄死他。

这个卑鄙的小人单登的妹妹叫清子，正是主管官妓的教坊头朱顶鹤的妻子。单登便与朱顶鹤商议怎样谋害萧观音。俗话说：不怕贼偷就怕贼惦记；不怕人害，就怕人算计。他要是一门心思成天到晚算计你，总想打倒你，那就危险了。

你想想，一个人一天的思维活动总量能抵你一本20万字的图书，那么他天天算计你，还有什么坏办法、损招法想不出来呢？而凡事无论好坏，都是单丝不成线，独木不成林，正巧这位单登的妹妹清子又是当朝野心勃勃，而又伪装成忠臣的枢密使耶律辛乙的小情妇。而耶律辛乙又与萧观音家很亲善。所以单登二姐妹、朱顶鹤、耶律辛乙便伪制一组《十香词》，用十首诗分别写男女偷情身体发肤十部位的淫艳词句，并与前面那首写赵飞燕的《怀古》诗，一并由单登送到萧观音处，以讨要她的手迹为名，求她新笔书写一遍。萧观音哪里会想到自己的使女会算计到她的头上呢？便亲笔书写了一遍，当作赏赐送给了这位婢女。

萧观音当时虽觉《十香词》太淫荡不堪，但来求者是自己的女婢，也为了缓和一下这位下人的不满情绪，便满足了她的要求。怎想到这位小女人竟然与朱顶鹤以此联名举报萧观音与赵惟一通奸。所以，辽帝一见是萧观音的亲笔所书，登时大怒，信以为真，便下令将萧观音囚禁，并责成耶律辛乙去办案。

这耶律辛乙又精心策划一番，便去辽帝处密报：其一，《十香词》确是萧皇后亲制赠给赵惟一的。而且最后一首《怀古诗》中隐有赵惟一的名字：第一句中有一个赵字；第三句中前后有惟、一两个字。这也是鬼使神差合当萧观音倒楣到底了，因为辽帝亲自读过皇后写给他的这首劝谏诗，但怎么也没想到那三个字竟是“赵惟一”。于是，一切便铁证如山，萧观音就这样被赐死。直到天祚帝即位，还是这位王鼎出面澄清所有事实环节，才给萧观音昭雪冤狱，追封为“宣懿皇后”。而那个单登和她的妹妹、妹夫朱顶鹤自被千刀万剐，凌迟处死。

那么，这位王鼎又是怎样知道这些底细呢？因为他夫人乳母的女儿蒙哥，即是耶律辛乙的婢女，也是耶律所宠幸的情妇，所以全知此事的原委，讲给王鼎听的。王鼎据此才写成了这部《焚椒录》。也是苍天有眼，总算为她的这场不白之冤洗涮清楚。

109、咏　史

[辽] 天祚帝妃

丞相来朝兮剑佩鸣，千官侧目兮寂无声。
养成外患兮嗟何及，祸尽忠臣兮罚不明。
亲戚并居兮藩屏位，私门潜畜兮爪牙兵。
可怜往代兮秦天子，犹向宫中兮望太平。

【萧瑟瑟传】

大辽最后的帝妃萧瑟瑟诬死谁手

萧瑟瑟，辽国最后一位皇帝天祚帝的妃子。是当朝国舅之女。天祚帝到耶律达革家见到了年轻貌美的萧瑟瑟，便带到宫中，私藏了数月。在叔父的劝说下，才以正礼聘娶为文妃。并为帝生一公主、一皇子，十分受宠。

这位文妃也是一位诗情才女。由于天祚帝为亡国之君，淫游田猎无度，忠臣疏斥，奸小当道，这位文妃曾写下了一首《讽谏歌》：

勿嗟塞上兮暗红尘，勿伤多难兮畏夷人。
不如塞奸邪之路兮，选取贤臣。
直须卧薪尝胆兮，激壮士之捐身。
可以朝清漠北兮，夕枕燕云。

如果说开篇那首《咏史》是借秦史以讽辽今，那么这首诗便是赤裸裸地直谏了，而且很有一种丈夫襟怀。但天祚帝哪里听得此种语言？只知醉生梦死而已，只有奸臣才能满足他的种种欲望。对于北方隆兴的女真族金国，既无力阻止，又不肯内修德政、安民强国，终于被金兵赶得到处流窜，所属郡县很快就被金兵占领了一半。此时的皇后之兄萧奉先既忌妒很有作为的晋王，也嫉恨文妃的得宠，便于逃亡的途中诬陷他们母子勾结南军都统阴谋篡政。文妃竟因此而与株连的亲属俱被赐死，而对四王子中最有人望的晋王未忍加诛。

大辽天祚帝的四位王子中，晋王为文妃所生；秦王为萧奉先的妹妹元妃所生。但晋王既年长于秦王，能望又远高于秦王，乃是此时辽国的人心所系。萧奉先为了让秦王继位，竟然借口南军都统余睹的夫人是文妃的妹妹，所以诬称他们谋夺皇位。而正在前线统兵作战的余睹在军中知文妃三姐妹及姐夫、驸马等都被杀，便降金，并引金兵来攻。萧奉先又借此劝天祚帝赐死晋王。天祚帝直到逃入夹山中方悟萧奉先之阴谋，便令其离去。萧奉先途中为金兵所掳，又为辽国夺回，父子被赐死。权力场中的人性之卑劣血腥真真是无以复加到何等地步？

110、春夜吹笛词（外一首）

[元] 程贵妃

淡月轻寒透碧纱，窗屏睡梦听啼鸦。
春风不管愁深浅，日日开门扫落花。

惜春词

春光欲去疾如梭，冷落长门苔藓多。
懒上妆台脂盖蠹，承恩难比雪儿多。

【程妃传】

元顺帝宫女程一宁以词得宠封贵妃

程一宁，出身不详，为元顺帝贵妃，史无其传。元顺帝多以蒙族与高丽女为后妃，程一宁为汉女，入宫亦不受宠。但程一宁善诗、歌。一次顺帝夜宴翠鸾楼，程一宁为歌以上二诗。顺帝为其哀凉之辞所感，遂封为贵妃，日见宠幸，并将此楼改为奉御楼。

111、祭亡夫

[元]谢　氏

不忍将身配象奴，自携麦饭祭亡夫。
今朝武定桥头死，一剑清风满帝都。

【谢氏传】

“一剑清风满帝都”的南宋亡国烈女

谢氏，宋末元初人。生于江南书香门第之家，少年美姿色，喜诗文。长成嫁于松江府泖湖巨室大族人家为妻。本来家境富庶、夫妻恩爱，却逢南宋衰败，元人兴起，杀入江南，灭了偏安的南宋小朝廷，成为了一统王朝。天下百姓难免又要遭此大劫。元朝建立了当地地方政权后，首先查没了这个富甲一方的巨室资财，寻个罪名把全家人族灭，丈夫也被杀死。那她怎么能独自得以活命呢？因为元兵见她生得有姿色，便把她发配给象奴为妻。这位谢氏怎能忍受了国亡家破夫死的惨痛与嫁象奴为妻的耻辱呢？谢氏一介孑遗女流又怎能抗得官府元兵呢？便虚与允诺，但要求象奴允许她一定要先去祭奠亡夫，然后才能嫁给她。象奴无不允诺。谢氏准备了祭物酒饭、笔墨，随身藏了一把短剑，一个人只身来到武定桥边，找到亡夫墓前，一个人哭祭完毕，便在桥身题写了这首祭夫诗，然后抽剑横颈伏刃，自刎身亡。此诗见载于《稗史》。

112、招外五首

[元]余季女

妾谁怨兮薄命，一气孔神兮，化生若甑。
春山娟兮秋水净，秉贞洁兮妾之性。
聊复歌兮遣兴。

夜梦兮食梨，命灵氛兮贞余。
占之曰：行道兮迟迟。
敛角枕兮灿如，风动帷兮心悲。

云黯黯兮雪飞棘，夫子介兮如石。
苦复留兮不得，望平原兮叹息。
涕泗横兮沾衣。

送子去兮春树青，望子来兮秋树零。
树有枝兮枝有英，我胡为兮茕茕。
子在此兮山城。

织女兮牛郎，岂谓化兮为参商。
欲迳度兮河无梁。
霜露侵袭兮病偃在床，嗟之夫子兮谁与缝裳？

一唱五叹催人泪下的痴情弃妇

余季女，元代人，余处不详。观诗中所言，该女乃是一离异之妇。

第一首自叹命薄，虽然自己很贞洁如一，却不得夫主亲爱。第二首说自己曾梦到吃梨，请算卦的人卜算说是不顺畅，有离异之命，心中很悲伤。第三首说：丈夫十分倔强，怎么都留不住，在大雪纷飞中离家出走，自己只能望远方而流泪。第四首是说：我从春天盼到秋，你还是没有回来。树上长新枝了，枝上开花了，可我为什么只是一个人这般孤独，你跑到哪里去了呢？第五首是说：我们就像牛女参商星辰一样，不得相见，想要渡过那道天河没有桥梁。天冷了有病在床，我那夫子，谁为你缝补衣裳呢？五首诗一气呵成，一唱五叹，很感人。且作品形神兼备骚韵楚风，难得一骚体佳作。

113、绿窗诗

[元] 孙蕙兰

绣被寒多未欲眠，梨花枝上听春鹃。
明朝又是清明节，愁见人家买纸钱。

【孙蕙兰传】

红颜薄命才多福浅的元代大诗人傅若金妻

孙蕙兰，元代人，父母早亡。二十三岁时嫁于才子傅若金为妻。孙氏幼习诗书，尤长于五、七言诗，很有才名。著有《绿窗遗稿》，录诗18首。人虽秀美高朗聪慧，但惜红颜命薄，才女福浅，嫁夫后连理情深，但只五个月夫妻生活便亡故，因寓居而葬于湖南。傅若金难了思妻之情，便写下了一首悼亡诗来悼念他的亡妻：

湘烟草碧雨纷纷，泪洒东风忆细君。
浪说嫦娥能入月，虚疑神女解为云。
花阴昼坐闲金剪，竹里春游冷翠裙。
留得丹青残锦花，伤心不忍读回文。

《千秋绝艳图》收入孙蕙兰为之画像，并题诗为：

日永凭栏寄恨多，恹恹香阁竟如何。

愁肠己自如针线，哪得闲情绣绮罗？

孙蕙兰的名气虽然并不很大，但她的丈夫傅若金却是元代诗坛鼎鼎有名的人物。傅若金是江西新喻人，虽名为若金，可少小时却家贫如洗，吃不饱，穿不暖，从小便常以织席为生计。稍大后发愤攻读诗书，终成为元代诗坛上的重要人物，有元代四大家的集大成者之称。他的这首悼亡妻诗就很有名。

114、咏梅花

[元]梅　尼

终日寻春不见春，芒鞋踏破岭头云。
归来笑拈梅花嗅，春在枝头已十分。

【梅花尼传】

以诗追寻生命意义的无名大师

梅尼，姓氏不详。元代的一位尼姑，因此诗而享名，人但称其为“梅花尼”，而不知其姓名。只是诗虽传世，人却没有留下名字。

全诗无一华丽辞藻堆砌而备觉华丽；无一哲理说教而饱含哲理。首联两句讲“寻春”，而人生又何尝不是一场踏破铁鞋的寻找？而不破云又何能见日？讲的是寻春，而去岭上芒鞋踏破苦苦寻找的却是梅花。因梅花开了，春天也就来了。岭上一番寻找，并无所获，但并不等于无意义。如果没有这番攀山破云的寻找，就是看到了窗前梅开，也许未必就会领略到春天来到的意义。

世间许多事不都是这样的么？当你走了许多盘山道，弯弯绕，却没找到你要找的；可是当你返回起点时却发现：原来你要找的就在你的身边、脚下。那么能说这番寻找是无意义的吗？就如同人吃饭一样，让你饱了的感觉是最后一口，但只有智障者才会说：以前的那些口都是白吃了，何不一开始就吃这一口呢？

115、题寿沙驿壁诗

[元] 万俟蕙柔

夫官湖右妾江东，三载孤帏日夕空。
葵萼有心终向日，柳花无力苦随风。
两行血泪孤灯下，万里家乡一枕中。
雁到衡阳身即返，有书难倩子卿鸿。

【万俟蕙柔传】

战乱中“柳花无力苦随风”的江东才女

万俟蕙柔，元末江东吴地人，才女诗人。丈夫在江南湖右为官。独守空帏三年，夫妻不得相见。时值元末天下大乱，烽烟四起，兵连祸结。丈夫战死沙场，妻子被掳北行，至寿沙驿所时，写下了这首诗，题于驿壁之上。诗中充满了离乱之苦。

最妙处在“柳花无力苦随风”句，十分贴切地描摹了战乱中的女性及平民的无力自主情状。“两行血泪孤灯下，万里家乡一枕中”，则写尽了流离者思乡之苦情。尾联则引二典，一为大雁南迁到衡阳回雁峰下便北归；一为苏武牧羊北方有鸿雁传书救其归国的传说。诗中的子卿是苏武的字。作者用两个成典来抒发了心中的哀愁绝望之情。与丈夫有书相寄也音信难通，雁有回时，而此去却是不归路。“子卿鸿”——苏武留胡十九年，得鸿雁南飞传书到汉庭，才被汉武索要回归中原。

116、悲笳四拍

[元]赵鸾鸾

（一）

我生之初尚无为，我生之后元运衰。
夫与妻兮忽仳离，父与母兮生死安可知？
狼烟四起兮沸鼓鼙，锋镝成林兮盛旌旗。
人民涂炭兮城郭坏，礼义灭亡兮法度隳。
身流落兮天一涯，肠欲绝兮心孔悲。
山可平兮河可塞，妾怨苦兮无穷期。

（二）

蜂蚁屯聚兮豺虎嗥，心毒狠兮体腥臊。
烟尘澒洞兮人窜逃，寒沙暴骨兮汲蓬蒿。
亡家遇乱兮伤吾曹，义重命轻兮如鸿毛。
誓捐此生兮期弗辱，仰天俯地兮独烦劳。

（三）

弃贤俊兮逐凶愚，东西转徙兮卒无宁。
居贪淫是乐兮杀戮是娱，所在剽掠兮所过为墟。
发坟墓兮焚毁室庐，闺门孱弱兮被虏驱。
舍生取义兮捐微躯，谁云女妇兮丈夫弗如。

（四）

行处坐处兮思念我乡曲，地角天涯兮不见我骨肉。

姑亡舅没兮家倾覆，逃窜苟活兮被驱逐。
伉俪离背兮何时复，幸兹陋躯兮得免污辱。
谁为义士兮挥金玉，歌行路兮妾身赎？

【赵鸾鸾传】

元末变乱中家破人亡夫妻离散的赵鸾鸾

赵鸾鸾，字文鹓。元末女才子，善诗。初嫁缪氏。第一次婚姻失败后，嫁于柳颖。适逢亡国之君元顺帝至正年间天下大乱，以大明军为首的农民起义；南、北、西方少数民族起义；东南海盗、倭寇并发；宗室权贵之间、地方军阀内战不已。把个一代天骄成吉思汗开创的大元天下，搅得天昏地暗、兵连祸结、遍地狼烟，大元帝国的每一寸土地都在战火中燃烧。再加之连年黄河决口、四方地震、海啸，灾变连绵不断，民不聊生。全中国都陷入一场空前的浩劫之中。

赵鸾鸾与柳颖这对夫妻，在战乱中家破人亡。公婆都死于战乱之中，夫妻二人各在一方，不知生死。但赵鸾鸾却在被掳迁流途中，为我们留下了这篇仿胡笳十八拍的四拍诗，把自己在那个时代亲历亲睹的混乱、悲惨，乱兵祸民的野兽般残忍暴行，难民的流离之苦，都详尽、真实地记录下来。足以解释人们为什么说“宁为太平之鸡犬，不为乱世之王侯”了。

117、答朱元璋绝笔诗

[元]顺帝宫女

君王慧性被奸迷，妾曾三谏触闱墀。
不能死守身先遁，致令钟移社稷墟。

【元顺帝宫女传】

慷慨陈词死烈于朱元璋面前的亡国宫女

顺帝宫女，出身姓氏不详。元顺帝是元朝的亡国之君，在位36年，帝本昏庸，且朝政腐败衰落由来已久。大明兵至通州，顺帝不思防守，而是集三宫后妃、太子、皇孙等共议弃京北逃。大臣伯颜不花等痛哭力谏不从，于夜半开建德门北逃至大漠之北的应昌府固守。明军入大都，元朝国亡。

二年后，元顺帝病死应昌府城；又一个月后明军攻破应昌府，除太子等十余骑逃逸外，宗室宫妃悉数被俘，押送北京。明太祖朱元璋虽然很宽大元王室，但仍下令将宫妃宫女都落为乐籍为妓女，或让她们给后宫为女奴。但元宫女中有一人誓死不从。朱元璋便讽刺道："你既然此时想到了守节，那么亡国之际为什么不去殉元呢？"这位宫女却回答道："无非想把话说明白了再死，以便做鬼也有一个正名而已。"朱元璋见其有话要说，便命左右备与纸笔。元宫女挥笔写下了前面这首诗，便二话不说，掷笔于地，转身投入宫池而死。

这首诗的意思是说：我并不怕死，曾经三次强谏我的君王，但他的慧性已被奸臣迷住了心窍。所以，他不但不死守都城，反而率先弃城而逃，这才使大元的江山社稷落入你的手中。观其诗、其言、其行，一个亡国小小宫女竟如此节烈，铁血铮铮，巾帼不让须眉。都说板荡识忠臣，而亡国兴替之际亦多烈女，当汉奸叛徒的则多是男人。正由于几千年来的男人世界，所以中国历史上的叛臣贼子卖国汉奸特多。就是慈禧之类的雌贼卖国，也要靠男人帮着卖。当然，这些民族的败类并掩夺不了那些忠臣、烈士、英雄的彪炳青史。

118、采菱曲（外一首）

[元]元顺帝才人

伽楠楫兮文梓舟，泛波光兮远夷犹。
波摇摇兮舟不定，扬余袂兮金风竞。
棹歌起兮纤水挥，青角脱兮水潆回。
归去来兮乐更谁？

弄月曲

蓉衫兮蕊裳，瑶环兮琼珰。
泛予舟兮芳渚，击予楫兮徜徉。
明皎皎兮水如镜，弄蟾光兮捉娥影。
露团团兮气清，风飕飕兮力劲。
月一轮兮高且圆，华彩发兮鲜复妍。
愿万古兮每如此，予同乐兮终年。

【元顺帝才人传】

大元二妃诗吟亡国之衰音

凝香儿，元朝的亡国之君元顺帝的宫中才人。出身于官妓，被选入宫，后迁升为顺帝才人。此二曲颇拟楚风，但词空浅艳。或为妓时乘舟游乐之曲，或为陪顺帝游乐时所歌。

元武帝的一位骆妃，也有一首类楚骚的宫辞为《舞月歌》：

五华兮如织，照临兮一色。
丽正兮中城，同乐兮万国。

也许是元宫中崇尚此类歌词曲调吧，但却早已失却了楚辞的味道，徒具其形其式而已。但亦足见楚风歌吟之流延绵长。而二妃的诗词中都是游船采菱、泛舟弄月、歌舞玩月，层层都透出了亡国之兆的衰音。任何一个国度，只要进入了娱乐至上的阶段，便铁定离亡国不远了。西方人说娱乐是人类最后的杀手。没错！

119、赠离夫诗

[明] 姜子奇妻

夫留吴越妾江东，三载恩情一旦空。
葵藿有心终向日，杨花无力暂随风。
两行珠泪孤灯下，千里家山一梦中。
每恨当年历此难，相逢难把姓名通。

【姜妻传】

“葵藿有心终向日”的吴中流离之妇

明朝开国初年，吴地人姜子奇娶得一才情诗女为妻，夫妇举案齐眉、相敬如宾，自是书香小康人家。三年后适逢兵乱吴中，夫妻逃难中走失，妻被明兵一将官带归南京府中，而夫则到处寻妻流浪四方。

一年后，姜子奇一路行乞，找到了南京城中。行乞到一户高门大第人家，一妇人出见可怜，便送给他一些酒饭，又给了他一斗米。姜子奇千恩万谢，妇人却无言掩面而去。姜子奇哪里会想到面前的妇人正是他的结发夫妻在此家为佣妇。后来终于又得相见，妇人也不敢直言真情，而是送给了他一个包袱。此事恰巧被此家主妇所见，便派家人把乞丐追回，搜查他的乞袋中，竟有金钗一对，书信一封。便等候家主回来处理。

那位大明将官回家后，闻知此事，便拆开书信阅看，却是一首律诗。仔细读来，大觉内中深含隐情，便把佣妇叫来问得实情。这将官非但没有怪罪，反觉十分伤感，便当即让他们夫妻相认，并赠与他们一笔钱米，让他们夫妻双双回吴中去了。

120、拒入教坊诗

[明] 铁铉女

铁铉长女诗

教坊脂粉洗铅华，一片闲心对落花。
旧曲听来犹有恨，故园归去已无家。
云鬟半绾临妆镜，两泪空流湿绛纱。
今日相逢白司马，樽前重与诉琵琶。

铁铉次女诗

骨肉相残产业荒，一身何忍去归娼。
涕垂玉筯辞宫舍，淑蹴金莲入教坊。
揽镜自怜倾国貌，向人羞学倚门妆。
春来雨露宽如海，嫁得刘郎胜阮郎。

【铁铉二女传】

抗明成祖皇命死不为娼终得自由的铁氏二女

大明王朝的开国皇帝朱元璋消灭了元顺帝，进北京，大行分封制，把 24 个儿子分封在各地，协助他统治全国，以免朱氏政权被颠覆。其中，在漫长的北方边防线上，分封九个要塞国，由朱家九王各守一国，拥有空前绝后的大权。

太祖尤其是对燕王朱棣最为倚重，驻守北平，带甲数万；边地的九王都如此，而且有调动各大将兵马的权力，以至形成了中国历史上最大的一批亲王封国。大臣们劝他当以西汉王朝的“七国之叛”与西晋王朝的“八王之乱”为鉴，朱元璋非但不听，反而把坚持者以离间骨肉为名处死。但小人物们的逆耳之言，多不幸而言中，历史的前车之鉴总是在一代代的重演，就因为全世界之最为愚蠢的恰恰是那些自以为得计，自以为是的帝王们。

朱元璋在统治了三十年后，于公元 1398 年死去，由皇太孙即位为建文帝。但他怎么统治了朱元璋给他留下的那帮各拥重兵在外如狼似虎的王叔们呢？四年后，这个建文帝就被他的叔叔燕王朱棣在北京起兵，搞掉了，兵临城下时建文帝自焚而死。朱棣进入南京后大开杀戒，对反对过他的大臣们实行“瓜蔓抄”，大搞株连，不知杀死了多少人。

但是，令燕王朱棣最痛恨的，却是那个几乎让他兵败身亡的山东布政史兼兵部尚书的铁铉。这个铁铉却是个色目人，而非汉家苗裔。在朱元璋时代以一个国子监太学生出身而任一个断狱的小吏。后因在都督府断事决疑很是得力，十分受太祖喜欢，便授予他一个“鼎石”的名字。建文帝时，在山东任参政之职。朱棣起兵，朝中派李景隆率二十万大军北征，却在山东德州等地先后几次被燕王大败溃不成军。这个小小参政铁铉见北伐军如此不堪，竟然感奋涕泣，奋起参战，投身国难，只率了几位助手，从临沂匆匆赶赴燕王必夺之城济南去自任守将。燕兵如潮涌来围城，不管燕兵掘水灌城还是昼夜围攻，就是无法攻破此城。铁铉又派人诈降，朱棣大喜过望，便率兵入城，到得城门前却见伏兵四起，城门上大铁板放下，差点砸死朱棣。燕兵落荒而逃，朱棣挥军围攻三个月仍不能得手，有一次城危时，铁铉却大造了一个太祖朱元璋的木主牌位，挂在了城头，顿时让燕兵将帅纷纷退下，连朱棣也不敢再下令攻城。渐渐师老坚城之下，朱棣只得退兵回了北平。一直到后来的南下，朱棣再也不敢入山东，而是绕道徐州、沛县，攻破了南京。随着建文帝的大势已去，铁铉所率的队伍也终被打败被俘。

朱棣命人将铁铉押到南京，要亲自审判。可是这位铁铉来到廷前对朱棣看都不看一眼，只是以背对着朱棣，坐在廷中大骂不止。朱棣几次命他回一头，但终不可得，命手下强扭，一撒手便又是回过头去。朱棣无奈，便下令将铁铉推出处以磔刑，此时的铁铉年仅三十七岁。朱棣还下令将他的儿子、八十余岁的父母都流放戍边。但铁铉的两个女儿既通诗书礼乐，又生得十分漂亮，而且是色目人血统，在漂亮之外自是另有一番异域风韵。这位朱棣看到犯属中竟有这么漂亮的两个女孩，竟恶向胆边生，下令将这两位千金小姐发配到教坊，让她们入娼门去做妓女。

想不到的是，这两位小女子却誓死不从。虽被押送到教坊乐庭之中，却没有人可奈何得了。二女坚守数月而不屈，再加之人人敬重她们是铁铉之女，自多有维护。后来，一位在新朝中任职的官员，也是铁铉的旧友听说后，便来教坊中探视二女。这两位小姐见了先父的旧友，无限委屈悲伤都在珠泪纷纷中流泻如注。临别，二女每人各写了一首诗，送给了这位叔叔。铁铉的这位旧友览诗，也是悲不自胜，便大着胆子把这两首诗送到了此时已是明成祖朱皇帝的昔日燕王面前，代为求情。没想到这位朱棣读了二诗，也竟然为之所感，就下令放了二女，让她们各自嫁人去了。

121、闺中即事（外一首）

［明］黄　峨

金钗笑刺红窗纸，引入梅花一线香。
蝼蚁也怜春色早，倒拖花瓣上东墙。

寄外

雁飞曾不度衡阳，锦字何由寄永昌。
三春花柳妾薄命，六诏风烟君断肠。
曰归曰归愁岁暮，其雨其雨怨朝阳。
相闻空有刀环约，何日金鸡下夜郎。

【黄峨传】

一流诗品一流人品一生担当的杨慎贤妻

这两首诗如果分载两处，绝不会想到作者是一个。前一首诗本身就是一个无忧无虑天真阳光，在父母身边饱享幸福与欢乐的小女孩；后一首诗的本身就是一脸的悲苦无奈风雨苍凉，尾联中的“刀环约”是讲李陵故事。汉将李陵兵败降匈奴，霍光派使者出使匈奴召李陵归汉。但单于在座不得言明，使臣便看着李陵的眼睛，一边不断摆弄着刀环，一边握足，意思是说皇上召他走还汉朝。还与环谐音，足是逃走意。但李陵终未归汉。所以“刀环约”在古诗中就有了徒空约而人不归之意。这两首诗似乎概述了明代女诗人黄峨的大半个人生。

黄峨，字秀眉，四川遂宁人，生于公元1498年明宪宗年间，长成于明武宗年间，去世于嘉靖末年。是当朝状元郎杨慎风雨同舟蹁迈一生的忠诚夫人。对于杨慎，许多人至少闻其名，但对黄峨就很陌生了。

黄峨的父亲名黄珂，明代成化20年的进士，官至工部尚书。而杨慎的父亲则同是四川人，是新都人士，名叫杨廷和，是明武宗的首辅大人。两位父辈既同乡，又是同殿称臣之人，自是在京师互有往来。而杨慎年长黄峨10岁，在杨慎眼中，黄峨不过是一个小小的小妹妹、小孩子；而在黄峨心中，杨慎却是一个很可仰慕的世兄。而且令人惊羡的是杨慎在24岁就中了状元，这在一个十几岁小女孩的心中，就不只是仰慕，而是崇拜了。但谁会想到他们会成为夫妻呢？

杨慎，字用修，号升庵。生于1488年，死于1559年，正好是比黄峨早出生10年，早死10年。杨慎少年时代就极聪明，而且又有如初生之犊般什么也不怕的精神。6岁的时候一个人在池塘中洗澡，衣裤便扔在塘边。恰巧县令路过此地，便开玩笑地把他的衣裤挂在了池边的古树上，并给他出了一个联语的上联：“千年古树为衣架”，他对上了就还给他衣裤。一般的小孩早就哭喊上了，哪还有什么联语应对呢？但杨慎一点不怕，脱口对出：“万里长江做澡塘”这样绝对的工对。“万里”对“千年”，“长江”对“古树”，“做”对“为”，“澡堂”对“衣架”。就是科举卷师也挑不出瑕疵来。县令惊叹得不得了，不过想开个玩笑，哪想到发现了一个“神童”，就把他请到了县里，去衙门做客，一下子轰动了全县，都说新都县出了个6岁神童。

到了11岁时，便有“一盏孤灯照玉堂”的诗句，让他的进士父亲都赞叹不已，但却说“但恨太孤寂耳”。而他哪里会想到，这正是他爱子一生命运的预言呢？12岁时，父亲杨廷和与人下棋，便让在一旁观棋的杨慎以棋为题写首诗。杨慎从小就是个不怕考问的人，不一会儿就写下了一首五言诗：

兵卒冲千里，将帅坐九宫。

追风看跃马，吉日想车功。

士相维城固，江河天堑雄。

笑谈翻几局，月白映灯红。

不承认天赋不行，这种才能不是练出来的；有天赋不会用也不行；而用错了则反倒不如无天赋之人。上帝从来不给人以十全十美，因为它既创造了人，便要给人的创造留下一个空间。是成是败，是福是祸他就不管了，反正他该给你的东西都给你了，剩下的便看你如何使用了。因为他知道人是不听他控制的，一棵树上结的果子还有酸有甜呢？来到了世上，那就靠你自己走了。

这杨慎真是少年春风，一日千里，非但不断地有华章佳句泉涌而出，而且在 24 岁时便一跃而过龙门殿试及第，成为了状元。他在 20 岁时便已娶官宦之女王氏为妻，这位状元夫人也一步登天，成了六品诰命安人。但这位王安人的命是只可与杨慎同甘，却不会与其共苦。

这位春风得意马蹄疾的新科状元，被任命为翰林院修撰，这是一个可以出落为大员很有前景的职位，本以为可以海阔天空大有作为一番，但过了几年，他才发现这个明武宗却是个既荒淫又信用奸臣的昏君，于是忍不住就上了一个折子劝谏武宗。可是武宗哪里会把一个小青年的话当回事呢？杨慎一气之下，竟然以养病为名，离职回乡了。这一年是 1518 年，杨慎正好是 30 岁，已历朝官 6 年。而他回乡不久，他的夫人王安人就不幸去世了，前后与杨慎有 10 年夫妻之缘，而这 10 年正是杨慎一生中最为得意的 10 年，剩下的便是他该历尽磨劫的时运在等待他了。所以说这位王安人只是与杨慎有“同甘”之半缘，而后一半“共苦”之缘则留给了另一位女子，也就是本章的传主黄峨。

这位黄峨诞生时，父亲黄珂正在朝中任职为御史，相当于今天的部级干部，是朝中的大官了。母亲聂氏也是一个有文化教养的女性，从小对她进行了很好的文化教育，使她写得一手好字，弹得一手好琴，填得一手好词，长于诗文，尤工散曲。她的父亲黄珂又与杨慎的父亲是两朝四十年相交的好朋友，因而与杨慎称得上是世交了。在杨慎中状元那年，黄珂又受命率兵击溃了入侵河套地区的北边少数民族的进犯，因而不断高升，直做到工部尚书。但黄珂的心病也在女儿身上，黄峨已是闺中待字之人了，所有来提亲的都被拒绝，她公开说一定要找一个像杨慎那样的人才行。这位黄珂也是正直之人，见朝政腐败不堪，便辞官回乡了。

杨慎夫人去世那年，黄峨已20岁，那时的女孩到了20岁尚未嫁人，就如今天的大大龄青年了。此时的杨慎听到了黄峨非要选如他一样的夫婿，心中很是感动，便与父亲商量去提媒，没想到一说就成，黄峨就等着这一天呢！

两个人成婚后，便住在了杨慎在新都县状元府中的石榴阁。在这里黄峨写下了一首《庭榴》诗：

移来西域种多奇，槛外绯花掩映时。
不为秋深能结实，肯于夏半烂生姿。
反嫌桃李开何早，独秉灵机放故迟。
朵朵如霞明照眼，晚凉相对更相宜。

这首诗与开篇第一首诗同属怡情之诗。只是那首托出的是闺中之乐，这一首则是对迟到的新婚心满意足之情。而杨慎马上和了一首《鹧鸪天》，词中有句为：“宝树林中碧玉凉，西风又送木樨黄。开成金粟枝枝重，插上乌云朵朵香。”真真是凤求凰的妇唱夫随了。这对夫妇就这样生活了一年多，这也是他们一生中难得的一段“同甘”生涯。

他们婚后的第二年，公元1520年，也是正德十五年，朝中召杨慎回任翰林编修。杨慎这次是携妻同行了。到了第二年三月，明武宗淫死于豹房之中，而无亲子继位。杨慎的父亲当朝首辅杨廷和援引皇家祖训，拥戴朱厚熜即帝位，就是历史上的嘉靖皇帝。这个由湖广藩王位上升为九五之尊的嘉靖，一上台便要封自己的父亲为皇考，但杨廷和坚决反对，嘉靖怎样软化他，就是不依，竟然把此事拖了三年。凡提议拥护封嘉庆父为皇考的奸臣都被杨廷和排挤出朝。但不久，那些奸臣都得到了重用，这些人不但拥立皇考，还主张建立皇考庙，这就等于把前朝的大统承继祖先扔掉，自立宗庙门户。杨慎便发动 36 名朝臣联名上疏反对，言辞相当激烈，让嘉靖大动肝火，罚杨慎停薪两个月，并独断专行的给他的父母上了“皇”字头的封号。

杨廷和这位首辅二话没说，转身辞职，调头回乡去了。而杨慎等人又聚集了几百人在宫门外聚会、抗议、哭叫，先后有三百多人被逮捕入狱。而杨慎两次受刑，被打得死去活来。这种活动看不出什么气节，无非是愚不可及，既不涉祸国，又不涉殃民，不过是朱家内务，何苦如此大闹？而武宗年间那么昏乱无耻，也没听说有此等行为。无非为了一个“礼”字，人家当了皇帝，给父母一点名义的尊贵有什么不可？为了这事 18 人死于杖下，180 人被罢官，头人杨慎则被流放云南永昌卫充军，而且是“永远充军”，不得回乡，不得还朝。而其父杨廷和则被定为罪魁，削职为民。

杨慎就这样轻易地毁掉了自己的前程，而且在云南永昌的边防军中度过了一生，39 年后在 72 岁时，死在了戍所。他的一生最大的贡献就是为后世留下了一本诗集，还有他妻子黄峨的诗集。但他自己经历了多少苦痛只有他自己知道，而留给妻子、家人的痛苦又有多么深重呢？做奸臣固然不可为，但这种不值得的气节还是不要的为好，更何况不反对皇帝的未必就是奸臣。何必呢？

杨慎拍拍屁股，一个人利利索索地走了，不但把家中的事都扔给了黄峨，且留给了她一生思念牵挂的精神痛苦，还有现实生活的种种艰难困苦。黄峨陪着囚车中的丈夫，在天津渡口上船南行，帮他护理好了周身的刑伤，同时又帮他逃过了政敌的刺客千里追杀，保护着他来到了南京。然后又乘船溯江西上，驶到湖北江陵，方登陆南行。杨慎要求他的妻子返程回乡去主持家政，二人在江陵古渡口相揖饮泣而别。此情此景观者无不垂泪。在分手的夜晚，面对当空明月，杨慎写下了不少《别内》诗词，其中一首《临江仙·别内》写道：

楚塞巴山横渡口，行人莫上江楼。
征骖去棹两悠悠。
相看临远水，独自上孤舟。

却羡多情沙上鸟，双飞双宿河洲。
今宵明月为谁留？
团团清影好，偏照别离愁。

而黄峨则写下了四首《罗江怨·闺情》：

（一）

空庭月影，东方亮色，金鸡惊散枕边蝶。
长亭十里，阳关三叠，相思相见何年月。
泪流心上血，愁穿心上结，鸳鸯被冷雕鞍热。

（二）

黄昏画角歌，南楼报也，迟迟更洒初长夜。
茅檐滴溜，松梢霁雪，窗纸不定风如射。
墙头月又斜，床头灯又灭，红炉火冷心头热。

（三）

青山隐隐遮，行人去也，羊肠小道几回折。

雁声不到，马蹄不恼，恼人正是寒冬节。

长空孤雁灭，平芜远树接，倚楼人冷栏杆热。

（四）

关山转望赊，程途倦也，愁人莫与愁人说。

离乡背井，瞻天望阙，丹青难把衷肠写。

炎方风景别，京华音信绝，世情休问凉和热。

此等诗章，休论好坏，却绝非是书斋中搜肠刮肚能挤出来的。而且在中国诗坛上，你注定找不到模本与跟风雷同的，因为它是唯一的当事人，用心血与泪水所写出来的唯一亲历之情愫。因而在诗史上具有不可复制性。

杨慎派家人护送黄峨孤舟返程，自己则又踏上了奔向流放地的途程。黄峨回到四川新都县家中，一方面承受着种种家政的劳苦压力，一方面日夜想望不如说是牵系着被流放之人，而一切只能以诗词抒怀寄思了。现将她这一时期写下的怀人之作摘录两篇来与读者共享：

才经赏月时，双度菊花期。

岁月东流水，人生远别离。

——《别意》

积雨酿春寒，见繁花，树上残。

泥涂满眼登临倦，江流几湾，云山几盘？

天涯极目空肠断，寄书难。

无情征雁，飞不到滇南。

——《黄莺儿散曲》

公元1526年，是嘉靖五年，这一年杨慎是38岁的大好年华，却远在云南永昌戍所中蹉跎。但家中的老父却忧思成疾病重。杨慎获准回蜀探视。杨廷和见到了儿子，病很快便好了。并派黄峨随丈夫一起去云南生活。他们夫妇在永昌戍地又一起生活了三年，这为两个人在患难中又灌注了不少生存勇气与享受。常常在劳苦之余互相唱和：

黄峨：**休教莺语学蛮声，万里长途辛苦行。**
迢迢远别情，盈盈太疲生。

杨慎：**休教眉黛扫蛮烟，同上高楼远望天。**
天涯心同悬，故乡何处边？

显然已没了当年分手后那种悲伤愁苦之情绪了。人是有着强大的环境适应力的。人言悲哀从不杀人，而苦难也从不杀人。三年后，杨廷和终于去世，黄峨只得告别丈夫，重回故乡去料理后事，操持家务。两个人只能以诗词来互相交流了。黄峨除了前面那首《寄外》诗，还写了不少寄给杨慎的诗。如《寄升庵》：

闻道滇南花草鲜，输君日日醉花前。
银花若得鸡毛渡，并驾仙舟听采莲。
懒把音书寄日边，别离经岁又一年。
郎君自是无归计，何处青山不杜鹃？

几十年毫无希望在一起的生活方式再苦，久了那苦味也就淡了，想不开也得看得开了，生活一旦形成了某种定型的模式，也就习惯成自然了。而唯一的遗憾却是二人膝下无子，黄峨曾怀有一子，因正逢事变流产，却从此失去生育能力。黄峨便力主为杨慎收纳了一位妾妇曹氏，为他们生下一子，这无论对杨慎还是黄峨都是一种莫大欣喜与希望。而且妻妾和睦如姐妹，儿子杨宁仁甚至喜欢黄峨比喜欢曹氏更强烈，但黄峨仍不许管她叫妈，并告诉她，妈妈只有一个，曹氏因此十分敬爱感激黄峨。其实，真正会为自己着想的人，一定都先让他人顺心如意。

杨宁仁到了16岁时，黄峨又与杨慎商议，为他娶了泸州的一位官女藤氏为妻。而且不断地督促儿子治学上进，后来官至侍御史。宁仁17岁时，父亲在云南去世；27岁时，黄峨也去世。杨慎与黄峨的一生不但为我们留下了这段感人肺腑的故事，还为我们留下了镌刻着人间真情的美丽诗篇。而杨慎的罪名直到他去世七年后，嘉靖去世，隆庆即位，才得到昭雪平反，官复原职、追封为文宪公。这也是在黄峨去世前的一种迟到的慰藉吧！

122、自哀悼

[明]郭国嫔

修短有数兮，不足较也。
生而如梦兮，死则觉也。
先吾亲而归兮，独惭予之不孝也。
心悽悽而不能已兮，是则可悼也。

【郭爱传】

知死期而自悼的明英宗皇妃

郭国嫔，即明英宗的郭嫔，姓郭名爱，字善理，凤阳县人。为人贤惠，长于诗文。少女时代便被选入宫。但太觉命薄，入宫只二旬，都不足一个月，英宗便去世。但此女自知死期大限已近，因而便自己为自己预写了一篇骚体悼词。

词意大略为：人命的长短是有定数的，不足以去计较；人生如梦这一点，只有临死才会知道；只是先于我的父母而死去，让我很惭愧的是不能尽孝；一想到这些心中便悽惶不已，真是让人伤悼。

其人其诗都见载于《明史·后妃列传》。正史所载之名为郭嫔。其他文选类则冠名为郭国嫔。而郭嫔的去世，却是为明英宗殉葬的。明朝的宫规葬礼是，皇帝去世，是要由不少的嫔妃殉死陪葬。太残忍了。

123、遗扇诗

[明]田娟娟

烟中芍药朦胧睡，雨底梨花浅淡妆。
小院黄昏人定后，隔墙遥辨麝兰香。

【田娟娟传】

遗扇露水缘的武清诗女田娟娟

田娟娟，明代成化年间武清人，轻车都尉田忠义之女。其父随驾西征受箭伤，归武清养伤。年方14岁的小女娟娟侍病奉药，不慎将题有此诗的一把纨扇不知失落于何处。

路经武清赴都城太学就读的才俊少年木元经，于一座溪桥旁草中拾得。木生见扇似曾相识，忽忆去年登泰山宿于秦观峰时，夜梦中遇一老妇与一女子曾与其展读此诗扇。

木生心中甚觉惊异。前行不远，又见二侍女随一美丽女子前行于树下。而前行红衣美妇又恍如梦中所见少女之身影。木生怅望良久，直到不见女子身影后，才来到树下，抽出所佩错刀，刮去树皮露白，刻诗一首：

隔江遥望绿杨斜，联袂女郎歌落花。
风定细声听不见，茜红裙入哪人家？

第二天又去树下则无所遇，却见溪水中漂过点点落花，便提笔于树上又续题一诗：

异鸟娇花无奈愁，湘帘初卷月沉钩。

人间三月无红叶，却放桃花逐水流。

这位木生本想以诗伐木丁丁，却求不得一丝友声，便打马直奔京城，入于太学之中求学，却时时把那诗扇把玩吟咏。后来这位木生被选任为天官府中，婉转际遇这位寡居的田娟娟与其母，二人正是秦观峰夜梦中人，而诗扇亦是那把诗扇，娟娟则对溪树二诗倒背如流。三人无不惊其奇缘。木生与娟娟自然结为连理。后来，木生因督运南行，二人暂别互有诗赠答往来：

娟娟：**闻郎夜上木兰舟，不数归期只数愁。**

半幅玉罗题锦字，隔墙裹赠玉搔头。

木生：**碧窗无主月纤纤，桂影扶疏玉漏严。**

秋浦芙蓉偏献笑，半窗斜映水晶帘。

冬十月，河水冰封。木生由于母亲去世，回乡丁忧，适逢娟娟生病不能同行，便邀其母陪女同住，相约于来春河开之时迎母女同归。到了来春娟娟病情加剧，便派其母家钱氏一子去木生处送信，附寄一诗：

楚天风雨绕阳台，百种名花次第开。

谁遣一番寒食信，合欢廊下长莓苔。

木生见诗，便速派人来接母女二人，但娟娟已病逝。丁忧结束，木生再入都来武清探视时，其母家只有娟娟的画像可见了。木生于画侧题诗：

人生补过羡张郎，已恨花残月减光。
枕上游仙何迅速，洞中乌兔太匆忙。
秦娘似比当时瘦，李卫惭多旧日狂。
梅影横斜啼鸟散，绕天黄叶倚绳床。

诗中的张郎似指南唐张泌。冯梦龙在《情史》中记有此事，并于此后附记南唐张泌故事：张泌当初与邻舍浣衣女相恋，后出任南唐内史舍人。分别后经年不得一见，而无夜不梦之，曾寄此女一诗：

别梦依稀到谢家，小廊回合曲栏斜。
多情只有春庭月，犹为离人照落花。

124、瑞鹧鸪

[明] 踏花女

少年曾侍汉梁王，濯锦江边醉几场。
拂石坐来衫袖冷，踏花归去马蹄香。
当初酒贱宁辞满，今日闲愁不易当。
暗想胜游还似梦，芙蓉城下水茫茫。

【踏花女传】

赋得“踏花归去马蹄香”的成都诗女

踏花女，身世不详。本诗见载于《明词综》，只署名为“京师妓”。当为成都人士，流落到京城为妓。上阕是回忆年轻时曾在侯门王府家为侍，酒醉锦江，走马川原；下阕写年老时的艰难茫然。首句中的“汉梁王”名刘武，曾是成都大才子司马相如的主子，作者也是成都诗人，因以相如自喻。而“芙蓉城”则源自五代后蜀时的成都全城遍植芙蓉树而得名。

此女虽不知名，但词中一句“踏花归去马蹄香”却最为有名。在读中学时就听老师讲过：一位画师曾以此句为命题，让众弟子作画。弟子们怎样画的都有，但老师只选中了一幅群蜂逐蹄飞的作品为优。事隔几十年后才读到此诗句的出处，真有如千里逐波，披沙见金之感。故而，“京师妓”本亦非名，如此何不称之为“踏花女”以示尊重。

125、长相思词

[明] 袁彤芳

风满楼，月满楼。
月白风清动客愁，征鸿声且留。

灯半篝，香半篝。
灯尽香沉残梦悠，归舟天尽头。

【袁彤芳传】

词清字冷红颜早逝的吴县“广寒仙客”

袁彤芳，字履贞。江苏吴县女才子，自称“广寒仙客”。本诗载于《明词综》。其具体身世不详。诗中内容当是抒写一位天涯游客于风清月明夜，独居客舍，孤寂思乡之情。也可能是作者的自况自述，字字悽清彻骨，更有风月哀鸿、灯尽香沉，句句策动乡愁，很有李清照词风。袁彤芳既称“广寒仙客”，当是美色才女，但红颜早逝，29 岁便离开人间，留有《广寒词》于世。

直到晚年病重于西湖所写的题梅花诗中，仍有“玉笛吹断香傍皇。举杯浇我铁石肠，浩歌一曲天茫茫”句，这哪是题画诗啊，其中的“玉”字仍是指他自己，“香”字仍是指梅姑。就是在衡阳老家，老鹤死于雪屋后，他在鹤冢诗中也仍有“缟衣丹顶怜诗家，明月梅花守墓门”句。在他晚年于“退省庵”中的梅花诗中仍有“我与梅花有夙缘，此来花谢玉成烟”；“狂奴一饮杯三百，醉与孤山老铁梅”；“春风最解怜香急，特遣梅花伴小青”；“神仙真个多情甚，来结梅花画里缘”；“一幅梅花无恙在，我来恰好证前盟”。在他 60 大寿生日时，他自己又画了一幅梅花，上边题诗中有句为“六十年来写一枝”“暗香疏影雪相宜”。由此可见，彭玉麟一生只钟情于他的竹宾姨梅姑的情愫之纯深久远。

那么，这个梅姑到底是一个什么样的女子，令其如此钟情，一生如狂若痴呢？在写实的文献中所能知道的只能是上述的孤女，而且很有诗才。其余只能在他留下的梅花诗中来印证彭玉麟眼中心中的梅姑形象了。

首先，就“品”字而言，梅姑是一个超凡脱俗品相极高的人。如“不许红尘侵玉骨，冰魂一缕倩春扶”；“仙骨珊珊清绝俗，一生孤洁少人知”；“冰雪心肠尘不染，自然淡雅得天真”；“我似梅花梅似我，一般孤僻共无聊。”显然这些诗句是文学化、拟人化的咏梅诗句，但这些都是专志怀念梅姑的，而不是即景、题画诗，所以看得出这个梅姑是一个十分清高孤洁之人，与彭玉麟的人品、官品很相似。

其次，就“容”字而言，梅姑是一个很俏丽清秀白皙的江南弱女子，如：“藐姑仙子真清艳，香雪肌肤瘦玉身”；“玉是精神肤是雪，珠含乳蕊粉含胎”；“不染铅华真国色，生成素艳雪同清”；“莫笑花容太清瘦，仙人风骨本清癯”；“俏立凌波娇不语”，“不爱繁华只素妆”；“相看别样有丰神，缟素衣裳淡着身”等句。

再次，就才情而言，是一个文学修养、多愁善感、很重情意的人。就前面所述如咏桃花、咏梧桐的诗句而言，至少说明梅姑是一个小才女；而彭的咏梅诗中所言“芳心一点愁如许，酝酿春风无限情”；“知己一生惟有雪，香艳清泠自相亲”；“寄语东君凭作主，倾心为献雪肌肤”；“春雪初融液玉浆，仙梅吐萼倍芬芳。几回步月来林下，细吮花英齿舌香。”；“藐姑仙本住琼楼，谪落红尘又几秋。任历冰霜操不改，一腔幽怨为春愁”等句，足以说明两个人的情浓至深与梅姑的多愁善感。

而在彭玉麟的梅花诗中，更多的则是抒发自己不遂心愿的遗恨与思念、惜缘。如：“师雄信有因缘在，得入罗浮梦里来”；“阿谁能博孤山爱，妻得梅花便是仙。侬幸几生修到此，藤床相共玉妃眠”；“前身许我是林逋，输与梅花作丈夫”；“吟魂夜夜依香雪，竹榻同眠梦亦清”；“我是西湖林处士，梅花应唤作卿卿”；“月落参横清梦断，香魂频逐玉鳞飞”；“天涯何处最愁吾，梦绕孤山第一株”；“玉颜消瘦骨清癯，肠断江南别梦孤。欲寄春君何处是，阿兄赢得有谁呼”；“生平最薄封侯愿，愿与梅花过一生”；“底事吟魂消欲尽，几回香扑入怀来”；“花已含苞人不识，我先饱看艳光来”；“幽人自是多清福，修得梅花嫁作妻”；“我家小院梅花树，岁岁相看雪蕊鲜。频向小窗供苦读，此情难忘廿年前”；“梅添月影树成双，乱写幽情上绿窗。赖有玉人来解渴，愁魔不用酒兵降”；“最爱多情小梅树，频舒檀口笑春风。幽香醉我浓于酒，对月金樽酌任空”；“十年征战走天涯，莽莽乾坤何处家。底事戈船消夜永，高烧红烛咏梅花”等。这些诗句有的是借梅抒怀，有的则干脆就是生活的写实，是在追忆与梅姑青少年时的恋情，与生离死别后的情思。

常言讲爱到深处人孤独，但在彭玉麟这里也有爱到深时生怨怼的时候。在他的梅花诗中也有对梅姑的怨怼。如：“草木如人亦改常，梅花倏易旧时妆。藐姑堕入红尘劫，失却当年冰雪肠”；“问花底事昧平生，平白污栽气不平。知否首阳甘饿者，伯夷原是圣之清”；“苦雨酸风日逼来，冰心自坏旧时胎。尽教沦落山篱下，剩蕊残英冷淡开”。这些诗句显然在摹写梅姑受彭母命先他而嫁后的恨怨心情与无边无底的悲愤情怀。

在梅姑死后，彭玉麟满心里剩下的大概是亦悲亦怜了。如：“风流逸俊忆何郎，故态难忘旧日狂。傅粉只今成往事，落英满地冷斜阳”；“落梅风起足魂销，恼乱心情感寂寥。回首旧时春梦醒，一江冷月透征袍”；“无端风雨自相浸，深负逋仙爱惜心。始信美人真命薄，终随桃李共飘零。”

大概是在他晚年常驻西湖时，李鸿章派人送给他一对海鹤。他在诗中写道：“一池清浅影横斜，借作孤山处士家。吩咐新来双鹤子，天寒为我守梅花”。彭玉麟一生鹤缘梅情，既有梅守鹤墓句，也有鹤守梅寒句，却只与梅花是三生不了情，足见其对梅姑的一往情深难泯。

据彭玉麟年谱载：他的母亲王氏是浙江山阴人，即今天的绍兴人，与陆游是同乡。彭的外公王维则游幕岭南、皖北一带，卒于怀宁。外公去世后，彭的母亲便随自己母亲沈氏寓居怀宁，喜读诗书，三十而未嫁。后由怀宁县令为媒，嫁给了巡检彭鸣九。生了彭玉麟为长子，还有一个弟弟彭玉麒，后来经商在外，先于彭玉麟去世。后来其父调至合肥县，今合肥市肥东县梁园镇任巡检。彭家也随迁到合肥，但其外婆与舅舅、梅姑都留在怀宁县。彭则大多时间都在外婆家居住，因而与梅姑从小一起长大，耳鬓厮磨，渐生感情，长大后互相有婚约私许。但在17岁那年，彭随父回乡赴祖母丧事，便定居老家衡阳。直到十二年后，舅父去世，只剩下外婆与梅姑在怀宁，无法生活，便派其弟玉麒去安徽把两人接到衡阳一起生活。两人才又得见面。所以诗中有“皖水分襟十二年，潇湘重聚晚春天”句。

这一年彭已30岁，未娶，梅姑也仍未嫁。彭曾向家中提起与梅姑的婚事，但家中坚决不同意，因辈分不同，那时的旧习俗几乎是难以打破的。家中非但不同意，反而很快由母亲做主，把梅姑嫁给了姚姓人家，彭玉麟愤而离家出走。但终难违父母之命。家中同年也为彭择亲邹氏完婚。那么两个人心甘吗？都不甘，但没有那种突破的勇气，所以，在“当时错过”那首诗中有“前机多以因循误，后悔皆因决断迟。”第二年外祖母去世；第三年梅姑因难产去世，一段不了情缘也只能是有待来世了。虽于其妻邹氏大不公，但似不可以现代人的婚外情而视之。

去者长已矣，但留者徒伤悲。彭玉麟无论如何也放不下这段感情，也只能以一生画梅花、写梅诗来寄托心中的思念、伤悲。数十年来戎马关山、出生入死、伤病呕血，何曾有一丝消沉？但为了这段未如愿的情缘却不知有多少泪水潸然流下。都说男儿有泪不轻弹，一切不过是只因未到伤心处。无情未必真豪杰，彭玉麟终究是顶天立地的真豪杰、伟丈夫，从未因失意于爱情而自暴自弃，终成一代名臣、千古奇人。

137、定风波·恶梦（外二首）

[清]顾　春

事事思量竟有因，半生尝尽苦酸辛。
望断雁行无定处，日暮，鹡鸰原上泪沾巾。

欲写愁怀心已醉，憔悴，昏昏不似少年身。
噩梦醒来心更怕，窗下，花飞叶落总惊人。

秋波媚·夜坐

自笑当年费苦吟，陈迹梦难寻。
几卷诗篇，几张画稿，几许光阴。

唾壶击碎频搔首，磨灭旧胸襟。
而今赢得，千丝泪眼，一个愁心。

辩诬诗

含沙小技太玲珑，野鹜安知澡雪鸿？
绮语永沉黑暗狱，庸夫空望上清宫。
碧城行列羞添我，人海从来鄙此公。
任尔乱言成一笑，浮云不碍日光红。

领袖词林的最后一位古典丁香女词人

顾春，本姓西林，号太清。领袖大清一代女词人，因有“男有成容若，女有顾太清”之称。把她与纳兰性德比肩而立，甚至有词家认为她超过了纳兰性德，而不止领袖于女词林。前面所录的三首诗词，基本上代表了她一生中所遭际的“三大变故”：第一首代表了她幼年所历的家室获罪沉沦；第二首代表了夫死被逐清身出户的遭际；第三首则代表了她所蒙受的“丁香花案”所带给她的打击与伤害。

顾春生于嘉庆四年（公元 1799 年），去世于光绪二年（公元 1876 年），享年 77 岁。而她的丈夫则去世于她 40 岁那年的七月七日，夫妇与七字有生死缘耶！她本姓西林觉罗氏，是满族镶兰旗人。本名西林春，字子春、梅仙，号太清。所以多称其为西林春、西林太清，也称顾春、顾太清。是雍乾重臣鄂尔泰的重侄孙女。祖父鄂昌是甘肃巡抚，因牵入一桩文字狱中，被乾隆赐死。这枝名门世家从此沉沦衰败为获罪之家，而子孙世代受排挤歧视，连与旗人通婚都受排斥。她的父亲鄂实峰连一个稳定、正当的职业都没有，全家人都小心翼翼地过日子，生怕犯罪。很有点像我国上个世纪中叶的“四类分子”家庭子女。所以她在词中写道噩梦中醒来还后怕，连花飞叶落的声音都令人心惊。

顾太清的青少年时代是在南方度过的，多在广东、福建、苏杭，基本上是随父在江南过着游幕这种政治乞丐的生活，很少回北京。由于太清姿色绝美，才情万丈，学富五车，而又是罪族之后，让她直到二十几岁还未结秦晋之好。有幸的是，在苏州，与荣亲王的贝勒奕绘相识。但按大清的律条，她是没有资格进入王室的。所以二人恋爱了十年之久，最后还是冒充荣府护卫顾文星的家世，以顾姓上报了宗人府，才获得批准。而此时父亲已客死江南，母亲则独在北方。在她 26 岁那年才由奕绘把她接回北京的，成为了奕绘的小夫人。

之所以说她有幸，一是大夫人妙华不但接纳了她，而且对她非常好，从不忌恨她与奕绘的感情。二是奕绘也是诗人，二人夫唱妇随，妇倡夫和。二人曾在大雪天骑着马游西山。太清骑在马上，披着大红斗篷，怀抱铁琵琶漆黑如墨、素手如雪，观者称之为昭君再世。就连他们的诗词集的名字都对偶的：一叫《东海渔歌》，一叫《南客樵唱》。而且妙华夫人去世后，奕绘并未再续妻室，太清得与丈夫过着一夫一妻的生活，这在那个时代的王子、贝勒中是很难得一见的。

太幸运的事难得长久。否极泰来，泰极则否至，太美满了连神鬼都嫉妒。太清与丈夫海燕双飞了十四年后，在她四十岁那年，丈夫去世。那一天正是七夕，牛郎织女相会的日子，顾太清却落得一个孤鸿哀鸣。正如第二首词中所写“千丝泪眼，一个愁心”。写这首词时是四十岁。愁什么呢？丈夫去世，对一个中年的“昨日黄”而言，不啻于万丈高楼失脚。但又一个打击接踵而至：被赶出王府，携子女清身出户。她十四年间为奕绘生了三男四女，而大夫人只生了两个，一个却是长子。这个长子在官、私两方都是拥有继承权的，因为嫉妒异母弟，而把顾太清与其子女一帚扫地出门。七月七丈夫去世，而当年十月二十八，便奉命携四子女出府。顾太清只能卖掉一支金凤钗，去偏僻的西城养马营一带买了一处简陋的住宅安顿下来，过上了十分清苦落寞的日子。她在四十三岁那年，画了一幅秋窗下作画的仕女图，并自题了一首《凄凉犯》，这个词牌子就很说明她的心境。其词为：

愁难寄托，萧条甚，情丝怎系离索。

美人去后，余香尚在，袖梢襟角。

罡风正恶，未必算，卿卿福薄。

忆当初，修嫮连娟，断肠旧标格。

不堪回首处，霜陨秋荷，钗分金雀。

姗姗月底，待招来，望中魂魄。

未了今生，或能够，来生会著。

散花人，结习空时无所缚。

很显然这是写她自己的心境，自画自题，自话自说。那么“罡风正恶”是指什么呢？绝不是指西风，而是指她自己正在承受着一场让她怒不可遏的由造谣中伤而引发的舆论围剿。

为什么一个王府家，在贝勒刚去世，尸首未寒，便把遗孀赶出府门呢？所有人都会有此疑问，百般猜测。恰巧在她出府那年，龚自珍从京官任上辞职，匆匆出京。又有好事者翻出他出京南下途中写的一首诗，说他梦见了一位美女，他在丁香花丛中把一封信递给了那位素衣美女。又注明是在宣武门内太平湖旁。这里正是荣王府地址，府内种植丁香满园，而太清又喜穿白衣。而龚自珍又曾是奕绘的部下，曾到过荣王府，与太清也相识，又同属诗坛上的名家，因而满京城都谣传二人有暧昧关系。而龚自珍回到杭州后不久又暴死于南方，又有人说是荣王府派人毒死了他。所以，此事让太清百口莫辩、黄河难清。但她却缄默不置一词。她知道此类事越描越黑。但内心的痛苦却越积越深。

正在此时，又有一不知死的色鬼撞到枪口上了。一直以仙人自居大名鼎鼎的诗坛假圣陈云伯伪造了一首太清赠诗，自己又和了一首，并到处炫耀。而此人因其太风流卑琐，到处召一些女弟子吹吹拍拍，所以文人圈内都很看不起他的为人。这个陈云伯曾托人送她花笺、墨宝，她都拒收。所以，此事一传到她耳中，心中的积怨就像火山一样喷弹流射，几乎近似泼口大骂，写了一首诗来痛斥一番。这就是前面所引录的第三首诗。而事实上既痛骂了陈云伯和以他的女弟子碧城为首的那帮到处宣扬的人们，也痛骂了那些“含沙射影”为她制造“花案”的造谣者，更借此间接地痛骂了那位狂放不羁的龚自珍，是癞蛤蟆想吃天鹅肉。这件“丁香花案”一直沸扬了三年之久，直到她的婆母太夫人去世那年，才由定郡王出面予以澄清。又过了一年之后，她才得以重返荣府。但中国人穿凿附会、捕风捉影、搜奇猎艳，以传播他人丑闻为己乐的变态心理至今不泯，仍有一些舞文弄墨的人在引经据典的编造此事以广自己低劣作品的商业招徕。此类小文人和八卦记者一样，真的是无聊又无耻。

太清的诗不管时人、今人怎样高的评价，但与袁枚、纳兰性德的诗大体都是同一喷泉中流出来的水，不过一种小资味，闺中闲愁、大小情趣、山光水色的居多。但因其迭遭风波，更多几分对生活的真实感受，所以她的诗、词读起来最大的特点是流畅上口，有如行云流水，写的不费力，读的也不吃力，而又不乏词家气象、诗门意味，确实很难得。尤其是一些小令类的、稍短一些的词曲更为轻松畅快。如《柳枝词》十二月中二、三、四月描写春季景色的小作：

二月东风第几场，狗儿才吐小鹅黄。
输他草色人先见，苦荬茵陈挑满筐。

三月清池结绿萍，杨花飞过杏花汀。
流莺似惜春光尽，啼遍邮传长短亭。

四月黄梅细雨催，荼蘼开过枣花开。
柳条不属春拘管，勾引乌衣燕子来。

狗儿草、苦荬菜、茵陈都可以直接入诗，一片初春原野的小品清新味道；莺鸟惜春，便把叫声通过邮驿，长亭更短亭的传遍四面八方；柳条是不归春天管的，四处招手在勾引燕子飞过来。真是不可多得的创新、创意、创造性的联想发散，美不胜收，引人诗情驰骋奔放。这是她三十几岁时写的诗。而她到了四十岁时，所写的伤春诗《落花》，虽然依然行云流水，但意蕴却大大不同了：

花开花落一年中，惜残红，怨东风。

恼煞纷纷，如雪扑帘拢。

坐对飞花飞事了，春又去，太匆匆。

恨花有恨与谁同？晓妆慵，特愁侬。

燕子来时，红雨已蒙蒙。

倚遍阑干难遣兴，无端底，是游蜂。

很有一点宋词的味道了。远胜似那些歌舞场中、酒席宴上的应酬之作；更胜似那些投在所谓的大诗家门下女弟子的学步逢迎、奉和之作了。而《落花》一类的词作在太清的词集中占主体地位。经历了许多变故后，她对人生似乎也有了更深刻的一些认识，而且也有些消沉，她始终与白云观的一位张道士有诗酬往来。这与她的人生态度有很大关系。如《江城子》等词作：

日酣川静野云高，远山遥，碧迢迢。

千里孤帆，一叶任风飘。

莫话滩头渡浪险，波平处，自逍遥。

昏昏天地太无聊，系长条，钓鲸鳌。

且对江光山色，酌香醪。

其奈眼看人尽醉，悲浊世，续离骚。

这是她在 38 岁时写的一首题画诗，很有一点禅诗的味道，尤其是上阕。再比如《浪淘沙·偶成》：

人生竟无休，驿马耕牛。道人眉上不生愁。
闲把丹书窗下坐，此外何求？

光景去悠悠，岁月难留。百年同作土馒头。
打叠身心安稳处，顺水行舟。

诗境虽自不俗，也很有劝谕意义，虽然只是词人自抒襟怀。但面对生活现实的人们，没有生存的资本，也只得像驿马那样奔走，像耕牛那样负重牵耕，在没进“土馒头”之前，总得有面馒头吃啊？而坐在窗下看炼丹书“此外何求？”他本身就在求，求的和俗人一样，无论衣食男女贴官近爵，有几个炼丹道士放得过？而“打造身心安稳处，顺水行舟”倒是人生须得认真修炼处。一个知识女性，关在王府中，动辄获咎，天天历览朝中的沉浮成败，又无事可做，有此种想法概不足为奇。

顾太清还是一个爱素雅的人，不仅喜欢穿白衣裙，而且爱咏白海棠、梨花、墨扇一类素雅之物。当然她也咏梅花、牡丹等，只是她很偏爱素雅。如她在题墨牡丹扇面时的一曲《苍梧谣》中就写道：

侬，淡扫花枝待好风。
瑶台种，不作可怜红。

牡丹本以魏紫姚黄嫣红为贵，而她却用水墨画牡丹，而且称被人们喜欢的红色为“可怜红”，可见她的清泠高洁之一斑。而且在《玉烛新》咏白海棠中竟大胆地称之为花仙之首：

初雨新清后，乍洗褪胭脂，编衣妆就。
东风倦倚，憨憨态，不管敲残更漏。
嫩寒天气，正睡稳，乌衣时候。
深夜静，银烛高烧，微香暗侵襟袖。

盈盈一点芳心，占多少春光，问卿知否?
红妆莫斗，谁得似，净骨天然清瘦。
神娟韵秀，雅称个，花仙为首。
还要倩，高山流水，花前慢奏。

这也许就是她一生的追求吧！人似昭君塞雪上，文如阳朔碧漓江。唐诗宋词绝唱后，又见雨后白海棠。还是曹雪芹说得好，好女人总是水做的骨肉，坏男人都是泥做的骨肉。中国古代文坛之最后一位女词人西林太清，总算是几千年来布满了乌云尘霾且低矮的女性天空下，一位不幸中有幸的女人吧！

（2013 年 11 月 18 日二稿于北京）

后　记

读古典诗词时，很想知道作者的身世、命运归宿。尤其是一些女诗作者常常连个名字都没有，偶有简介也是略笔一带而过，正史上也很少有她们的传记。而恰是那些无名女诗人的作品，常常比那几个有名的作品更贴近生活与历史。所以，读到一首好诗、新作，便去翻检各类史书、诗集词话、话本传奇、文学作品，来了解她们的其他作品与自身的命运。且常常把所读到的东西积累下来，而且很想与读者们分享。于是便有了这本书稿的整理撰写。

在写作的过程中主要参阅的资料有《二十六史》中的后妃、列女、外戚艺文部分，《全唐诗》《全宋诗》《中华传世文选》《稗史汇编》《青楼韵语》《艳异编》《情史》《太平广记》《名人野史》，以及各种诗选、诗话、文学读物。本书所选用的材料，大多来源于这些书籍中。在此对这些知名与不知名的，作古与健在的笔耕筚路者谨致以深深的敬意与感谢。在写作各篇时，史料少的绝不把它拉长，正史有传的便稍为翔实，与传主相关的人物适当加以介绍。所以本书的各篇长短不一，少的数百字，多的几千字，有结构不够平衡之嫌，尚请见谅。

因所参阅的原始材料多为古文甚至连断句都没有的旧版书，所以在写作中常有顺拐古文的味道，经过不断改写似乎好一点。虽未尽如人意，但总能做到了通俗易读，不至失之于古简。而所选传主至少都有阅读价值，而绝无续貂滥竽之嫌。希望读者来共同分享、批评、教正。

2013 年 11 月 25 日于京华寓所

鸣　谢

我国著名当代工笔重彩画大家，国家一级美术师、广州画院副教授罗寒蕾女士，为本书封面设计无偿提供了她的大作仕女图多幅与蜡烛图等（封面为各幅作品的设计合成）。

我国著名版画家张中信先生，为本书扉页题图设计，无偿提供了他的精品杰作《处处闻啼鸟》（题图为原作的缩印）。

书局的张原、王艾迪同事，为本书的编校设计出版付出了辛勤的劳动。

在本书即将付梓出版之际，专版一并谨致由衷的谢忱！

作　者

2014 年 5 月 5 日　于北京